대박집 성공법칙

외식 창업백과

지구문화

머 리 글

이 책이 도전할 수 있는 용기에 큰 힘이 되었으면 합니다.

우리의 환경에서 가장 불안한 것은 미래가 불투명하다는 것입니다.

그래서 흔히들 도전을 포기하게 됩니다.

필자는 교단에서 학생들에게 항상 "봉급 받는 사람이 되지 말고 봉급 주는 사람이 되자."라고 가르칩니다.

사실 창업은 그리 녹록하지 않습니다. 최근 조사에 의하면 외식 창업 성공률이 10%라고 합니다. 창업 3년 후 폐업하는 경우가 85%에 이른다고 하니 충분히 두려워할 만합니다.

"그럼 무엇 때문에 실패하는가?"라고 묻는다면 어떤 대답을 할까요.

그건 철저하게 준비하지 않았기 때문입니다. 즉, 창업을 너무 쉽게 생각한다는 것입니다.

성공의 열쇠는 기본에서 시작됩니다.

필자는 두 가지만 잘 해도 50점은 챙기는 것이라고 창업교육을 하지요.

밥 잘하는 것, 그리고 김치 맛있게 담그는 것. 정말 쉽지요?

그러나 전국 어디에도 이 두 조건을 갖추고 음식점을 창업하는 사람이 드문 것이 또한 현실입니다.

많은 전문가들이 우리 경제는 매우 어둡고 불투명하다고 예측하고 있습니다. 아이러니하게도 경기가 어렵고 불투명할수록 음식점의 숫자는 더 많이 늘어만 가고 있는 기현상이 몇 년째 계속되고 있습니다.

과거와 현재에 성공을 했거나 미래 식당들의 핵심적인 성공요소들은 각각 다를 것입니다. 21세기에 외식사업으로 성공하려면 미래의 변화 추이를 예측하고 철저하게 준비해야만 가능합니다.

성공적인 경영은 구성원과 조직이 현재의 트렌드를 제대로 읽고, 또 그에 따른 정교한 지식들을 얼마만큼 습득하고 있는가에 달려 있습니다.

필자가 근무했던 일본 OGM 외식업 전문 컨설팅 업체 사카키 요시오 대표는 "어떤 고객에게 얼마에 판매할 것인가?"가 중요하다고 강조합니다.
바로 이 두 가지 때문에 많은 창업자들이 실패하고 맙니다,
실패한 분들의 이야기는 처음에는 그 말의 중요성을 몰랐다고 합니다.
실패하고 나니 그 말이 얼마나 중요한지 이해된다고 하소연합니다.

치열한 경쟁, 대기업의 참여, 요동치는 경제, 소비자 욕구의 다양성 등으로 외식경영이 나날이 어려워지고 있습니다.

"창업은 직장 생활할 때보다 5배 힘들다. 하지만 10배의 보람이 있다!"

오늘날 외식업은 극심한 혼돈기입니다. 그동안 양적 팽창만을 추구하며 성장해 온 부산물로 치열한 생존경쟁까지 따르면서 매우 혼란스러워진 것이 현실입니다. 영업 중인 음식점 중 제대로 성과를 올려 수익을 내는 곳은 10% 정도에 불과하고, 40~50% 정도는 현상 유지, 나머지는 업종 전환 또는 폐업을 고려하고 있는 상황입니다.

한국에는 70여만 개의 음식점이 있으며, 사장님들은 대부분 경기가 어렵다고 말합니다. 하지만 전국 곳곳의 유명 맛집 혹은 숨은 맛집을 소개하는 TV 방송이 꾸준히 인기있는 프로그램인 것을 보면, 대박집은 분명히 존재합니다. 따라서 아직 희망은 있습니다.

세상은 변화하고자 열망하는 자에 의해 발전되어 왔습니다.

변화를 행동으로 옮기는 자가 세상을 발전시켜 나아갈 것입니다. CHANGE(변화)의 'G'를 'C'로 바꾸어 보십시오. CHANCE(기회)가 됩니다. 변화하고자 하는 사람에게 기회가 옵니다. 당신도 변화하십시오.

변화는 기회이며, 기회는 축복의 도화선입니다.

필자는 호텔에서 13년간 냄비를 닦으면서 항상 고객일지를 작성했습니다.

3년간 작성하였더니 고객이 전부 제 마음에 들어오더군요!

그런 분에게 맛있는 요리를 만들어 낼 수 있는 자신감으로 고객의 사랑을 한 몸에 받을 수 있었습니다. 그런 마음을 담아 이 책을 썼습니다.

이 책에서는 트렌드를 읽는 경영이 얼마나 소중하고 피할 수 없는 대세인가를 일목요연하게 분석하고 있습니다. 더하여 외식경영자에게 그런 마인드를 갖도록 경각심을 불러일으켜 줄 것입니다.

이 책이 나오기까지 정성을 들여 만들어 주신 지구문화사 주병오 대표님께 감사의 말씀을 드립니다.

끝으로 창업을 희망하는 사람과 성장 발전을 원하는 많은 창업자들이 이 책의 정보를 함께 공유하여 성공하시기를 기원합니다.

정유년 가을 문턱에서

강 병 남

차 례

Chapter 7

Chapter 8

Chapter 1

외식 산업의 현황

- 외식 산업의 개념
- 외식의 정의
- 외식 산업의 유래
- 외식 산업의 분류
- 외식 산업의 시장 규모와 추이
- 외식 시장의 트렌드와 소비자의 의식 변화

1.

외식 산업의 현황

1. 외식 산업의 개념

음식은 인류가 역사 이래로 인류에게 가장 필요한 삶의 조건이었다. 그러나 경제 발전과 더불어 교통의 발달로 지구촌이 하나로 되어 버린 지금, 음식은 생존을 위한 도구가 아니라 인간의 오감 만족과 삶의 여유를 위한 도구가 되어 가고 있다. 이와 더불어 외식 업체는 점차 문화공간으로 인식되고 있으며, 그 의미가 더욱 확대되고 있다.

외식 산업에서는 입지조건, 상품, 서비스와 운영 · 관리 등을 성공 요인으로 보고 있다. 국내 외식 산업은 부가가치가 높아 고속 성장을 거듭하면서도 대부분의 외식 업체는 아직도 성공 요인과는 다소 거리가 먼 형태로 운영되고 있다. 그 결과 급속한 사업 환경 변화에 미처 대응하지 못해 위기를 맞는 외식 업체의 경우도 생겨나고 있다.

이러한 까닭에 규모의 크기에 관계없이 점포에 맞는 인사관리, 원가관리, 상품관리, 마케팅, 서비스 등 모든 분야에 걸친 경영관리상의 시스템 정립과 더불어 이 모든 것을 효율적으로 실행하기 위한 외식 사업 경영자의 경영 마인드 정립이 필수 요소로 대두되고 있다.

2. 외식의 정의

외식은 인간의 식생활과 밀접한 관련을 맺고 있다. 인간의 식생활은 크게 '가정 내 식생활'과 '가정 외 식생활'로 구분하는데, 집 밖에서의 식생활을 외식이라고 한다.

인류가 탄생하면서 시작된 식생활은 생존을 위한 수단일 뿐만 아니라 삶의 질과 가치를 높이며, 삶을 윤택하고 풍요롭게 하고 있다. 또한 식생활은 식습관과 식문화를 낳으며 가정이라는 범위뿐만 아니라 가정 밖의 체험이나 욕구를 요구하게 되었고, 시대와 나라에 따라서 다양한 형태로 변화와 발전을 거듭해 왔다.

국어사전을 보면 외식이라는 용어는 '자기 집이 아닌 밖에서 식사하는 것'으로 정의하였으며, 일본의 미야에이지는 내식을 '가정 내에서 식사하는 것', 외식을 '외부에서 식사하는 것'으로 정의하고, 학교, 직장 등의 식당에서 하는 식사도 외식에 속한다고 하였다.

이러한 국내외 문헌을 종합하면 상업성과는 관계없이 외식이란 '가정 밖에서 이루어지는 식사행위를 총칭한다.' 또는 '가정 밖의 식생활 전체를 총칭한다.'라고 정의할 수 있으며, 그림 1-1과 같이 식생활의 구분과 외식의 범주를 간략하게 정리할 수 있다.

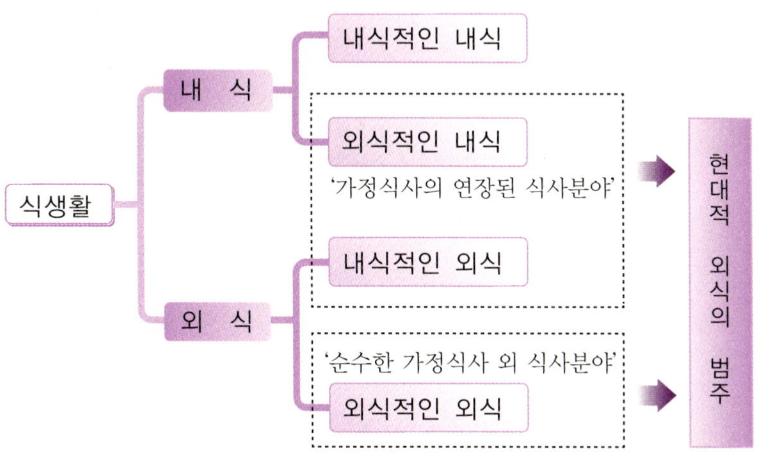

그림 1-1 식생활 중 내식과 외식의 범주

표 1-1 식생활 중 내식과 외식의 구분

<table>
<tr><th colspan="2">구분</th><th>주요 내용</th><th>특징</th></tr>
<tr><td rowspan="4">식생활</td><td>내식적인 내식</td><td>가정 내의 일상적인 식사형태, 가정 내 직접 조리, 가공</td><td>순수 내식</td></tr>
<tr><td>외식적인 내식</td><td>완제품이나 반제품을 구입하여 가정 내에서 식사하는 형태</td><td rowspan="2">가정식사의 연장된 식사형태</td></tr>
<tr><td>내식적인 외식</td><td>가정 내의 조리품을 가지고 가정 밖에서 식사하는 형태</td></tr>
<tr><td>외식적인 외식</td><td>가정 밖의 음식점 등에서 대금지불을 통해 식사하는 형태</td><td>순수 외식</td></tr>
</table>

그러나 외식을 단순히 사전적 의미만으로 정의하기에는 미흡한 면이 있다. 식생활 환경이 바뀌면서 외식 소비 패턴이 변화하고, 그에 따라 다양한 형태의 레스토랑들이 등장하고 있기 때문이다. 따라서 외식을 정의할 때는 식생활 변화에 영향을 주는 모든 요인을 고려하여 정의하여야 할 것이다.

가정 밖의 식생활 전체를 외식이라는 관점에서 볼 때 가정에서 만들어 가정 밖에서 식사하는 내식적인 외식의 형태에는 상업성이 없다. 그러나 이 또한 현대적 외식 개념의 범주에 속한다고 보면, 현실적으로 외식이란 개념은 기업이든 개인 업소이든 상업시설 내에서 금액 지불을 통한 영업 행위가 이루어진다는 개념을 도입할 필요가 있다.

따라서 앞서 언급한 외식의 정의와 관련하여 외식 산업의 개념을 정리하면, 광의의 외식 산업이라 함은 '가정 밖에서 불특정 다수를 대상으로 이루어지는 상업적인 식생활 전체를 총칭한다.'라고 정의할 수 있으며, 협의의 외식 산업은 '일정한 장소에서 조리 · 가공된 음식물을 상품화(요리, 인적 서비스, 물적 서비스, 분위기, 편의성, 가치 등을 포함한 서비스)하여 재화를 지급받고 불특정 다수의 소비자(고객)에게 제공하는 가정 밖의 식생활 전체를 총칭한다.'라고 규정할 수 있다.

다시 말해 음식점의 상품 주체는 요리이지만, 음식점은 인적 서비스, 물적 서비스, 분위기, 편의성, 가치 등 토털 서비스(total service)를 제공하기 때문에 '외식이란 금액 지불을 통한 가정 밖의 식생활 전체'라고 정의하는 것이 바람직하다.

3. 외식 산업의 유래

인간의 식생활은 동물적 본능인 배를 채우고 생명을 연장하는 기능과 역할도 하지만, 다양한 맛에 대한 인간의 다양한 욕구도 있어서 점차 외식이란 형태로 발전되어 왔다. 이러한 인간의 욕구는 경제 발전과 소득 증대로 더욱 강해져서 외식이 일상화되고 있으며, 우리나라도 급속한 경제 발전에 따른 소득 증대로 외식 산업이 거대 시장으로 발돋움하고 있다. 하지만 외식 시장 규모나 발전 속도에 비해 실용학문적인 개념 연구가 미흡한 실정이며, 외식 전반에 걸친 체계화 역시 부족한 것이 현재의 상황이다.

생활의 기본이 되는 식생활은 인간의 본능적 욕구인 생존과 배고픔을 충족시켜 주는 것에서 시작하여 자아실현의 욕구를 충족시키는 것에 이르기까지 경제 · 사회 · 문화 · 기술 · 환경 등과 같은 인간의 생활양식에 의해 영향을 받는다. 이러한 식생활은 산업화나 도시화 과정에서 사회구조의 변화와 함께 생활양식이나 식사양식이 점차적으로 복잡하고 다양화되면서 새로운 식생활 구도로 형성되어 왔다.

문화는 인간사회의 구성원에 의하여 습득 · 공유 · 전달되는 행동양식이나 생활양식의 총체를 의미하는데, 엘리엇(T.S. Eliot)은 '문화란 생활의 방식'이라고 정의했다. 그 중에서도 음식문화는 국가, 민족이나 부족과 같은 한 집단이 오랜 세월을 거쳐 그들의 기후 · 풍토에 맞춰 독특하게 형성해 온 것이며, 고유한 자연환경 및 사회환경과도 깊은 연관이 있어서 집단 고유의 문화와 맥을 같이 하고 있다.

그러므로 각 국의 전통음식은 그 나라를 대표하는 문화재와 마찬가지로 품격이 있으며, 식생활과 문화는 상호 연계성을 가지며 아울러 동시성을 갖는다.

인간의 활동은 식생활과 식문화뿐만 아니라 식습관에도 영향을 미치는데, 식습관은 인간이 후천적으로 형성해 온 생활양식으로, 신체적인 발육과 심리적인 건강상태에도 영향을 준다. 이와 같이 한 사회 또는 그 나라의 구성원들에 의해 습득 · 공유 · 전달되어 온 식생활의 패턴이나 양식을 '식생활 문화'라고 한다.

일반적으로 문화는 학습된 경험에 의해 정착화라는 과정을 통해서 변화하고 전승되며, 일상적이고 무의식적으로 이루어지는 체계적인 가치관을 지닌다. 그 반면에, 식생활 문화는 대대로 습득되고 정착되며 또 다음 세대에 전승되면서 끊임없이 변화하는 하나의 과정이며 습관으로, 사회적 기능이나 문화적 요소에 영향을 받은 가치관에 의해 변화하는 특징이 있다.

4. 외식 산업의 분류

미국과 일본의 근대적인 외식 산업이 패스트푸드를 중심으로 발전해 왔듯이 우리나라의 외식 산업도 패스트푸드가 원동력이 되었다고 할 수 있으며, 그 발전의 시작은 경제 성장과 소득 증대에서 찾을 수 있다. 식생활의 국제화, 가공식품의 발전, 그리고 레저문화의 확산으로 외식의 영역이 확대되었다. 나아가 경제 · 사회 · 문화 · 기술적인 여러 환경과 서구식 브랜드의 도입으로 짧은 기간에 우리의 외식 시장은 급속하게 성장해 왔다.

그 반면에 실용학문적인 체계화나 연구는 부족한 실정이어서 우리나라 외식 산업의 일반적인 분류는 흔히 일본의 분류표를 기준으로 하여 인용 · 응용되고 있다.

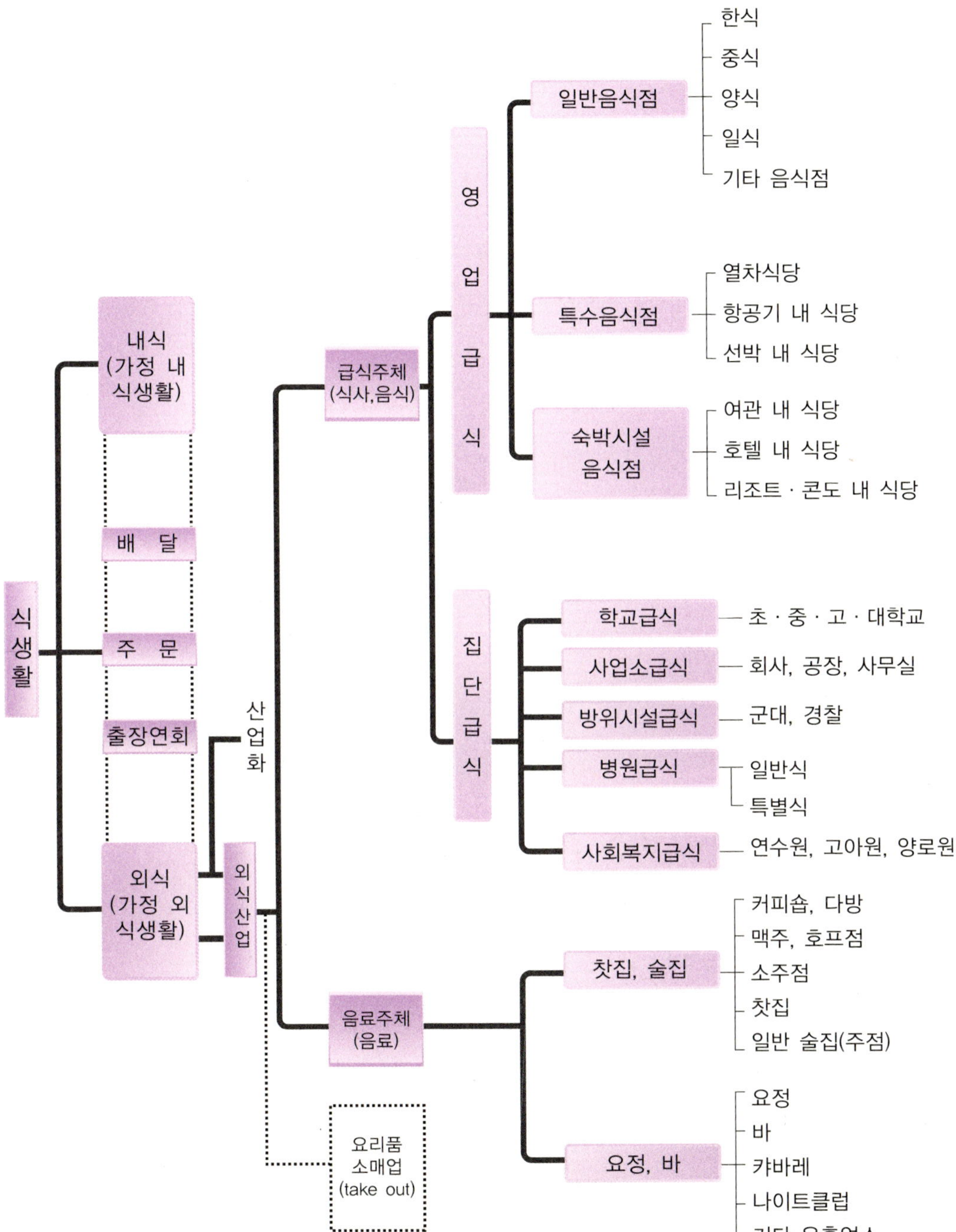

그림 1-2 식생활 유형 분류

'한국 표준산업 분류'에 의하면 대분류로 '숙박 및 음식점업', 중분류로 '음식점 및 주점업' 그리고 소분류로 '음식점업' 및 '주점 및 비알코올 음료점업'으로 구분되어 있다.

'음식점 및 주점업'은 접객시설을 갖추고 구내에서 직접 소비할 수 있는 음식을 조리하여 제공하는 음식점을 운영하는 산업활동과, 접객시설을 갖추고 주류, 다과류 및 비알코올 음료를 판매하는 산업활동을 말한다. 또한 접객시설 없이 고객이 주문한 음식을 직접 조리하여 배달하거나 연회장과 같은 행사장에 출장하여 고객이 주문한 음식물을 조리 · 제공하는 산업활동을 포함한다.

단, 다음은 제외한다.

- 숙박업에 결합되어 운영하는 식사제공 활동(숙박업)
- 철도 운수 사업체에서 철도 식당칸을 직접 운영하는 경우(철도운송업)
- 조리사만을 공급하는 경우(인력공급업)
- 음식을 조리하여 도매 및 소매사업체에 납품하는 경우(도시락 및 식사용 조리식품 제조업)
- 회사 등의 기관과 계약에 의하여 별도의 장소에서 다량의 집단 급식용 식사를 조리하여 약정 기간 동안 운송 · 공급하는 경우(도시락류 제조업)

음식점과 주점은 모두 외식업에 포함될 수 있으므로 외식업의 범주는 대단히 넓다고 할 수 있다.

(1) 한국 표준산업 분류에 의한 외식업

음식점업(Restaurants and mobile food service activities)

접객시설을 갖추고 구내에서 직접 소비할 수 있도록 주문한 음식을 조리하여 제공하는 음식점을 운영하거나 접객시설 없이 고객이 주문한 음식을 직접 조리하여 배달 · 제공하는 산업활동을 말한다. 여기에는 회사, 학교 등의 기관과 계약에 의하여 음식을 조리 · 제공하는 구내식당을 운영하는 활동도 포함한다.

가. 한식 음식점업(Korean food restaurants)

한식 요리법에 따라 조리한 각종 일반 음식류를 제공하는 산업활동을 말한다. 단, 다음은 제외한다.

- 라면, 피자, 샌드위치 등과 같은 간이 음식을 제공하는 활동(기타 간이 음식점업)
- 음식의 종류 등과 관계없이 이동 음식점을 운영하는 경우(이동 음식점업)
- 기관 구내식당을 운영하는 경우(기관 구내식당업)
- 출장 음식 서비스(출장 음식 서비스업)

① 한식 일반 음식점업(General Korean food restaurants)

백반류, 죽류, 찌개류(국, 탕, 전골), 찜류 등 한식 일반 음식을 제공하는 산업활동을 말한다. 죽류, 찌개류 및 찜류는 육류 또는 해산물이 주재료가 되는 경우를 포함한다.

[예] 설렁탕집 · 해물탕집 · 해장국집 · 보쌈집 · 일반 한식 전문 뷔페

② 한식 면 요리 전문점(Korean food restaurants specializing in noodle dishes)

냉면, 칼국수, 국수 등 한식 면 요리 음식을 전문적으로 제공하는 산업활동을 말한다.

[예] 냉면 전문점 · 칼국수 전문점

[제외] 간이 음식 형태로 제공하는 면 요리 음식점(김밥 및 기타 간이 음식점업)

③ 한식 육류 요리 전문점(Korean food restaurants specializing in meat dishes)

쇠고기, 돼지고기, 닭고기, 오리고기 등 육류 구이 및 회 요리를 전문적으로 제공하는 산업활동을 말한다.

④ 한식 해산물 요리 전문점(Korean food restaurants specializing in seafood dishes)

한국식 횟집, 생선 구이점 등 한식 해산물 요리를 제공하는 산업활동을 말한다.

[예] 한국식 횟집 · 일식 이외의 해산물 요리 전문점

[제외] 해산물 찜류, 탕류, 죽류 전문점(한식 일반 음식점업)

나. 외국식 음식점업(Foreign food restaurants)

한식 요리를 제외한 중식, 일식, 서양식 및 기타 외국식 요리법에 따라 조리한 각종 일반 음식류를 제공하는 산업활동을 말한다.

① 중식 음식점업(Chinese food restaurants)

중국식 음식을 제공하는 산업활동을 말한다.

② 일식 음식점업(Japanese food restaurants)

정통 일본식 음식을 전문적으로 제공하는 산업활동을 말한다.

[예] 초밥집(일식 전문점) · 일식 횟집 · 일식 구이 전문점(로바다야끼) · 일식 우동 전문점

[제외] 한국식으로 운영되는 횟집(한식 해산물 요리 전문점)

③ 서양식 음식점업(Western food restaurants)

유럽 및 미국 등에서 발달한 서양식 음식을 제공하는 산업활동을 말한다.

[예] 서양식 레스토랑 · 서양식 패밀리 레스토랑 · 이탈리아 음식점

④ 기타 외국식 음식점업(Other foreign food restaurants)

동남아, 인도 등 기타 외국식 음식점업을 운영하는 산업활동을 말한다.

[예] 베트남 음식점 · 인도 음식점

다. 기관 구내식당업(Industrial restaurants)

회사, 학교, 공공기관 등의 기관과 계약에 의하여 구내식당을 설치하고 음식

을 조리하여 제공하는 산업활동을 말한다.

[예] 회사 등의 기관과 계약에 의하여 별도의 장소에서 다량의 집단 급식용 식사를 조리하여 약정 기간 동안 운송 · 공급하는 경우(도시락류 제조업)

라. 출장 및 이동 음식점업(Event catering & Mobile food services activities)

연회 등과 같은 행사 시에 특정 장소로 출장하여 음식 서비스를 제공하는 산업활동과 고정된 식당시설 없이 각종의 음식을 조리하여 제공하는 이동식 음식점을 운영하는 산업활동을 포함한다.

① 출장 음식 서비스업(Event catering)

파티, 오찬, 연회 등의 행사시에 고객이 지정한 장소에 출장하여 주문한 음식물을 조리하여 제공하는 산업활동을 말한다.

[예] 출장 음식 서비스 · 출장 뷔페음식 서비스 · 독립적인 식당차 운영

② 이동 음식점업(Mobile food services activities)

제공하는 음식 종류에 관계없이 특정 장소에 고정된 식당을 개설하지 않은 이동식 음식점을 운영하는 산업활동을 말한다.

[예] 이동식 포장마차 · 이동식 떡볶이 판매점 · 이동식 붕어빵 판매점

마. 기타 간이 음식점업(Other light food restaurants)

즉석식의 빵, 케이크, 생과자, 떡류, 피자, 햄버거, 샌드위치, 분식류, 기타 패스트푸드 및 유사 식품 등을 조리하여 소비자에게 제공하는 음식점을 운영하는 산업활동을 말한다.

① 제과점업(Bakeries)

즉석식의 빵, 케이크, 생과자 등을 직접 구워서 일반 소비자에게 판매하거나 접객시설을 갖추고 구입한 빵, 케이크 등을 직접 소비할 수 있도록 제공하는 산업활동을 말한다. 접객시설을 갖추고 떡류를 제공하는 경우도 포함한다.

[예] 제과점(즉석 식품 중심) · 떡집(음식점 형태)

[제외] 접객시설 없이 빵, 케이크 등을 구입하여 일반소비자에게 판매(소매업 : 자동차 제외)

② 피자, 햄버거, 샌드위치 및 유사 음식점업(Pizza, hamburger and sandwich eating places and similar food services activities)

피자, 햄버거, 샌드위치, 토스트 및 유사 음식을 직접 조리하여 일반소비자에게 판매하는 산업활동을 말한다.

[예] 피자 전문점 · 샌드위치 전문점 · 햄버거 전문점 · 토스트 전문점

③ 치킨 전문점(Chicken restaurants)

양념 치킨, 프라이드 치킨 등 치킨 전문점을 운영하는 산업활동을 말한다.

[예] 양념 치킨 전문점 · 프라이드 치킨 전문점

[제외] 주류와 치킨을 함께 판매하는 경우 주된 산업활동에 따라 분류, 치킨과 햄버거를 함께 판매하는 경우 주된 산업활동에 따라 분류

④ 김밥 및 기타 간이 음식점업(Dried seaweed rolls and other light food restaurants)

간이 음식(대용식이나 간식, 야식 등)용으로 조리한 김밥, 만두류, 찐빵, 면류(라면, 우동 등), 떡볶이류, 튀김류, 꼬치류 등을 제공하는 음식점을 운영하는 산업활동을 말한다. 간이 음식류를 포장 판매도 하지만 객석 판매가 많은 경우를 포함한다. 이들 음식점은 간단한 메뉴를 동일한 방식으로 신속하게 조리하는 경우가 일반적이다.

[예] 김밥 판매점 · 일반 분식점 · 아이스크림 전문점

[제외] 객석 없이 간이 음식류를 조리하여 판매하는 경우(간이 음식 포장 판매 전문점), 면류, 만두류를 전문적으로 요리하여 판매하는 경우(음식점업)

⑤ 간이 음식 포장 판매 전문점(Take-out light food restaurants)

고정된 장소에서 대용식이나 간식 등 간이 음식류를 조리하여 포장 판매하거나 일부 객석은 있으나 포장 판매 위주로 음식점을 운영하는 산업활동을 말한다.

주점 및 비알코올 음료점업(Drinking places and non-alcoholic beverages places)

접객시설을 갖추고 주류 및 비알코올 음료를 판매하는 산업활동을 말한다.

가. 주점업(Drinking places)

요정, 선술집(스탠드바), 나이트클럽, 생맥주 전문점, 디스코클럽, 카바레, 대폿집 등과 같이 술과 이에 따른 음식을 판매하는 산업활동을 말한다.

① 일반 유흥 주점업(General amusement and drinking places)

접객시설과 함께 접객 요원을 두고 술을 판매하는 각종 형태의 유흥 주점을 말한다.

[예] 요정 · 한국식 접객 주점 · 룸살롱 · 바(접객 서비스 딸린), 서양식 접객 주점 · 비어홀(접객 서비스 딸린)

② 무도 유흥 주점업(Dancing and drinking halls)

무도시설을 갖추고 술을 판매하는 무도 유흥 주점을 말한다.

[예] 무도 유흥 주점 · 카바레 · 극장식 주점(식당) 클럽 · 나이트클럽

[제외] 무도장 및 콜라텍 운영(무도장 운영업)

③ 생맥주 전문점(Taphouses)

접객시설을 갖추고 대중에게 주로 생맥주를 전문적으로 판매하는 주점을 말한다.

[예] 생맥주집(호프집)

[제외] 생맥주 이외 맥주 판매 주점(기타 주점업)

④ 기타 주점업(Other drinking places)

생맥주 전문점을 제외한 대폿집, 선술집 등과 같이 접객시설을 갖추고 대중에게 술을 판매하는 기타의 주점을 말한다.

[예] 소주방 · 막걸리집 · 토속 주점

나. 비알코올 음료점업(Non-alcoholic beverages places)

① 커피 전문점(Coffee shops)

접객시설을 갖추고 볶은 원두, 가공 커피류 등을 이용하여 생산한 커피 음료를 전문적으로 제공하는 산업활동을 말한다. 접객시설 없이 커피 포장 판매를 전문적으로 하는 음료점도 포함한다.

[예] 커피 전문점 · 커피숍

[제외] 전통식 다방, 인스턴트 커피점(기타 비알코올 음료점업)

② 기타 비알코올 음료점업(Other non-alcoholic beverages places)

접객시설을 갖추고 주스, 인스턴트 커피, 홍차, 생강차, 쌍화차 등을 만들어 제공하는 산업활동을 말한다. 접객시설 없이 비알코올 음료 포장 판매를 전문적으로 하는 음료점도 포함한다.

[예] 주스 전문점 · 찻집 · 다방

(2) 식품접객업 영업의 종류

우리나라 식품위생법에 의한 식품영업의 분류 중, 식품접객업의 종류에는 음식점 영업과 주점 영업이 있다.

음식업 영업

① 휴게음식점 영업

음식류를 조리 · 판매하는 영업으로서 음주행위가 허용되지 아니하는 영업을 말한다. 주로 음료수류을 조리 · 판매하는 커피숍(다방)이나, 빵, 떡, 과자와 아이스크림류를 조리 · 판매하는 과자점 형태의 영업을 포함한다.

② 일반음식점 영업

음식류를 조리 · 판매하는 영업으로 식사와 함께 부수적으로 음주행위가 허용되는 영업을 말한다.

주점 영업

① 단란주점 영업

주류나 음료를 포함하여 음식을 조리 · 판매하는 영업으로, 손님이 노래를 부르는 행위가 허용되는 영업을 말한다.

② 유흥주점 영업

주류나 음료를 포함하여 음식을 조리 · 판매하는 영업으로, 유흥종사자를 두거나 유흥시설을 설치할 수 있고, 손님이 노래를 부르거나 춤을 추는 행위가 허용되는 영업을 말한다.

주점 영업은 다음과 같은 기준에 따라 분류된다.

- 주 상품(식료 또는 음료)이 무엇인가?
- 고객에게 주류 판매가 가능한가?
- 고객이 노래하는 행위가 가능한가?
- 유흥종사자를 두고 가무행위가 가능한가?
- 유흥시설 유치가 가능한가?

(3) 식품위생법상 영업의 종류에 의한 분류

식품위생법시행령 제21조제8항의 규정에 의하면, 영업의 세부 종류에서 외식산업을 식품접객업이라고 하며 음식점 영업과 주점 영업으로 2분류하고, 종전과는 달리 그 영업의 종류를 휴게음식점 영업, 일반음식점 영업, 단란주점 영업, 유흥주점 영업으로 나눈다.

(4) 업종 및 업태 분류

새로운 콘셉트(concept)의 식당이 등장하면서 업종(type of business, type of operation)과 업태(type of service)의 구분이 모호해졌다.

업종이라 함은 한식, 양식, 중식, 일식 등의 대분류를 말하며. 업태는 특정의 영업방식, 서비스 형태, 금액 지불방식 등의 차이로 구분하여 분류한다. 일반적으로는 상품이나 메뉴의 소분류상의 영업형태를 업태라 하며 대체로 한 개 업종이 세분화되는 것을 말한다. 고객 서비스 방식, 제공시간, 가격 및 단가, 메뉴 작성, 식사 형태, 이용 시간대, 대상(타깃, target), 입지 형태, 점포 규모, 투자 규모, 운영 시스템 등의 차이로 구분하기도 한다.

양식을 업태에 따라 분류하면 패스트푸드(Fast Food), 패밀리 레스토랑(Family Restaurant), 패밀리 다이닝 레스토랑(Family dining restaurant), 디너하우스(Dinner House) 등으로 구분할 수 있다. (부록 1 300쪽 '음식점의 업종 · 업태별 분류' 참조), 한국표준산업분류(음식점 및 주점업) 참조.

(5) 유형별 분류

국내 외식 산업의 분류는 일본의 분류표를 응용하여 활용하고 있다.

식생활은 크게 가정 내의 식생활인 내식(eating in)과 가정 밖의 식생활인 외식(eating out)으로 구분하고, 가정 밖의 식생활 관련업 전체를 총칭하여 외식 산업(food service industry)이라고 한다.

일본의 경우에 과거에는 외식 산업을 급식주체(식료)와 음료주체(음료)로 구분하여, 급식주체를 다시 영업급식과 집단급식으로 양분하고, 영업급식은 일반식당과 특수타입식당, 여관, 호텔로 분류했다. 그러나 최근에는 기존의 급식주체와 음료주체를 점포 음식과 무점포 음식, 그리고 급식과 연회로 새롭게 분류하였다. 특히 무점포 음식업 중 택배음식업의 추가는 외식 산업의 다양한 업태를 시의성 있게 받아들이고 있음을 의미한다.

5. 외식 산업의 시장 규모와 추이

국내 외식 산업은 급변하는 사회 · 경제 환경에도 불구하고 업종 · 업태별로 성장과 도태가 심화되는 동시에 점포의 분위기를 고객의 취향에 맞추는 전략과 함께 퓨전 음식 및 무국적 음식이 인기를 끌고 있다. 이처럼 분위기를 중심으로 한 점포의 등장과 이국적 음식을 주력 상품으로 하는 다양한 형태의 음식점이 생겨나면서 우리나라의 외식 산업은 IMF 사태나 미국발 금융위기 속에서도 지속적으로 성장하고 있으며, 질과 전문성을 높임으로써 변화의 역동성이 가속화되는 가운데 향후 꾸준히 성장할 것으로 예상된다.

외식비 지출의 실태

외식 산업의 성장은 경제적 · 사회적 · 문화적 · 기술적인 환경요인을 배경으로 가구당 소득과 소비지출, 도소매 물가지수 등과 상호불가분의 관계에 놓여 있다. 최근 3년 동안 도시근로자 가구당 소비지출 평균증가율은 소비지출 8.8%, 식료품비 6.4%, 외식비 9.4%로 외식비 신장폭이 가장 높게 나타났다.

특히 최근 10년 동안 소비지출의 경우에 식료품비가 차지하는 구성비인 엥겔계수가 계속적으로 감소 추세임에도 불구하고, 전체 소비지출 중 외식비의 비중은 꾸준히 증가하고 있음을 보여주고 있다.

특히 1988년 서울올림픽 이후부터 현재까지 외식비의 비중은 지속적으로 상승하고 있다. 이는 식생활 패턴의 다양화와 세계화 추세, 젊은 층을 중심으로 한 식생활의 서구화, 핵가족화, 맞벌이 부부의 증가, 그리고 자가용 증가 등의 경제 · 사회적인 배경에 기인하고 있다.

외식비의 상대적인 증가는 결과적으로 외식 산업의 성장을 가져오게 된다.

이는 신규 창업을 할 때 최우선 순위는 성장하는 산업인 외식 산업이 차지하고 있다는 사실을 시사하고 있다.

6. 외식 시장의 트렌드와 소비자의 의식 변화

외식 산업의 성공이 음식의 '맛'에 달렸던 시대는 지났다. 음식의 맛은 기본이고, 그 밖에 수많은 요소들이 있어야만 성공할 수 있다. 더구나 요즘과 같은 외식 업체 간의 치열한 생존경쟁 속에서 고객에게 어필하기 위해서는 무언가 특별한 노하우가 필요하다. 민감하고 감성적이면서도 합리적이고 솔직한 요즈음 고객들의 비위를 맞추는 것은 까다롭기 그지없다.

또한 외식 시장의 소비 트렌드도 다변화로 급변하고 있다.

지금까지 접할 수 없었던 이국 취향의 요리를 파는 레스토랑, 외국에 온 듯한 착각을 일으키는 외국 분위기의 식당, 한 곳에서 여러 가지 음식을 맛볼 수 있는 푸드코트, 아침 · 점심 · 저녁 세 끼의 전통적인 식사 패턴의 통념을 파괴하고 24시간 운영하는 레스토랑, 식당에서 먹었던 것과 똑같은 음식을 집에서 즐길 수 있도록 준비하여 포장해 주는 식당, 저녁 7시에 문을 여는 식당, 서서 먹는 이색 갈비집 등이 있다.

그 밖에도 그림을 감상하고 커피도 마실 수 있는 전시장 같은 카페, 녹색으로 치장한 식물원 같은 녹색카페, 시골집을 그대로 옮겨 놓은 듯한 이색 전원카페 등 여러 종류의 테마카페도 있으며, 인터넷이나 전화로 주문을 받아 포장된 음식을 기다림 없이 제공하는 무점포 음식점, 시간에 구애받지 않고 원하는 음식을 집까지 배달하는 다양한 형태의 무점포 택배 서비스 음식점 등 바쁜 도시민들의 편의를 위한 음식점들도 있다.

다이어트를 하는 고객이나 환자들에게 의사의 처방에 따라 하루 세 끼를 배달하는 전문 레스토랑, 가족의 단란한 모임에 음식을 제공하는 다양한 수준의 출장요리, 자동차를 주방으로 꾸며서 아파트 단지 내에 주차시킨 후에 고객의 주문(콜택시 호출과 같은 시스템으로 주문을 받음)에 신속하게 응하는 음식 택배, 당구도 치고 식사도 하면서 영화를 볼 수 있는 멀티극장 등 수많은 새로운 개념의 상품과 서비스가 외식 산업에 도입되고 있다.

다양한 메뉴와 환경의 외식업

분위기 있는 고급 음식점

고기, 해산물 등 다양한 메뉴의 실내 포장마차

길거리의 다양한 패스트 푸드

돼지갈비와 김치찌개의 만남

새로운 스타일의 고기구이점

Chapter 2

인간의 욕구와 외식 산업

· 미래 유망 산업, 외식업
· 우리나라 외식 산업의 현황과 전망
· 외식 산업의 특징
· 고객의 욕구 변화
· 외식 산업의 소비 변화
· 시대별 선호 외식 메뉴

2.

인간의 욕구와 외식 산업

1. 미래 유망 산업, 외식업

외식업이 미래 유망 산업으로 각광받고 있다. 그 이유는 소득 증대, 여성의 경제 활동 증가, 다양한 식생활 욕구 등으로 외식 소비가 빠르게 증가하고 외식이 식생활에서 차지하는 비중이 크게 확대되는 추세와 맞물려 있기 때문이다.

국내 외식 산업은 해외 외식 업체의 성장과 수입농산물 이용 확대 등으로 인해 지금은 국내 농업과의 연계성이 점차 약화되고 있는 것으로 평가되고 있다. 농업시장에서 볼 때 외식 부문은 향후 중요한 판매 통로로 주목해야 할 대상이며, 소비자의 식품소비 및 영양섭취 현황 파악을 위해서도 관련 연구와 자료 수집이 필요하다. 그러나 외식 소비 및 산업 관련 연구는 크게 부족한 것이 현실이다.

외식 소비 형태도 빠르게 변화하여 다양성 · 간편성 · 건강지향성의 특징이 나타나고 있다. 식생활에서 간편성과 편리성 추구 경향은 외부에서 조리된 식품을 구입하여 가정 내에서 소비하는 유형의 식문화를 확대시켰다.

국내 외식 시장은 패스트푸드 · 패밀리 레스토랑 · 단체급식 등 새로운 업태가 성장을 주도해 왔다. 외식 산업 규모는 정부 예산의 20%나 되지만 관련 정부조직이 보건복지부, 농림축산식품부, 산업통상자원부로 분산 · 운영되고 있어서, 외식 산업 전반을 대상으로 일관된 정책을 개발하고 기초통계 자료를 담당할 전담부서가 필요한 실정이다.

(1) 국내 외식 시장의 특징

외식 부문의 소비, 산업, 식재료 조달에 대한 검토를 바탕으로 국내 외식 시장의 특징을 도출하면 다음과 같다.

① 국가경제와 가계경제에서 외식이 중요한 위치를 차지하게 되었다는 점이다. 외식비가 가계 식료품비 지출의 절반에 가까운 수준을 차지하게 되었으며, 경기가 좋지 않았음에도 불구하고 외식 시장은 연평균 8.4%의 높은 증가 추세를 나타낼 뿐만 아니라 질적인 향상을 하였다.

② 가구의 특성에 따라 외식 소비 형태에 차이가 있으며, 외식의 소비 형태가 다양화 · 고급화됨에 따라 외식 업체가 양극화 및 전문화되는 특징을 보인다. 또한 소비자의 건강과 안전지향 성향이 증대됨에 따라 식재료에 대한 관심이 확대되었으며, 국내산 식재료와 유기농 농산물 이용에 대한 관심이 빠르게 증가하고 있다.

③ 외식 수요 증가와 함께 식생활의 간편성 · 편리성 추구 경향에 따라 외부에서 조리식품을 구입하여 가정 내에서 소비하는 유형이 확대되었다. 외식 시장에서 이들 유형의 비중과 소비 형태 등을 감안하여 새로운 형태의 외식 서비스로 분류 여부를 검토할 필요성이 제기된다.

④ 외식 산업에서 패스트푸드, 패밀리레스토랑, 단체급식과 같은 새로운 업태가 빠르게 성장하며 대기업과 호텔업계의 참여 등으로 외식 산업의 범위가 확대되고 있다.

⑤ 외식 산업이 국민경제와 식생활에서 점하는 비중이 빠르게 증가함에도 불구하고 외식 부문은 중요한 정책 대상으로 취급되지 못하고 있다.

정부의 외식 산업 정책은 지원보다는 규제중심의 정책이 대부분이며 보건복지부의 외식담당부서는 보건정책국의 약품식품정책과이지만, 외식 산업과 관련해서는 식품위생 관련정책이 대부분으로 농림축산식품부의 농산물 유통국 식품산업과에서는 전통 외식 산업 육성을 중심으로, 산업통상자원부의 무역유통심

의관실 유통물류과에서는 프랜차이즈산업 육성 정책을 중심으로 사업을 추진 중이다. 따라서 외식 산업 전반에 대한 정책을 뒷받침할 수 있는 외식 산업 주무관청이 절실히 요구되는 시점이다.

1979년 한국관광공사가 주관하는 경주호텔학교를 시작으로 많은 대학들이 호텔조리과를 비롯해서 외식산업과를 신설하고 있으며, 중앙대학교 산업대학원 고위자 과정, 연세대학교 및 서울대학교 외식 산업 고위자 과정 등이 운영되면서 양 위주의 성장에서 질적 변화를 꾀하고 있다.

(2) 국내 외식 산업의 성장 요인

① 경제적 요인

국민 소득 증가에 따라 가처분 소득이 늘어나게 되고 이에 따라 외식의 동기가 강하게 나타나게 된다. 최근에는 세계 각국과 FTA 체결로 인한 시장개방 여파로 외국 유명 브랜드가 국내에 상륙하고 있어서 앞으로 외식업계의 큰 변화 요인으로 작용할 것으로 예상된다.

② 사회적 여건 변화

대량생산 · 대량판매에 따른 가격의 하락에 힘입어 대중소비 사회가 되었으며, 생활방식 변화 등에 따른 가치관의 변화가 일어나고 있다. 맞벌이 부부가 증가함에 따라 여성의 사회 진출이 늘어나고 핵가족화와 독신자의 증가는 가정의 개념을 변화시켰다.

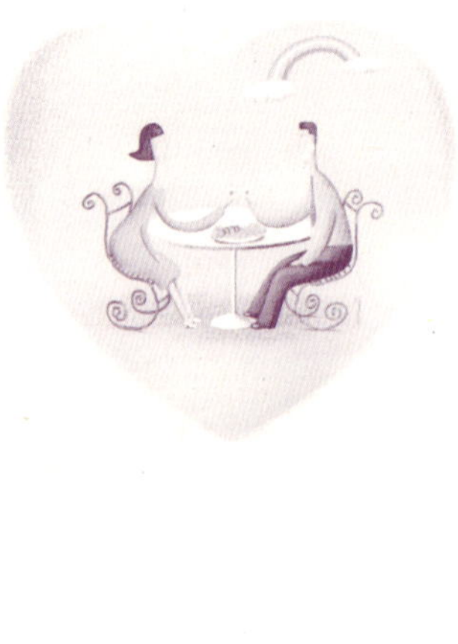

자가용 보급, 신세대의 출현, 레저문화 확산, 고객 욕구의 변화, 건강식에 대한 관심 고조 등이 외식 동기유발을 촉진시키는 요인으로 나타나고 있다.

- 만혼현상
- 맞벌이 부부
- DINK족(Double Income, No Kids)
- DEWK족(Dual Employed With Kids)
- 가족외식 증가
  → 맞벌이 부부를 잡아라

③ 문화적 요인

편리함을 추구하는 일상 속에서 간편식인 패스트푸드를 찾는 사람들이 증가함에 따라 식생활 패턴이 점차 서구화되고 있다. 이와 같은 변화는 전통적인 식습관이 점차 사라지고 서구식 식문화가 우리사회에 뿌리내리고 있음을 말해 준다. 또한 식당은 단지 음식을 먹는 장소가 아니라 대화와 여가의 장소로 그 의미가 변해가고 있다.

- 언제 어디서나 음식점 이용 가능
- 다양한 구매방법(자판기, 배달, 포장 등)
- 저렴한 가격, 외식은 시간절약, 경제절약
  : 또 하나의 경제 활동
  → 편리성은 또 하나의 상품이자 경쟁력

④ 과학기술 발달과 외식 사업의 환경 변화

전통적인 주방의 개념이 과학기술에 밀려나고, 컴퓨터 시스템이 일반화되는 추세에 있다. 이에 따라 첨단산업과의 기술적인 접목을 통해 주방 시스템이 자동화되고 인력 절감 등 효율적인 업소 경영방식의 도입이 가능해지고 있다. 또한 자동화된 조리기술 · 조리설비 등 주방기기의 보급이 원가절감에 기여하고 있다.

⑤ 외식 기회의 점진적 확대

소득의 증가에 따라 외식의 빈도가 증가하고, 여성의 사회진출과 핵가족화 추세에 따라 식생활패턴이 가정 내의 내식위주에서 가정 밖의 외식행위로 변화되고 있다. 이 밖에 도시화 · 해외여행의 보편화에 따라 가정 밖에서 생활하는 시간이 늘어나게 되고 교통수단의 발달에 따른 레저문화의 정착과 관광객 증가도 큰 요인으로 작용하고 있다.

⑥ 고객의 변화

고객의 취향과 생활스타일이 변화하고 있다. 이제 고객은 허기만을 채우기 위해서 식당을 찾지 않는다. 음식 그 이상의 문화적 요인들을 찾아 나서는 것이 외식 업계 주변의 물리적 환경은 물론이고, 고객 자체가 변화하고 있는 것이다. 이는 미래 외식 시장 환경을 변화시키는 주요인으로 작용할 것이다. 따라서 앞으로의 외식 산업 경영은 고객 변화 추이를 주시하지 않으면 안 된다.

식당이라는 의미 자체가 바뀌고 있다는 사실에 주목해야 한다. 이제는 식당이 먹고 즐기며 대화할 수 있는 여가의 장소로 그 개념이 변화되고 있다. 레저문화라는 개념이 식당의 기존개념에 추가되고 있으며, 점점 세분화되는 시장 환경과 다양화되는 고객의 욕구 변화는 미래 외식 시장을 성장시켜 나가는 큰 요인으로 자리하고 있다.

2. 우리나라 외식 산업의 현황과 전망

(1) 외식 산업 현황

외식서비스 산업은 IT, 반도체, 조선, 자동차, 유통산업 등과 함께 금세기 최고의 성장 산업이라고 할 수 있다. 미국과 일본의 경우, 외식서비스 산업은 전통적인 기간산업인 화학 · 석유 · 석탄 · 철강 · 섬유산업 등과 함께 당당히 2~3대 산업으로 그 지위를 차지하고 있으며, 외식 산업은 관광 산업과 더불어 가장 중요한 서비스업으로 자리잡고 있다.

현재 우리나라의 식품 · 외식 산업 시장 규모는 139조 원(식품 산업 65조 원, 외식 산업 74조 원)으로 10년 전에 비해 2배 가까이 성장했다. 그러나 식문화가 유사한 일본의 외식 시장 규모는 약 470조 원으로 한국의 약 7배이다. 따라서 경제 성장 추이를 감안할 때 우리나라 외식 산업도 성장 가능성이 높을 것으로 사료된다.

외식서비스 산업은 국가경제에서 차지하는 비중이 확대되어 향후 지속 성장할 산업으로서, 농림 · 축산업 등 연관 산업에 미칠 파급 효과도 큰 산업으로 국가경제 비중에서도 중요한 부분을 차지하고 있다. 통계청 경제총조사(2012) 기준으로 외식 산업 연매출액은 약 74조 원이며, 고용은 161만 명으로 전체고용의 9.1%, 사업체 수는 60만 7천 개로 전체 사업체 수의 17.5%에 달하고 있다. 외식 산업은 국민소득과 여성의 사회활동 증가 추세에 힘입어 지속적인 성장이 예측되는 분야로, 지난 10년간 연평균 6.8% 수준으로 성장하고 있는 유망한 산업이다.

그러나 자세히 들여다보면 외식업 규모는 종업원 5인 미만인 개인사업자가 대다수이며 이에 해당되는 외식 업체는 55만 개로 전체 외식 업체의 90.5%이다. 연 매출액 1억 원 미만인 업체가 39만 개로 전체 외식 업체의 64.3%에 달하는 등 소규모 업체가 대다수를 차지하고 있다.

통계청 경제총조사에 따르면 외식 업체의 개인사업자 비율은 98.35%(58만 개)로, 국가 전체 산업 부문의 개인사업자 비율 83.24%와 비교해도 매우 높다. 외식 업체(자영업자)는 대부분(88.6%) 생계형으로 운영되고 있어서 개선을 위한 자기 투자여력이 낮으며, 타 산업에 비해 사업을 위한 교육이나 사전 조사 등 창업 준비 소요기간도 짧아 경쟁력 약화로 이어지고 있다. 이와 함께 무분별한 창업과 경쟁 심화 등으로 매년 창업과 폐업이 반복되는 악순환이 지속되는 상황이다. 외식 사업을 꿈꾸는 경영자들은 철저한 사전 준비와 교육, 그리고 뚜렷한 목표 의식을 가지고 창업을 준비하여야만 성공적으로 외식 점포를 운영할 수 있다.

외식 산업 발전 단계로 볼 때, 현재 우리나라의 외식 시장은 성장기에 진입한 것으로 평가된다. 그러나 우리나라 외식 시장의 성장성을 간파한 외국 유수의 다국적 체인 전문점이 대거 진출하여 치열한 시장 쟁탈전을 벌여서 지금은 외국 브랜드와 국내 브랜드의 각축전이 벌어지고 있다. 또 다른 일각에서는 대기업들이 자본력과 축적된 마케팅 기법을 바탕 삼아 체계적이고 효율적으로 외식 산업계에 진출하면서 생계형 외식 점포들이 많은 어려움을 겪고 있다.

외식 산업은 더 이상 만만한 사업이 아니다. 별다른 기술이나 자본 없이 서둘러 개점한 점포의 50% 가량이 1년 이내에 폐업했고, 80% 이상이 5년 이내에 폐업했다는 한 통계자료가 이를 잘 설명해 주고 있다. 따라서 외식 사업에서 성공하려면, 경영이나 마케팅 기법은 물론이고 식문화의 역사를 통한 미래 예측과 트렌드의 파악도 중요하다고 할 수 있다.

문헌상에 나타나 있는 우리나라 음식업의 기원은 사교의 장소와 간이음식점을 겸한 고려시대의 '주막'이 시초이며, 그 후 사신이나 여행자들을 위한 '역정'과 '사원'이 생겼다고 기록되어 있다. 조선시대를 거치면서 주막의 명맥은 유지되었지만, 특별히 영리를 목적으로 운영된 것은 아니었다. 20세기에 들어서면서 규모가 큰 음식점이 생겨났으나, 식량자원 부족과 가내 주도형의 식사 관습 때문에 전반적인 외식업은 침체의 늪을 벗어나지 못한 상태였다.

1945년 해방 이후에 외식업은 비로소 많은 변화와 발전을 추구하였으나 여전히 어려운 경제적 여건 때문에 식당이라는 개념은 '식사를 하는 곳'으로만 여겨졌을 뿐이었다. 그 후 1970년대에 들어서 경제개발계획에 따른 경제 발전으로 식생활 수준이 향상되면서 외식 산업의 기초가 마련되었다.

1977년에 '림스치킨(Lims Chicken)'이 튀김통닭을 국내 최초의 프랜차이즈 형식으로 도입하여 개점하였으나, 현대적인 의미의 프랜차이즈 시스템은 1979년에 일본의 '롯데리아(Lotteria)'와 합작한 국내 '롯데리아'가 개점한 이후라고 볼 수 있다. 일부 학계나 관련 업계에서는 그 시기를 1986년 아시안게임 이후라고 보기도 하는데, 한국의 외식 산업은 1988년 서울올림픽을 계기로 본격적인 태동을 하게 되었다고 할 수 있다.

물론, 과거의 주막 혹은 주점에서부터 현재의 식당에 이르기까지 외식업이 계승 · 발전해 오고는 있으나, 그 모두를 외식 산업이라는 하나의 부류로 규정하기는 어렵다. 그 이유는 너무 영세했기 때문이다.

다시 말하면, 외식 산업의 본격적인 태동을 1988년 이후로 보지만, 기업규모의 첫 출현은 1979년 '롯데리아 체인점' 개설이 시초라고 하겠다.

패스트푸드의 대명사인 햄버거를 주메뉴로 하는 롯데리아의 뒤를 이어 한국시장에 상륙한 브랜드는 '(주)아메리카나'인데, 1980년에 미국 프랜차이즈 회사인 '빅보이'사와 제휴하여 햄버거를 주력 메뉴로 하는 체인점을 전국적으로 확장해 나갔다. 1982년에는 미국 햄버거 체인점인 '버거킹'이 한국에 상륙하였고, 1984년에는 역시 미국 햄버거 체인점인 '웬디스'가 (주)웬디스 코리아로 한국에서 창업했으며, 미국 3위의 '켄터키후라이드치킨(KFC)'이 (주)두산식품에 의해 상륙하는 등, 한국 시장에서 세계 유명 브랜드가 영업을 전개하기 시작했다.

1986년 아시안게임이 열리기 전해인 1985년에 '피자인'이 (주)조영물산에 의해, '피자헛'은 (주)진식품에 의해, '쉐이키스피자'는 골든벨 상사에 의해 각각 문을 열었다. 이어 서울올림픽이 개최된 1988년에 미국과 일본에서 매출 1위를 차지하고 있던 '맥도날드'가 진출하였고, 1991년에는 미국 샌드위치 업계에 돌풍을 일으키고 있던 '서브웨이'가 (주)지언유통에 의해 영업을 개시하게 되었다. 그 밖에 '하디스'와 '라운드테이블피자'가 각각 국내 외식시장에 등장하였다. 특히 제3의 패스트푸드로 불리는 멕시코 음식인 '타코'의 출현은 건강식을 지향하는 현대 식생활과 부합하여 업계의 많은 관심을 모았다.

KFC의 국내 상륙 이후에 한국의 치킨 체인점도 많은 변화를 가져와서 1988년을 전후로 크고 작은 체인점들이 속출하였는데, 기존의 프라이드치킨을 주요 취급품목으로 다루던 것에서 탈피하여 양념치킨과 구이치킨을 선보이기 시작했다.

한편, 이러한 외국 외식브랜드에 맞서서 1980년대 후반에는 '(주)놀부'와 같은 한식업체들도 고유의 음식인 보쌈 및 족발 등의 메뉴를 시스템화해서 체인점 형태로 고유음식의 고품질화에 힘쓰기 시작하였다.

국내 외식 산업은 1980년대의 성장기를 지나 1990년대로 접어들면서 그 동안 시장을 주도해 왔던 햄버거, 피자, 치킨 등과 같은 패스트푸드에서 탈피하기 시작했다. 최근 전국적으로 확산되고 있는 편의점의 등장과 함께 체인 경영기법을 도입한 양식당 체인인 '코코스', 'T.G.I.프라이데이스', '베니건스', '칠리스', '시즐러', '우노' 등 패밀리 레스토랑이 본격적으로 진출하였으나 영업 부진으로 인하여 많은 외국계 브랜드들이 폐점과 영업 축소를 단행하기도 하였다.

이제 외식업계는 새로운 국면에 접어들었다. 패밀리 레스토랑은 외국에서 부각되고 있는 외식 산업의 하나로, 미국과 일본에서는 활동 영역이 넓은 유망 업종이지만, 우리나라에서의 점유율은 아직 낮은 수준이다.

외식 업계의 또 다른 변화는 커피나 쌍화차 등을 판매하던 다방 업종이 쇠퇴하고, 위생적인 시설과 건전한 차 문화의 형성에 앞장선다는 명분으로 커피전문점인 '난다랑'이 1979년부터 체인화 사업을 시작했다는 것이다. 그 후 1989년 본격적인 커피전문점으로 '쟈뎅'이 출현했고, 뒤를 이어서 '도토루', '나이스데이', '헤르겐', '브레머' 등이 성공과 실패를 반복하고 있다.

1999년에 '스타벅스'가 이대1호점을 오픈하였으며, '커피빈'이나 '투썸플레이스'는 CJ의 과감한 투자로 지속적인 성장을 하고 있다. 이러한 커피전문점은 커피 외에도 간단한 식사류나 스낵류를 곁들여서 판매하면서 객단가 상승효과도 함께 거두고 있다.

최근 특이할 만한 점은 삼성, 한화, CJ, 두산, 롯데, 대상, 삼양사, 아워홈, 이랜드, 신세계, 동원 등과 같은 대기업들의 외식 업계 진출이다. 이는 외식 시장이 성장성이 있다는 것을 뜻하지만 중소 외식 업체에게는 크나큰 도전이 되고 있다.

(2) 시장 환경과 고객의 욕구

외식 산업의 트렌드를 파악하기 위해서는 소비자들의 생존환경의 변화가 외식에 어떻게 영향을 미칠 것인지를 검토해야 한다.

시장 여건

① 고유가로 인한 에너지 비용 상승

② 고용 없는 성장, 실업률 증가

③ 부동산 시장의 불확실성

④ 경제의 양극화 현상

⑤ 수입 원자재의 가격 상승

⑥ 주 5일 근무제에 따른 시장의 변화

시장 전망

① 여성의 사회진출 증가로 맞벌이 부부가 계속 증가한다.

② 고객수요가 세계화 · 전문화 · 다양화된다.

③ 고령화 사회의 대두로 실버산업이 발달하게 된다.

④ 여가시간의 증가 : 일상에서 벗어나서 여행이나 오락산업이 발전한다.

⑤ 1인 기업 : 소자본 창업이 급속도로 늘어난다.

⑥ 소비자 참여 현상 : 시민단체(시민의 모임) 등 소비자가 주체가 되는 사회가 된다.

⑦ 위생, 환경, 논리, 정의를 추구한다.

⑧ 자기(가족)중심의 코쿠닝(Cocooning) 현상 : 집안에서의 생활이 늘어난다(재택근무 등).

⑨ 건강 지향 : 헬스 식품 구매가 늘어나며 장수를 추구한다.

⑩ 모험적인 레저문화 : 스카이다이빙, 환상체험, 가상체험 등을 즐긴다.

⑪ 인터넷이 산업사회를 지배하여 공간의 개념이 사라진다. 10년 내에 현재 100명이 하는 일을 단 1명이 할 수 있게 된다.

⑫ 자기중심적 사고로 국가의 개념이 사라진다.

⑬ 각 영역마다 경쟁이 점차 격화된다.

⑭ SNS의 실질적인 활용으로 외식 업계의 매출은 증대한다.

(3) 우리나라 외식 산업의 전망

1980년대에 본격적으로 시작한 이후, 서서히 발전해 오던 우리나라 외식업은 경제발전과 그에 따른 소득의 증대, 경제구조의 변화, 소비자의 욕구와 라이프 스타일의 변화로 지금은 급성장기를 맞이하였다. 외식 업계의 변화를 정확하게 예측하기는 어렵지만, 다음과 같은 몇 가지는 생각할 수 있다.

대형 체인점의 시장 점유율이 더욱 증가한다.

1980년대 말 패스트푸드 및 대형 체인점의 시장 점유율은 미미했다. 그러나 1990년대 들어서 '스카이락', '코코스', 'T.G.I. 프라이데이스', '토니로마스', '베니건스' 등의 자금력 및 마케팅 능력에서 압도적 우위에 있는 기업들이 패밀리 레스토랑이나 패밀리 다이닝(dining) 중심의 사업을 시작하면서 외식업은 크게 성장하기 시작했다. 또한 전국에 걸쳐 지역별로 중소 음식점의 경합이 시작되었다. 게다가 이러한 대기업의 체인점들은 이제는 단일 콘셉트가 아닌 여러 종류의 콘셉트를 결합한 상품으로 다양한 고객의 욕구에 대응해 나가고 있다.

다른 산업의 외식 업계 참여가 본격화된다.

산업구조의 중심이 3차 산업에서 4차 산업으로 옮겨감에 따라 국가기간산업인 제철, 자동차, 전기, 전자, 가스, 조선, 반도체, IT, 원자력 등과 연관된 산업이 외식 업계의 성장에 커다란 영향을 미치며 도움이 될 것이다.

외식업에 신규로 참여하는 산업 부문은 음식업과 관계 깊은 유통업과 식품가공업뿐만이 아닐 것이다. 외식 산업은 농림축산업, 문화, 관광산업 등과 더불어 동반성장이 가능하며 6차 산업(1, 2, 3차 산업을 복합해서 농가에 높은 부가가치를 발생시키는 산업)으로 파급되는 효과가 커서 생산, 유통, 가공, 관광 등과 연계되는 아주 중요한 산업이다.

외식 업체의 국내산 식재료 소비확대 유도와 농촌과 도시를 연결시켜 주는 교량 역할을 하며 최근 급부상하고 있는 농촌 체험 활동이 6차 산업의 좋은 사례라 할 수 있다.

최근 외식 업체들이 식재료 경쟁력을 높이기 위한 대안으로 활용하고 있는 것이 산지 직거래 시스템이다. 평균 4~5단계의 중간유통을 거치는 식재료 공급 시스템 대신에 외식 업체와 산지가 직접 거래를 하거나 영농조합법인 또는 농협 등 관련 단체와 식재 생산 및 공급에 대한 계약을 체결하여 연중 양질의 식재료를 안정적으로 공급받는 것이다. 이를 통해 외식 업체에는 안정적인 식재 수급을, 그리고 산지는 판매망 확보를 통한 지역경제 활성화를 도모하는 상호 윈윈(win-win) 효과를 창출할 수 있다.

업계가 대폭적으로 재편성된다.

대형 체인은 능력있는 업체와 그렇지 못한 업체로 뚜렷이 구별된다. 그리고 외식 기업 간에 혹은 다른 업계와의 합작 형태도 많아져서 기업합병, 흡수 및 매수가 활발해질 것이다. 이러한 재편성은 대형기업 사이에서 뿐만 아니라 지방 중소 외식 기업 사이에서도 진행될 것이다.

표 1-1 식품위생법에 의한 식품관련업소의 2012~2014 신규등록 및 폐업 현황

연도별	업 종 별											
	휴게음식점		일반음식점		단란주점		유흥주점		집단급식소		전 체	
	신규	폐업	신규	폐업	신규	폐업	신규	폐업	신규	폐업	신규	폐업
2012년	13,021	11,067	92,385	78,527	1,547	1,366	3,704	871	1,243	342	111,900	92,173
2013년	15,384	13,670	88,457	79,826	1,437	1,321	2,569	1,476	1,328	495	109,175	96,788
2014년	14,104	13,011	95,769	84,360	1,521	1,436	3,004	1,945	1,462	518	115,860	101,270
총 계	42,509	37,748	276,611	242,713	4,505	4,123	9,277	4,292	4,033	1,355	336,935	290,231

외식업 출점 전략이 변화한다.

차량증가와 지가 상승이 계속되는 한 지금처럼 도심지 패밀리 레스토랑이나 패밀리 다이닝점의 출점은 점포 손익계산상 일부 대기업 이외에는 불가능하다.

따라서 2등급 입지, 지방 소도시, 빌딩 재활용 등의 출점 방식을 생각해 봐야 한다. 음식점이 도심지에서 교외로 옮겨가고 있는 현상이 바로 이 때문이다.

음식점의 기술혁신이 진행된다.

조리기기는 계속 진보해 왔으나 외식 업체의 주방기기는 일반 가정의 기기 등에 비해서도 뒤떨어졌던 것이 사실이다. 그러나 경쟁이 심화되면 될수록 외식 업체의 주방기기를 비롯한 외적인 요소에 대한 기술이 혁신적으로 발달된다. 기술혁신은 점포뿐만 아니라 식재료 생산 · 가공에서도 똑같이 비약적인 변화가 이루어지고 있다.

식재 확보 경쟁이 심화되고 유통경로가 짧아진다.

식품 · 외식 업체들이 보다 질 좋고 경쟁력 있는 식재를 확보하기 위해 전국을 돌거나 더 나아가 해외로까지 유통망을 확대하고 있다. 질 좋은 식재료를 이용하여 음식의 품질향상을 꾀하며 식재별 스토리를 담은 스토리텔링(story telling)식 메뉴를 만들고, 원산지와 생산자 등을 공개함으로써 건강뿐만 아니라 안전 · 위생에 대한 고객의 욕구를 충족시켜 주고 있다.

오늘날 교통의 발달과 외국에 대한 유통시장 개방으로 외국에서의 음식재료 조달비율이 높아지고 있다. 생산지에서 음식점까지 식재 유통단계를 단순화하여 재료비 상승을 억제하게 되면, 식재 공급업계의 재편도 진행될 것이다.

일하는 사람의 의식이 변한다.

오직 생계를 위해서 일해 왔던 우리 국민도, 선진국 대열에 들어서면서 오늘날에는 단지 돈만을 위해 악착같이 일하는 경우가 줄었다. 이제는 여가시간을 추구하기 시작했다.

Check Point

- 높은교육수준으로 인해 전문직 종사자의 비중이 점차 증대
- 교육수준이 높을수록 상위욕구가 커진다.
- Maslow의 욕구단계설
- 문화로 자리잡은 외식
- 세련된 서비스 및 수준 높은 분위기 체험
  → 음식과 함께 문화를 팔아라!

기업은 종업원들에게 여가시간을 보장하고 그들이 그 시간을 얼마나 잘 활용하여 업무에서 활력있게 일하게 하느냐를 고심하고 있다. 이러한 여가시간은 레저활동으로 이어져 외식 산업을 더욱 활성화시킬 것이다.

3. 외식 산업의 특징

오늘날 우리나라 외식 산업은 경제 성장과 소득 증대로 성숙기에 접어들었지만 최근에는 소비의 양극화 현상과 고유가 및 국제 원자재 가격의 급등 등으로 인하여 침체의 늪에서 벗어나지 못하고 있다. 저성장 시대를 맞이하여 외식 산업은 새로운 돌파구를 모색해야 될 시기가 온 것이다.

이제까지 소비 패턴의 다양화가 식생활의 질적인 성장을 가져왔던 것도 사실이다. 특히 고객중심의 사고가 확산되면서 고객만족과 가치제공을 위해 차별적인 전문화, 틈새 업태 등이 출현하여 시대적인 환경변화에 적응하기 위해 많은 변화와 발전을 추구해 오고 있다.

여성의 사회진출 증가, 맞벌이 부부의 확산, 건강지향 욕구, 그리고 레저 인구의 급증 등과 더불어 노동의 균등화 효과와 신세대 및 새로운 가족 개념의 등장, 핵가족화, 농촌에서 도시형 생활의 확대, 새로운 가치관의 대두, 자동차의 증가 등의 경제 · 사회 · 기술 · 문화적인 급격한 변화는 소비성향을 변화시키고 있다. 이러한 변화무쌍한 환경 속에서 신규 창업이나 기존 업태의 확장은 경험 유무를 떠나서 항상 사업적으로 성공해야 한다는 대명제를 안고 있다.

(1) 입지 사업

외식 사업은 점포의 입지를 최우선으로 하는 입지사업이다. 사업성패를 좌우하는 입지조건은 출점전략과 상권분석을 통해 효율성에 역점을 둘 때 그 효과가 배가된다. 출점입지는 경쟁력뿐만 아니라, 수익성 제고와 매출로 직결되기 때문에 외식 사업을 입지 의존적인 사업이라고 해도 과언이 아닐 것이다.

(2) 인재(people) 사업

외식 사업은 고객 · 종업원 · 오너(경영인)가 삼위일체가 되어 고감도 연출을 하는 사업이다. 다시 말해 인간과 인간관계를 중심으로 고감도 연출이 필요하고, 노동집약적이면서 고도의 숙련도가 요구되는 사람 사업임을 결코 부인할 수 없으며, 나아가서 인재 산업이라고 정의할 수 있다.

(3) 매뉴얼 사업

외식 사업은 표준화(Standardization) · 단순화(Simplification) · 전문화(Specialization)의 3S시스템을 추구하는 사업이다. 체인본사(본부)나 개인 점포에서도 각 부분별 시스템 구축이 필요하고, 이는 시스템 중심의 매뉴얼 사업이 곧 경제성이라는 의미가 된다. 특히 점포 주방이나 중앙집중식 주방인 센트럴 키친(central kitchen)은 생산이나 제조기능인 것에 반해, 점포의 홀(hall)은 판매와 소비라는 동시성을 가지고 있다. 경쟁력 제고와 효율적인 경영을 위해서는 매뉴얼을 구축하여 시스템을 정착시켜야 한다.

(4) 프랜차이즈 사업

프랜차이즈 사업은 외식 사업에 대한 운영관리를 통하여 축적된 경험이나 노하우(know-how)를 바탕으로 차후에 다점포 전개나 관련 사업과 연계해서 진출하는 사업이다. 즉, 고도로 숙련된 운영기법(프랜차이즈 패키지)을 가지고, 동일 업태나 관련 사업의 다양화가 가능하다.

최근 프랜차이즈 본부와 프랜차이즈 가맹점에 대한 상생차원의 법안이 국회를 통과하였다. 프랜차이즈에 대한 가맹점을 보호하기 위한 취지로 가맹점사업자가 단체를 설립해서 가맹본부와 직접 협의할 수 있도록 하였다.

협의 범위는 영업품목 선정 등 해당 브랜드의 가맹사업의 본질을 훼손할 수 있는 부분은 제외됐지만, 가맹본부의 제품 발주 부분 등과 같은 가맹점 운영방식 등에 대한 협의를 진행할 수 있게 되었다.

(5) 종합예술성 첨단사업

서비스 · 식재 · 급식 · 유통 · 식품 · 부동산 · 패션 · 호텔이나 관광사업 등과 연계하여 사업할 수 있으며, 다른 사업과 복합적으로 얽혀 있어서 경영다각화가 가능한 사업이다.

(6) 예측 불확실 사업

외식 산업은 타 산업에 비해 시간과 공간의 제약을 크게 받으며 수요 예측이 불확실하다. 식사하는 시간은 아침, 점심, 저녁시간으로 한정돼 있고, 이 한정된 시간에 대부분의 매출이 일어나므로 인력관리 및 공간이용에 제약이 있으며, 또한 각종 행사 및 계절, 일기 등의 변화로 정확한 고객의 수요를 예측하기 어려운 산업으로 식자재의 적정 구입량을 결정하기 또한 어려운 산업이다.

(7) 식재 보존이 어려운 사업

타 상품의 자재는 어느 정도 보존이 가능하다. 그러나 외식 산업의 식자재는 상품의 보존 방법 및 기간이 까다롭고 짧아서 부패의 위험성이 매우 높은 특성을 지니고 있다. 따라서 높은 비용지출과 부패한 식자재를 사용하면 위생에 따른 안전 문제가 우려되니 주의하여야 한다.

(8) 다품종 소량 생산 사업

외식 산업은 타 산업에 비해 다품종 소량 생산의 특성을 지니고 있다. 물론 한두 가지 음식만 전문적으로 취급하는 점포도 적지 않지만 대부분은 여러 종류의 음식을 생산해 판매하기 때문이다.

(9) 원자재 효율이 높은 사업

외식 산업의 원자재 가격은 타 산업에 비해 상당히 낮은 편으로 통상 식자재비는 매출액의 30~35% 정도이다. 따라서 경영이 잘 이루어질 경우 매출액 대비 이익률은 상당한 수준에 이를 수 있다.

(10) 자본과 기술력이 낮은 사업

외식 산업은 타 산업에 비해 적은 자본과 특별한 기술적 노하우 없이 누구나 쉽게 참여할 수 있다고 생각한다. 그러나 이러한 착각은 준비없이 창업했던 많은 업체들이 얼마 되지 않아 폐업을 하는 이유이다.

(11) 이직률이 높은 사업

외식 산업은 인적자원에 대한 의존도가 큰 사업인 동시에 이직률이 높은 산업이다. 3D 업종으로 불리면서 근무하기 힘든 업종의 하나로 인식되어 타 산업에 비해 종사자들의 이직률이 높은 특성을 지니고 있다.

4. 고객의 욕구 변화

사회가 변화하면 소비자의 라이프스타일도 변하기 마련이며, 음식과 음식점에 대한 고객의 취향과 요구도 변한다.

(1) 건강지향

인간은 재산이 충족되고 생활에 만족하게 되면, 건강하게 오래 살고 싶은 욕망이 생기는데 바로 인간이 지닌 본성이라 할 수 있으며, 이러한 인간의 욕망은 5단계로 진행된다.

> *Check Point*
>
> **편리함의 추구**
> - 언제 어디서나 음식점 이용이 가능
> - 다양한 방법(자판기, 배달, 포장 등)
> - 저렴한 가격
> - 외식은 시간절약, 돈 절약 : 또 하나의 경제활동
> - 편리성은 또 하나의 상품이자 경쟁력!

① 살기 위해 먹는다.

② 안전한 장소에서 쉬고 싶다.

③ 다른 사람이 갖고 있는 물건 · 지위를 자신도 갖고 싶다.

④ 재미있고 쾌적한 환경에서 건강하게 레저를 향락하고 싶다.

⑤ 봉사도 하며 건강하게 오래 존경받고 살고 싶다.

선진국은 이미 4~5단계에 있고, 우리나라는 제4단계로 접어들고 있으며, 일부 계층에서는 5단계로 넘어가는 상황이라고 할 수 있다. 물질적으로 풍요할수록 건강과 삶의 보람에 대한 관심도 높아진다.

미국을 예로 들면, 1975년 무렵까지 쇠고기, 돼지고기, 양고기와 같은 레드미트(red meat)를 선호했으나, 그 이후에는 송아지 고기, 새끼 돼지고기, 새끼 양고기, 닭고기와 같은 화이트 미트(white meat)를 선호했고, 1980년경에는 해산물(sea-food)로, 그리고 최근에는 야채와 같은 녹색채소(green food)로 고객의 관심이 바뀌며 유기농 농산물의 급속한 확대가 이어지고 있다.

지금 미국에서는 샐러드 바가 인기이다. 무거운 식사나 지방이 많은 고기보다 건강 요리가 선호되면서 해산물 열풍과 친환경 무공해 채소류가 새로운 트렌드로 떠오르고 있다.

(2) 무국적 음식의 등장

우리나라는 미국의 생활 방식과 문화로부터 많은 영향을 받았고, 특히 전후에는 아메리칸 드림(American Dream)의 열병을 앓기도 했다. 미국식 생활 방식이야말로 풍요로움의 상징이며 삶의 정답이라고 믿었다.

그러나 현재 미국인들은 온돌에서 자는 것이 침대에서 자는 것보다 건강에 좋다고 생각하며, 일식집에서 초밥을 먹거나 한식점에서 불고기를 먹는 것이 고상하면서도 건강에 유익하다고 느낀다. 이러한 오리엔탈(동양적) 문화와 식생활이 미국에서 유행하면서 국적을 넘나드는 문화나 식습관은 세계적인 현상이 되어 가고 있다. 이러한 무국적화, 즉 크로스오버(cross over) 경향은 나라와 나라 사이의 교류가 많아질수록 더욱 광범위하고 빠르게 진행될 것이며 외식 산업에 미치는 영향은 엄청날 것이라 판단된다.

(3) 양적 → 질적 → 예술적 단계

지속적인 경제발전으로 사람들의 생활이 풍요로워지면서 사람들은 행복과 건강을 화두로 삼아 이야기하고 있다. 또한 평범한 생활을 원하던 삶이 평범함을 싫어하는 개성 중시의 사회로 진입하였다.

돈과 물질이 행복의 조건이라고 생각하던 사람들이, 자신의 라이프스타일과 건강에 신경을 쓰기 시작하게 되는 등 사회의 가치관이 크게 변화하였다.

그러나 아무리 소득이 늘고 라이프스타일이 크게 변했다고 해서 하루에 세 번 하는 식사를 아홉 번 할 수는 없다. 따라서 식사에 대한 관심이 대단히 높아져서 식사의 양보다 질을 중시하게 되었다. 이는 요리의 내용과 연출, 용기의 미적 감성, 점포의 구조, 분위기, 그리고 종업원의 서비스 수준이 중요하게 되었다는 의미이다.

고객은 보다 높은 수준의 질을 추구하는데, 이것을 업스케일(upscale) 또는 업그레이드(upgrade)라고 한다. 이러한 고객의 수준 높은 질에 대한 요구는 디너 하우스와 패밀리 다이닝 식당에 한정되지 않고 패스트푸드점에서도 마찬가지로 요구한다. 그만큼 외식 업체에서 일하는 종업원, 특히 경영자는 보다 높은 감성과 서비스 정신이 요구된다.

고객의 요구는 건강지향과 크로스오버, 업스케일이나 업그레이드 쪽으로 바뀌어 가고 있다. 이러한 고객의 요구에 맞춰서 외식 업계도 변하고 있다. 따라서 소비자의 변화를 포함해서 업계 주변의 환경변화를 명확하게 파악하여 정확하게 대처하는 것이 음식점 경영의 중요한 과제라고 할 수 있다.

외식 시장은 성장을 거듭하는 거대 시장임은 틀림없다. 이 거대 시장에 뛰어들기 위하여 수많은 업체들이 각고의 노력을 기울이고 있으며, 이는 필연적으로 치열한 생존경쟁에서 살아남아야 하는 환경으로 변모하고 있다는 것을 의미한다. 이렇듯 앞으로의 외식업의 경영은 지금까지처럼 변하지 않고 단조롭고 평범한 방법으로는 다른 기업과의 경쟁에서 이길 수 없다. 그러나 긍정적으로 생각하면 계속 성장하는 이 외식 업계에서 독특하고 세련된 방법으로 외식업을 경영한다면 '대박'을 터트릴 수 있을 것이라 생각한다.

5. 외식 산업의 소비 변화

외식 산업도 유통 산업과 마찬가지로 소비 환경의 변화에 따라 식품 소비 패턴이 변해가고 있다. 식품 소비 패턴의 변화는 크게 식품 소비 구조의 변화와 소비 성향의 변화로 구분하여 생각할 수 있다. 20여 년 동안 우리 국민의 식품 소비 구조는 크게 변화하여 곡류나 서류(黍類:기장) 등 전분질 식품의 소비는 정체 내지 감소한 반면에 어류, 과채류 · 해조류 · 식용유지 등의 소비가 크게 증가하였다.

이러한 소비 구조와 함께 소비 성향도 변해 가고 있는데, 그 중 가장 중요한 변화만을 간추려 보자.

(1) 편의와 간편성 추구

시간에 쫓기는 현대인들은 보다 간편하고 편리하면서도 안전하고 위생적인 고품질의 식품을 선호한다. 즉, 조리과정이 복잡하여 시간이 소요되는 식품보다는 쉽고 빠르게 조리된 음식으로 식사를 해결하려는 경향이 높아지고 있다.

(2) 차별화와 다양화 추구

1인 10색인 소비자는 계속해서 다양한 독특하고 이색적인 음식과 분위기를 요구하고 있다.

(3) 그레이징화 (Grazing)

시간에 쫓기는 도시인들이 전통적인 하루 세 끼의 식사 패턴을 무시하고 일하면서나 먹거나 걸어가면서 언제든지 원할 때에 소량의 음식을 먹는 현상을 말한다. 또한 이것저것 새로운 것을 조금씩 맛보는 것을 의미하기도 한다.

이는 레스토랑의 업종과 업태, 규모와 수준에 관계없이 요구되는 현상이다. 예를 들어 피자 1조각, 초밥 몇 개, 꼬치구이 등을 코스별로 제공받기를 원한다. 고급 레스토랑의 경우 1980년대 초에 프랑스에서 유행했던 '데귀스따시용(degustation, 여러 가지 요리를 소량씩 차례로 제공)'이 좋은 일례이다.

한국의 경우 고급 레스토랑에서 '랍스터와 휠레 미뇽'과 2~3가지의 소스를 함께 제공하는 메뉴를 예로 들 수 있다. 또 '푸드코트'도 그레이징화에 대응하는 좋은 일례이다.

이러한 변화는 소비자의 욕구가 맛 중심에서 서비스 중심으로 변화하고 있음을 반영하고 있다.

(4) 동시다행(同時多行)성 성향

현대의 소비자들은 기다림을 견디는 인내보다는 오히려, 더 빨리, 그리고 더 많이 즐기고 소비하려 한다. 즉 동일 공간 내에서 다양한 체험을 원하는 경향이 높아지는 것이다. 그래서 종래의 상품이나 서비스가 소비자의 다양한 욕구에 맞추어 세분화의 길을 걷던 것과는 반대로, 요즘에는 나뉘어 있던 부분들이 결합되는가 하면 한 공간에서 여러 가지 기능을 동시에 수행할 수 있는 다기능 공간이 출현하는 등 새로운 통합화의 흐름이 나타나고 있다.

(5) 복고주의

먹고 마시는 것, 입고 지니는 것, 그리고 실내장식 등에서도 인공적으로 가공되지 않은 상태의 야성적인 분위기와 자연미를 추구하는 행동양식이 최근 들어 새로운 흐름으로 나타나고 있다. 이러한 세기말 혹은 밀레니엄 현상의 영향으로 외식 산업에서도 복고주의가 한층 주목받고 있다.

(6) 이국 취향

최근 외국으로부터 많은 상품과 정보가 밀려오고 있다. 이제 국내에서 외국문물을 접하는 것은 낯선 일이 아니다. 외식 업체의 경우에도 먹고 마시는 것,

실내장식과 서비스 스타일 등에 특정 나라의 특정 분위기를 그대로 옮겨서 영업을 하는 곳이 많아지고 있다.

(7) 건강, 안전성, 질의 추구

종래의 열량만을 중시하던 식습관에서 탈피하여 맛이나 영양 등을 고려한 고급식품에 대한 선호도가 증가하였다. 또한 건강과 위생에 대한 관심이 고조되어 식품 선택에 있어서 식품의 성분, 보관 상태와 기간, 그리고 유해물질의 잔류에 대한 것 등을 중시하고 있다.

(8) 건강지향 식품의 선호

건강지향 식품에도 다양한 형태가 있다. 내용별로 보면 다이어트 지향 식품(단맛지양, 저칼로리 등), 건강증진식품(칼슘 첨가, 식물성 섬유 첨가, 비타민 배합), 자연 무공해식품(무농약, 유기농식품, 바이오식품 등), 건강 관리식품(저염도 식품, 미네랄 식품 등)이 최근의 트렌드 식품이다.

(9) 감각적인 맛과 멋의 추구

생산력이 향상되어 다품종 소량생산이 가능해지면서, 소비자의 다양한 개성에 따라 상품이 취사선택되는 새로운 소비형태가 나타나게 되었다. 소비자는 물건 자체가 아닌 디자인과 브랜드에서 풍기는 어떤 이미지, 특히 상품이 사용되는 현장(scene)을 구성하는 시간, 장소, 그리고 상황(TPO; time, place, occasion)을 선택하는 것이다.

(10) 환경 친화 레스토랑 지향

최근 들어 기업에서는 그린 마케팅(green marketing)에 대한 관심이 높아지고 있다. 이것은 환경보호에 대한 높아진 소비자 의식이 기업의 호응을 이끌어낸 것이며, 환경보호는 인류의 소망이라는 점에서도 당연한 결과이다.

이와 같이 높아진 소비자 의식은 생산자로 하여금 기존의 생산제품을 변화시키도록 하였다. 생산자들은 소비자들의 환경보호 운동에 발맞추어 재활용 제품이나 포장단계의 축소 등을 통하여 환경보호에 해가 되지 않는 제품을 생산하고 있다. 중간 유통업체들도 이러한 소비자들의 욕구를 반영하여 불필요한 포장을 가능한 한 줄이고 포장지도 재생용지를 사용한다든가 산화 비닐을 포장지로 이용하는 등 소비자들의 욕구에 호응하고 있다.

뿐만 아니라 소비자 단체를 주부 환경교육의 장소로, 또는 재활용품 수집의 장소로 이용하는 등 소극적인 전략에서 적극적인 그린 마케팅으로 전환하고 있다. 그리고 환경을 강조하는 기업 이미지를 구축하기 위해 수익의 일부를 환경보존에 투자하기도 한다.

6. 시대별 선호 외식 메뉴

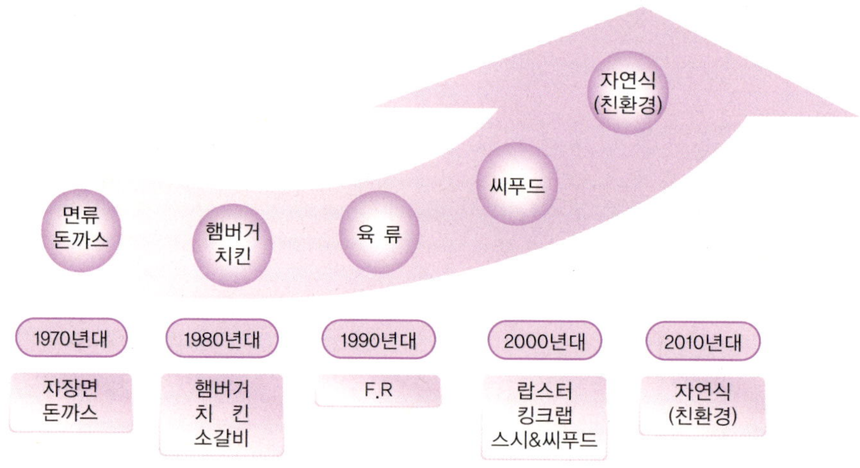

자료: (주) 한국외식정보

국내 외식 산업은 괄목할 만한 성장을 거듭하고 있어서 사회경제적으로 차지하는 비중이 점차 증대되고 있다.

외식 산업은 인간의 기본적인 욕구를 충족시켜 주는 대표적인 서비스 산업으로 경제발전과 더불어 국민경제에서 차지하는 비중이 증가하는 성장 산업이다.

외식 시장을 분석할 때, 국민소득 5,000불 시기에는 패스트푸드 시장이 활황을 누리는 시장이라고 하며, 10,000불 시기에는 패밀리 레스토랑, 20,000불 시기에는 스시와 씨푸드(sushi & sea food), 그리고 30,000불 시대에는 친환경, 자연 식품이 인기를 누린다고 한다.

이러한 흐름은 외식 산업의 선진국이라고 할 수 있는 미국 · 서유럽 · 일본 등에서도 이미 이 과정을 거쳤으며, 우리나라의 현실에서도 쉽게 찾아볼 수 있다.

IMF 위기 이전에 패밀리 레스토랑이 급성장하다가 IMF 때에 불황을 겪었으나, 최근에 뚜렷한 회복세를 보이고 있다. 이것은 외식 산업의 발전단계의 하나로서 자연스러운 현상이라고 할 수 있다.

1980년대는 중소업체를 중심으로 패스트푸드 업태가 외식 시장을 주도하면서 비약적인 성장을 했다면, 1990년대는 중 · 대기업이 패밀리 레스토랑 업태를 선도했다고 할 수 있다. 그러나 당시의 시장을 선도하는 브랜드는 대부분이 서구의 해외 브랜드였다.

최근에 단체급식 분야가 활발하게 확산 · 성장하고 있지만, 이는 최근의 현상일 뿐이며, 1980년대와 1990년대의 신규업체의 외식 시장 진출이나 기존 업체의 영업력 확대가 외식 시장의 양적인 팽창과 질적인 변화를 가져왔던 것이 사실이다. 특히 우리나라 외식 산업의 주된 발전 계기가 되었던 시점은, 1986년 아시안게임, 1988년 서울올림픽, 1993년 대전엑스포, 2002년 월드컵 등으로 이 시기에 비약적인 발전이 이루어졌다. 또한 최근에는 정부가 주도적으로 한국 음식을 세계 5대 음식으로 발전시키기 위하여 지속적인 투자와 함께 구체적인 프로그램을 진행 중에 있다.

이제는 음식이 그 나라의 문화를 대표하고 관광 수익으로 이어지는 아주 중요한 제품이 되었다. 이러한 시대적인 배경을 바탕으로 외식 산업은 성장과 침체를 거듭하면서도 그 성장 동력은 계속 유지하고 있다.

그러나 자료 및 통계의 부족, 전문가 및 교육기관의 부재, 전문성 결여, 무분별한 해외 브랜드 도입과 로열티(royalty)의 지급, 시스템화와 정보화 구축의 결여, 그리고 법적 · 제도적인 문제점 등 근대화와 효율화를 위한 법적 · 제도적 장치의 미비와 경영상의 구조적인 취약점 등 해결과제가 산재해 있다.

자본주의 체제에서는 어쩔 수 없이 부익부 빈익빈(富益富 貧益貧)이라는 양극화 현상이 발생한다. 경영상 혹은 재산상으로 능력있는 자가 부를 축적하는 사회인 자본주의 체제에서, 능력은 곧 부와 직결되는 것이며, 외식 산업에서도 이와 같은 현상이 일어나고 있다.

즉, 잘 되는 음식점과 안 되는 음식점, 규모가 작은 음식점과 규모가 큰 음식점, 수익이 많은 음식점과 적자에 허덕이는 음식점, 그야말로 양극화가 심한 업종이 바로 외식 산업이라고 할 수 있다.

(1) 패스트푸드

햄버거와 프라이드치킨을 중심으로, 셀프서비스 방식으로 판매되는 패스트푸드의 대표 업체는 맥도날드, 버거킹, 웬디스, 하디스, 타코벨이다. 이 세계 5대 브랜드와 롯데리아가 국내 햄버거 시장을 장악하고 있다. 멕시칸 음식을 주 메뉴로 하고 있는 타코벨은 1990년대 초반에 국내에 출점했으나 철수한 상태이다. 이들 대부분 업체들은 1급지 상권에 입점해 있으며, 현재는 국내 외식업계의 효시인 롯데리아가 지금까지 계속 업계 수위를 달리고 있다.

프라이드치킨은 KFC와 파파이스, 그리고 BBQ(제너시스), 교촌치킨 등 각 브랜드마다 특색을 가지고 활발하게 점포 확장을 전개하고 있다.

패스트푸드 업계는 다양화 · 고급화 및 지속적인 판촉 전략과 브랜드 인지도를 통하여 조류독감이나 광우병 등의 위기에서 벗어나고 있지만, '정크 푸드(허접스런 식품)' 또는 '비만의 주범'이라고 불리기도 한다. 그러므로 외식 사업의 성공을 위해서는 웰빙과 로하스(LOHAS: Lifestyle Of Health And Sustainability: 건강과 환경이 결합된 소비자들의 생활패턴) 시대에 맞는 새로운 메뉴의 개발이 필요하다.

(2) 피 자

젊은 고객층의 지속적인 선호에 힘입어 지속적인 성장을 하고 있다. 최근에는 치즈에 대한 비만 우려로 상승 속도가 다소 둔화되고 있으나 업체측의 지속적인 상품개발로 인하여 그 폭을 좁혀 가고 있다. 그러나 피자 업계는 아직까지 '피자헛'의 아성을 뚫지 못하고 있다.

웰빙피자가 등장하고, 중소 체인업체나 개인 업소에서 이러한 피자를 신규 출시하면서 근래에는 대중화되어 가는 추세이다.

그리고 가격의 일반화를 비롯하여 품목 및 제품의 다양화 등으로 다른 업태와 대비하여 신장 추세이지만, 종래와 같은 고성장은 불가능할 것으로 보인다.

요즘에는 가정 배달이 확산되고 있으며, 치즈 가격의 상승으로 인하여 원가에 대한 압력을 받고 있다. 특히 재료의 80% 이상을 수입에 의지하고 있어서 채산성이 큰 폭으로 하락하자 국산 식재료로 대체를 시도하고 있으며, 일부업체를 제외하고는 대부분이 프랜차이즈 체인 형태로 영업하고 있다.

그럼에도 불구하고 피자 업종은 품목의 다양화와 대중화가 이루어지고, 다른 외식 업종에 비해 채산성이 높은 편이라서 신규 업자들이 계속 진입하는 실정이다. 하지만 미국 피자 시장이 하강 국면에 들어서고 일본 피자 시장은 성장이 둔화되는 상황이라서, 우리나라의 경우에도 피자 시장이 계속 성장하리라고 속단하기 어렵다. 그러나 새롭게 도전하는 '파파존스', '피자에땅', '임실피자' 등은 활발하게 점포 확산을 계속하고 있다는 점은 주목할 만하다.

(3) 패밀리 레스토랑

현재 국내에서 패밀리 레스토랑은 약 200여개 점포에서 약 1조 원의 매출을 기록하고 있다. 최근에는 급속 성장에서 저성장 추세로 변화하면서, 많은 기업들이 구조조정을 통하여 새로운 활력을 모색하고 있다. 그러나 시장 점유율을 높여 가고 있는 씨푸드 레스토랑에 상권을 많이 빼앗기고 있는 실정이다.

앞으로도 씨푸드 레스토랑(sea-food restaurant), 재즈 카페나 테마형 레스토랑 등 다양한 형태의 레스토랑 출현이 예상된다.

한편, 대부분의 패밀리 레스토랑이 부실 점포를 철수하거나 인원 축소, 조직의 슬림화, 내실 경영 등을 겪고 있어 점포의 확산보다는 경영구조 개선과 마케팅 전략에 힘을 쏟고 있다.

(4) 아이스크림

아이스크림은 소득 수준과 밀접한 관계가 있으며, 경기의 상황에 따라 성장과 불황을 쉽게 예측할 수 있다. 1995년 이후 급속도로 발전한 프리미엄 아이스크림 업계는 1천 억 원대의 시장을 형성하면서 국내 빙과업계를 위협할 정도였으나, 리스테리아균 파동과 환율 폭등, 그리고 IMF로 인한 소비 심리 위축 등으로 폐업이 잦았다.

특히 아이스크림 점포는 소자본 · 소규모 · 단순운영 등의 특성 때문에 주부, 젊은 여성층, 실직자 등에 의한 창업으로 증가 추세에 있다가 경쟁력 악화와 과포화 상태에서 주저앉고 말았다.

아이스크림 업계는 현재 아이스크림의 고급화를 꾸준히 진행하며 성장을 모색하고 있다.

(5) 단체급식 시장

단체급식은 자금까지 자체적으로 운영하는 경우가 많았으나, 최근 들어서 메뉴 개발에서부터 인력 · 조직 · 물류 · 서비스 · 경영에 이르기까지 전문적인 시스템을 갖춘 전문 대기업이 늘어나고 있다. 위탁 운영의 효율성에 대한 인식이 높아짐에 따라 위탁 운영 비율이 많이 높아지고 있다.

대부분의 외식 업체가 경영난에 허덕일 때도, 단체급식 시장은 매년 30~50% 가량 성장했다. 최근에는 초 · 중 · 고 · 대학까지 학교급식을 전문 업체 위탁급식으로 전환하고 있으며, 기업체도 복리후생 차원에서 전문 업체 위탁 방식으로 전환하면서 음식의 질적 개선으로 구내식당을 찾는 직장인이 크게 늘어나고 있다. 또한 그 동안 자체적으로 단체급식을 해 오던 각 기업체 및 관공서들도 경영합리화 차원에서 위탁급식으로 바꾸려는 경향이 있다.

이에 따라 단체급식 업체들은 이를 시장 확대를 위한 절호의 기회로 삼고, 기업체 및 관공서 · 병원 · 군대 등을 대상으로 판촉활동을 크게 강화하고 있다. 특히 아워홈, 아라코, CJ푸드빌, 에버푸드, 신세계푸드서비스, 현대푸드시스템 등 대규모 전문업체들은 전문브랜드 개발, 국외지점 진출, 오픈 경영제 도입, HACCP시스템 도입, 종합전산 시스템 개발, ISO9002 인정획득 등을 통해 업체 간 경쟁에서 우위를 확보하기 위한 다각적인 전략 마련에 나서고 있다.

(6) 커피 시장

선진국형 원두커피 문화가 확산되면서 한때는 양념치킨이나 국수업태 등과 함께 체인점이 우후죽순처럼 출현했으나 시장의 과포화와 경영관리 부재로 대부분 없어지거나 개인업소 중심으로 운영되고 있다.

일부는 업종 전환을 하고 있으며, 고급화 · 고투자 · 혼합형 등의 새로운 업태가 태동하고 있다. 다른 업태에 비해 투자가 적고, 마진폭이 높으며, 점포 운영관리가 용이하여 주부나 젊은 여성층이 선호하고 있다.

스타벅스, 커피빈, 파스쿠찌, 자바커피, 할리스, 도토루 등을 비롯하여 최근에 급부상하고 있는 엔젤리너스 등이 브랜드 파워를 앞세워 시장 지배를 확실하게 다져가고 있다. 또한 소득 증가에 힘입어 원두커피 시장이 성장을 지속하고 있으며, 최근의 고객들은 에스프레소에 대한 선호도가 높아지고 있다.

(7) 베이커리 시장

베이커리는 주로 식품 업계와 호텔 업계, 그리고 외식 업계의 체인본부를 중심으로 역량을 키워오고 있지만 아직은 작은 규모의 개인업소가 더 많다.

고려당과 뉴욕제과를 필두로 하여 신라명과, 독일빵집, 크라운베이커리, 파리바게뜨, 성심당, 뚜레쥬르 등 대부분이 국내 자생 브랜드다. 이들은 직영점 보다는 가맹점 위주로 영업을 전개하고 있다. 고급화와 다양화를 지향하며 프랜차이즈 점포망의 확대를 통하여 확실한 시장우위를 점하고 있어서 이에 따른 개인업소의 어려움도 늘어나고 있다.

현재는 식품위생법의 개정으로 원두커피 판매와 병행하여 운영하는 등, 새로운 업태가 다양하게 등장하고 있다.

(8) 주 점

주류를 판매하는 대기업에서 직 · 간접적으로 점포를 운영 · 관리하고 있다. OB호프, OB 1번지, 하이트 광장, 카스타운 등 여러 업체들이 다양한 브랜드로 출점하고 있으며, 이와는 무관한 개인업소도 많이 생겨나고 있다. 소규모 투자로 특별한 운영 시스템 없이도 사업이 가능하다는 점이 장점이다. 요즈음은 고급 이미지의 칵테일 바(bar)나 와인 레스토랑 등이 등장하면서 새로운 트렌드를 형성하려 하고 있다. 또한 분위기의 차별화, 고품질 안주, 수입 맥주 등을 토대로 한 복합성 점포와 직접 맥주를 만드는 호프 브로이하우스의 등장으로 우리나라에서도 맥주를 직접 제조하여 판매하는 점포가 늘어나고 있다.

한편 일본풍의 '이자카야(선술집)'나 중식주점 '객잔' 등이 젊은 층의 인기를 얻으면서 시장 점유율을 높여 가고 있다.

(9) 일 식

고급 이미지로 인식되어 온 일식전문점이 1990년 초반까지는 인기 업종이었으나 수요가 줄어들면서 최근에는 회 전문점으로 발 빠르게 변신하고 있다.

조리사의 전문성과 숙련도를 요하며 높은 인건비와 재료비로 인하여 고객이 높은 단가를 지불해야 한다는 점으로 인해 단가에서 대중적인 회 전문점으로 전환하는 추세이다. 또한 초대형 스시&씨푸드 전문점이 속속 등장하고 있다.

(10) 도시락

일본은 독특한 전통 식생활 문화로 인해 일찌기 도시락 문화가 정착되어 있지만, 국내 도시락 업체는 아직도 영세한 규모로 운영되고 있다. 다른 외식 업태에 비해 성장 속도나 잠재력은 크지만 노동집약적이며, 도시락이 갖는 소규모 집단 식사의 특수성으로 인해 주로 개인 업체나 소규모 업체에서 영업하고 있다.

한솥도시락과 미가도시락이 대표적이며, 주문판매 및 테이크아웃에 영업 활동을 집중하면서 반찬 사업과 출장 연회를 병행하고, 나아가서 식재 및 급식사업과도 연계하고 있다. 현재는 편의점을 매개로 하는 중 · 소 업체들이 등장하면서 그 활동 반경을 확장하는 추세이다.

(11) 한식 업태

국내 한식 업태의 선봉장은 놀부이다. 놀부는 보쌈을 중심으로 체인화에 성공을 거둔 후 생고기, 부대찌개, 솥뚜껑 삼겹살, 시골 상차림 등 에스닉(ethnic: 민속적이고 토속적인) 요리 개발과 연구에 집중적으로 투자하여 독창적인 사업 영역을 구축하였다.

그 밖에도 닭갈비, 냉면, 족발 등을 주제로 한 다양한 형태의 한식 체인이 사업을 전개하고 있다. 삼계탕 · 전통죽 · 해물탕 등도 체인화를 통해 전국적인 출점이 가능할 것으로 판단된다.

현재 한식의 경우에 일부 업체를 제외하고는 개인업소나 체인점 모두 영세성을 벗어나지 못하고 있지만, 특별하고 차별화된 메뉴와 맛으로 승부하면서 체인점이 차츰 증가 추세에 있다.

한식업체가 해외에서 영업할 때 식자재 공급의 어려움과 매뉴얼화가 어려운 것은 사실이나, 우리 전통음식의 세계화와 경쟁력 제고를 위해서는 반드시 헤쳐 나가야 할 숙명과도 같다.

한식의 근대화를 위해서는 놀부처럼 시스템 개발을 바탕으로 해야 하며, 해외 진출도 모색해야 한다. 외식업 중에서도 한식은 성장 잠재력이 큰 업종이라고 볼 수 있다.

(12) 기타 업태

국내 외식 업계는 해외 브랜드 도입과 환경 변화에 따라 전 업종 · 업태에 걸쳐서 새로운 시스템의 도입이 활발하고, 새로운 기법, 창의적인 아이디어, 그리고 새로운 콘셉트 등이 속출하고 있다. 또한 콘셉트가 불분명한 업태나 혼합형 점포 형태가 등장하는 반면에, 셀프 호프, 카레, 스파게티, 샤브샤브, 멕시칸 요리, 씨푸드, 유럽 스타일 요리 등이 복잡하고 다양하게 태동하면서 기존의 한식 메뉴에도 이러한 변화 추이의 반영을 요구하고 있다.

국내 외식 시장은 변화와 발전을 위한 역동성이 가속화되고 있는 가운데 퓨전 음식이 특화되어 틈새시장을 파고들고 있다.

음식의 상식 파괴를 통해 고객층에 침투하고 있는 퓨전음식은 동서양의 음식을 조화롭게 접목하고 있으며, 적정한 고객단가를 바탕으로 급속도로 확산될 조짐을 보이고 있다. 퓨전음식은 서양풍과 동양풍으로 구분할 수 있는데, 예컨대 빵과 김치의 조화를 이용하여 피자나 햄버거에 김치를 접목하는 것도 절충요리의 한 패턴이라고 볼 수 있다.

이와 같이 국내 외식 시장은 21세기 초반부터는 이미 선진국에서 유행하는 에스닉 요리, 절충 요리, 감성 요리 등이 격식과 가격에 구애받지 않고 다양하게 나타날 것으로 예상된다.

Chapter 3

외식 창업과 고객 만족

· 서비스로 창업하라
· 복장과 몸가짐 체크 포인트
· 서비스의 시작은 인사로부터
· 전화 응대 요령 및 기타사항
· 위생과 안전
· 친절한 매너란

3.

외식 창업과 고객 만족

1. 서비스로 창업하라

외식 기업을, 생명을 가진 존재로 가정하면, 창업이란 새로운 생명체를 가지기 위한 준비 과정이라고 할 수 있다. 따라서 창업과정에 정성을 쏟아야만 풍성한 결실을 만들 수 있다. 그러나 많은 노력을 기울인다고 해서 그만큼의 큰 결실을 맺을 수는 없다. 이는 창업활동이 여타의 활동과는 차이가 있기 때문이다.

외식업의 창업이란 '새로이 외식 업체를 설립하는 것'으로 정의할 수 있다. 구체적으로는 외식창업자가 이익을 얻기 위해서 자본과 아이디어를 이용하여 메뉴와 서비스를 생산하는 조직 또는 시스템을 구축하는 것이다. 즉 새롭게 상품과 용역을 생산 · 판매할 목적으로 건물과 설비 등을 갖추고, 필요한 인원을 배치하는 것을 의미한다. 이는 고객이 요구하는 것에 대한 만족을 제공하고 그 댓가로 이윤을 창출해 가는 종합적인 형태라고 할 수 있다.

창업이란 새로운 기업 조직을 설립하는 것은 물론, 기존의 기업이 이제까지와 전혀 다른 새로운 기업 조직을 설립하거나 새로운 종류의 제품을 생산하거나 판매하는 일을 시작하는 것까지를 포함한다.

그러므로 외식 창업은 사업가적인 능력과 아이디어를 가지고 있는 개인 또는 집단이 사업 목표를 세우고 경영 자원을 확보하여 음식의 생산 및 서비스를 제공하여 이익을 창출하는 기업으로 하나의 시스템을 구축하는 것을 의미한다.

서비스에 대한 정의는, 1960년대 이후 서비스 경제화를 이룩한 선진국의 학자들을 중심으로 다양하게 해석되어 왔는데 이는 서비스 산업의 다양성과 이질성에 바로 주원인이 있다고 볼 수 있다.

특히 외식 산업에서의 서비스는 친절, 봉사, 그리고 상대방의 부탁을 들어주는 것이라고 정의되면서 서비스라는 말이 갖는 뉘앙스가 그다지 명예롭지 못하다는 인식이 있었던 것도 사실이었다.

서비스라면 흔히 다방, 술집, 미장원, 호텔 등 대인접촉 업종에서 고객에게 봉사하는 것이지만 이 봉사가 대등한 관계에서의 배려(care)라기 보다는 뭔가 주종과 같은 차원에서 봉사한다는 느낌을 갖기 때문이 아닌가 싶다.

따라서 서비스에 대해 어떤 인식을 갖느냐가 중요하다. 왜냐하면 기업 내 종사자의 가치관과 전통, 신념, 전문지식이 서비스 향상을 방해하는 일이 많으며, 이는 서비스를 사회적인 지위가 낮은 사람들이나 하는, 할 만한 가치가 없는 행위라고 생각하기 때문이다. 그러나 진정한 서비스란 주인의식을 갖고 귀한 손님을 맞이하는 마음가짐으로, 기쁨과 만족감을 선사하는 행위라는 점을 기억해야 한다.

Check Point

• 서비스하는 마음이란?
특별한 것이 아니고 우리들 가정이나 지역사회에서처럼 주인의식을 갖고, '관심', '배려', '자선', '감사'의 마음으로 영업활동 속에서도 그와 같이 접대하는 자세가 서비스이다.

(1) 서비스의 어원

서비스(Service)란 용어는 라틴어의 '노예'를 의미하는 '세르브스'(Servus)에서 온 것인데, 영어의 'Service', 'Servitude', 'Serve'란 단어들도 모두 시중든다는 의미가 담겨있다. 그러나 오늘날에 와서는 서비스의 의미도 크게 달라져서 '자기의 정성과 노력을 남을 위하여 사용한다'는 의미로 변모하였다.

과학자이며 박애주의자인 알버트 슈바이쳐 박사는 "인간이 할 수 있는 최고의 미덕은 봉사하는 것이다."라고 말했다. 그러나 서비스를 친절이나 봉사하는 것이라고만 생각하거나, 파는 사람은 약자이고 사는 쪽은 강자라는 일관된 도식으로 인식하는 한, 질 좋은 서비스는 있을 수 없다. 서비스의 가장 기본적인 이해와 정신은 바로 서로가 감사하는 마음가짐을 갖는 데 있다.

Check Point

• 서브 • 접대 • 봉사 • After Service (A · S)	판매의 전 단계에서 사후처리까지를 뜻하는 폭 넓은 개념

(2) 서비스의 정의

① 자신의 재화, 봉사, 친절, 땀, 노력 등을 통해

② 손님을 만족시켜 주고, 만족스러워 하는 손님의 모습을 통해

③ 자신도 역시 기쁨과 보람, 그리고 성취감을 느끼는 것이며,

④ 말과 이론이 아닌 실천과 행동이다.

⑤ 자기의 정성과 노력을 남을 위해 사용하는 것

Give One Way Communication	→	Give & Take Two Way Communication	주고 받는다. 기쁨을 주면 기쁨이 온다. 만족을 팔면 만족을 산다.

(3) 서비스의 특징

서비스의 역할

수많은 점포 중에서 우리 점포를 찾아와 주신 손님에게 감사하는 마음으로 서비스에 임하며, 손님이 만족하고 돌아가도록 세세한 부분까지 신경을 쓴다.

‘또 오고 싶다’라는 생각이 들게 하는 5가지 조건

단골 고객은 20%에 불과하지만 매출의 80%를 차지할 만큼 중요하다. 그러므로 단골 확보를 위해 아래와 같이 노력해야 한다.

① 직원의 청결한 몸가짐

② 직원의 정성스런 응대

③ 직원의 밝고 활기찬 행동

④ 항상 먼지 하나 없이 깨끗이 닦여진 점포 안팎

⑤ 직원의 친절하되 자신감 넘치는 활기

친절한 접대(Hospitality)

예의바르고 친절하되 마음 속으로부터 감사한 마음이 우러나야 비로소 고객은 여러분의 서비스에 만족한다.

고객이 있기에 내가 있고, 고객이 있기에 월급이 있다는 점을 기억하고 행동해야 한다.

상품으로서의 서비스

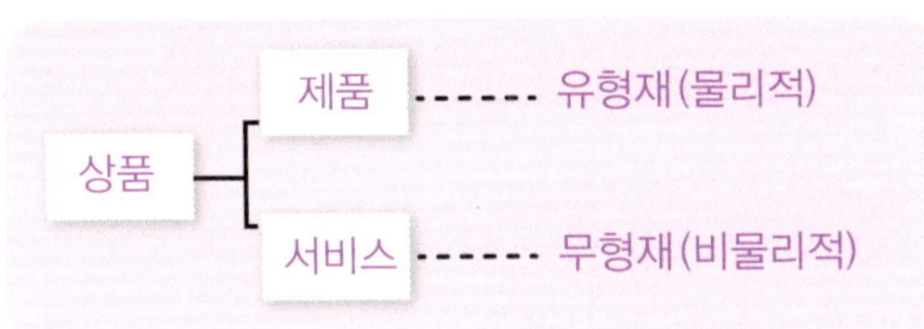

서비스는 공짜가 아닌 훌륭한 상품이다.

① 서비스는 소비자의 심리에 영향을 주는 이미지이며, 오감으로 나타낼 수 있으며 실현하는 것이다.

② 서비스는 ‘연출’을 팔고, 고객은 ‘체험’을 산다.—디즈니랜드 안내원

Check Point

• 스테이크를 팔지 말고 ‘지글지글’을 팔아라

스테이크 하우스에서 고깃덩이만 구워내서 결과물만 판다면 그것은 단지 제품만을 팔고 있을 뿐이다. 만약 고객 앞에서 ‘지글지글’ 구미를 당기는 소리와 함께 코에 스며드는 육즙의 향기 등을 제공한다면, 그것은 서비스도 곁들여서 팔게 되는 것이다(오감만족).

스테이크와 ‘지글지글’을 함께 팔면 그만큼 상품의 가치가 올라간다(효용이 증가한다).

호감이 가는 서비스(Good will)

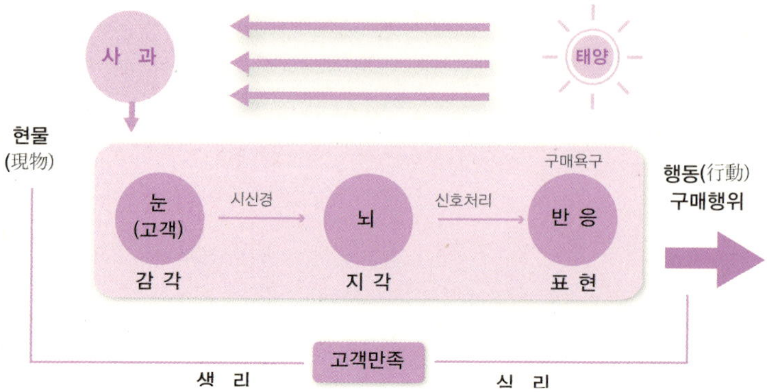

① 서비스는 심리이다. 그 이전에 생리이다.

② 생리적으로 좋은 서비스는 심리적으로도 좋은 것이다.

③ 결국 좋은 행동으로 보여질 때, 좋은 서비스라는 감동을 주게 되는 것이다.

서비스의 특성

① 실체가 없다. ② 소멸하기 쉽다. ③ 다양하다.

서비스는	• 생산과 소비가 동시에 일어난다. • 중고품이 있을 수 없다. • 한번 제공되면 대체할 수도 없다. • 표본 추출이 어렵다.

서비스 산업의 특징

① **무형** : 팔 수도, 양도할 수도 없다.

② **무색** : 색깔이 없다.

③ 서비스의 주체는 사람이다(사람의 마음을 읽어야 한다).

④ 전시할 수도 없으며 견본을 제시할 수도 없다.

⑤ 규격품과 달리, 미리 알 수도, 통제할 수도, 신뢰할 수도 없는 과정이다.

⑥ 품질을 안정시키거나 향상시키기가 어렵다(확인 평가가 불가능하며, 증거가 불분명하므로 쉽게 불평불만이 생긴다).

⑦ 서비스를 받는 사람은 구체적인 물건을 손에 넣는 것이 아니므로 서비스의 가치는 고객의 경험에 의존한다.

⑧ 서비스가 형편없다고 해서 그것을 회복할 수는 없다(오직 납득시킬 수 있는 것은 보상이나 사죄밖에 없다).

⑨ 경영자의 눈에 직접 닿지 않는 곳에서 이루어진다.

⑩ 목표가 움직이기 때문에 대응이 어렵고 가치가 있는 것이며, 몸과 마음으로 노력하여 얻을 수 있는 서비스 만족은 그 효용가치가 매우 높다.

⑪ 서비스의 좋고 나쁨은 사람의 보는 각도에 따라서, 그리고 고객의 시선에 따라서 달리 볼 수 있다.

"6 이라는 숫자가 왜 9가 되는가?"

고객의 입장에서 뒤집어서 바라보자.

Check Point

[사례]　R호텔의 서비스의 3단계

① 따뜻하고 진실된 마음으로 고객을 맞이하며, 되도록 고객의 성함을 사용한다.
② 고객의 원하는 바를 미리 예측하고 부응한다.
③ 따뜻한 작별 인사로 고객에게 감사를 드리며, 이 경우에도 되도록 고객의 성함을 사용한다.

R호텔의 신조

- 우리 호텔은 고객의 편안함과 고객에 대한 정성어린 배려를 위하여 최선을 다하는 것을 가장 중요한 임무로 삼는 곳이다.
- 우리는 친절하고 품위있는 분위기를 고객이 느낄 수 있도록 최선의 개별서비스와 시설을 제공할 것을 다짐한다.
- 우리 호텔에서 우리의 고객이 새로운 느낌과 만족감을 경험할 수 있도록 하며, 고객이 표현하지 않은 기대와 요구까지도 충족시켜 드린다.

서비스업 종사자가 지켜야 할 10가지 마음가짐

① 고객은 우리 사업의 가장 중요한 사람이다.

② 고객은 우리가 의지하고 있는 것이지, 고객이 우리를 의지하는 것은 아니다.

③ 고객은 우리 사업의 목적이지 훼방자가 아니다.

④ 고객은 우리에게 혜택을 줄 뿐이며, 우리의 서비스가 고객에게 혜택을 주는 것이 아니다.

⑤ 고객은 우리 사업의 일부이지 국외자가 아니다.

⑥ 고객은 단순한 통계치가 아니라 감정이 있는 인간이다.

⑦ 고객은 논쟁의 대상도 희롱의 대상도 아니다.

⑧ 고객이 우리에게 무엇인가를 원하고 그 원하는 것을 채우는 것은 우리의 일이다.

⑨ 고객은 우리의 대접을 최고 수준으로 받을 권리가 있다.

⑩ 고객은 우리의 급여(월급)를 지불하는 사람이다.

[사례] 혁신적 서비스 : 스칸디나비아 항공

Check Point

스톡홀름의 그랜드 호텔에 묵고 있던 루디 피터슨은 미국 기업가이다. 어느 날 동료와 함께 스칸디나비아 항공편으로 코펜하겐에 가기 위하여, 호텔에서 출발하여 스톡홀름 북쪽에 있는 알란타 공항으로 향했다. 여행일정은 하루였지만 사업상 중요한 여행이었다. 그러나 공항에 도착했을 때 호텔에 항공권을 두고 온 것을 알게 되었다. 오버코트를 입을 때 책상 위에 두고서는 그대로 나온 것이다.

항공권이 없으면 비행기를 탈 수 없는 일이라, 피터슨은 그 항공편에 탑승하는 것은 물론, 코펜하겐에서의 회의 참석도 단념하려고 했다가, 항공사 담당자에게 사정을 설명했더니 뜻밖의 기쁜 대답이 돌아왔다.

"걱정마십시오. 피터슨 씨, 탑승하실 수 있도록 해 드리겠습니다. 임시 항공권을 준비해 드리겠습니다. 그랜드 호텔의 방 번호와 코펜하겐의 연락처만 주시면 나머지 일은 우리가 처리하겠습니다." 담당자는 밝은 미소를 띠며 말했다.

피터슨이 동행자와 같이 대합실에서 기다리는 동안 담당자는 호텔로 전화를 걸어 그가 묵었던 방에서 항공권을 찾아냈다.

담당자는 곧 자기 항공사의 자동차를 호텔로 보내서 신속히 항공권을 가져오도록 조치하여 코펜하겐 편이 출발하기 전에 항공권이 도착하였다. "피터슨 씨, 항공권 여기 있습니다." 담당직원이 가까이 다가서서 부드럽게 말할 때 피터슨 씨는 그저 놀랄 뿐이었다.

이 상황을 다른 항공사라면 어떻게 처리했을까? 거의 모든 항공사의 업무처리 규정에는 '항공권이 없으면 탑승할 수 없다'고 되어 있다. 기껏해야 항공권 담당자가 그 윗사람에게 일어난 상황을 보고하는 데 그칠 것이며 피터슨을 탑승시키는 일은 아마도 있을 수 없는 일일 것이다. 그런데 스칸디나비아 항공사는 담당자가 일을 잘 처리해서 피터슨이 회의에도 참석할 수 있게 하였고 이 같은 고객위주의 서비스에 피터슨은 큰 감명을 받았다.

서비스맨의 10가지 행동지침

① 고객 만족을 우선하자.

② 고객의 입장에서 판단하자.

③ 고객의 기대 이상을 행하자.

④ 고객 개개인에게 유연하게 대처하자.

⑤ 고객의 일정에 맞추어 처리하자.

⑥ 고객의 불만을 기꺼이 수용하자.

⑦ 고객 응대의 기본에 충실하자.

⑧ 고객 만족은 나부터 시작하자.

⑨ 고객 만족의 나무를 함께 가꾸자.

⑩ 고객 만족의 꽃은 같이 피우자.

(4) 고객 니즈를 위한 서비스

높은 수준의 서비스를 제공하기 위해서는 어떻게 해야 할까? 서비스는 기본적으로 고객의 니즈를 충족시켜야 하므로 제품과 아울러 다음과 같은 'SERVICE'를 명심해야 한다.

Check Point

• 서비스의 구성요소

S : sincerity, speed & smile(3S : 성의, 스피드, 스마일)

E : energy(활기)

R : revolutionary(신선하고 혁신적)

V : valuable(가치있는 것)

I : impressive(감명 깊은 것)

C : communication(커뮤니케이션)

E : entertainment(환대)

3S(Sincerity, Speed & Smile)

서비스에는 성의, 스피드, 스마일이 있어야 한다. 이는 오랫동안 판매의 '3S'로 중시되어 온 것이다. 성의있고 신속한 제공이 중요할 뿐만 아니라 상냥한 미소가 좋은 서비스를 결정하는 것이다.

E(Energy)

서비스에는 활기찬 힘이 넘쳐야 한다. 종업원의 걸음걸이나 표정이 밝을 때 고객과의 대화나 접촉이 활기를 띨 수 있다. 활기찬 대응이 고객의 인상에 큰 영향을 미친다.

R(Revolutionary)

서비스는 신선하고 혁신적이어야 한다. 천편일률적인 서비스를 제공하는 것이 아니라 언제나 조금씩이라도 신선하고 혁신적인 요소가 부가되는 것이 중요하다.

V(Valuable)

서비스는 가치가 있어야 한다. 서비스는 한쪽에는 가치있고 다른 한쪽에는 일방적인 희생을 강요하는 것이 아니다. 어느 한쪽의 희생이 아니라 서로에게 이익이 되고 가치있는 것이 되어야 한다.

I(Impressive)

서비스는 감명 깊은 것이어야 한다. 기쁨, 감동, 감명이 없으면 서비스가 아니다.

C(Communication)

서비스에는 커뮤니케이션이 있어야 한다. 일방적으로 하는 것은 감동을 줄 수 없다. 따라서 상호 의사소통이 필요하다.

E(Entertainment)

서비스는 고객을 환대하는 것이다. 이는 번지르르한 인사치레나 예절 준수가 아니라 언제나 진심으로 고객을 환대하여야 한다.

Check Point

왜 오늘날 서비스가 점점 더 중요해지는 것일까?

- 고객은 더 많은 것을 요구한다.
- 고객의 선택의 범위가 더욱 넓어진다.
- 서비스는 충실함과 더불어 매출을 의미한다. 그러므로 이는 곧 서비스의 잘잘못에 따라 업소의 생존여부가 좌우되는 것이다.

Check Point

우리 음식점만의 서비스 전략을 세워보자!

외식 가족 여러분에게 드리는 말씀

외식 가족으로 함께 일하게 된 것을 진심으로 환영합니다. 이제부터 우리 모두가 갖추어야 할 자세와 지켜야 할 규칙, 프로페셔널 서비스 정신 등에 관하여 이 핸드북에 적힌 내용을 충분히 이해하고 기억해 주시기 바랍니다.

서비스의 목적은 고객에게 최고의 만족을 제공하기 위한 것인데, 이것은 곧 음식의 맛과 질, 친절, 그리고 청결의 유지에서 비롯되는 것입니다.

이 세 가지 요소는 여러분 전체의 팀워크에 바탕을 두고 외식을 발전시키며 개인을 발전시킬 것입니다.

우리는 프로 서비스 집단이며, 아마추어가 아닙니다. 프로에게는 실수나 응석이 통하지 않으며, 철저한 자기 책임이 따를 뿐입니다.

자기책임을 다하고 상대방의 인격을 존중하며, 개인의 성장과 발전을 중시하는 음식점의 전통을 여러분 한 사람 한 사람이 창조하여 즐겁고 보람있는 일터를 다 함께 마련합시다.

– 어느 점포 핸드북에서

Check Point

Q.S.C의 중요성

① Quality (맛있는 음식)
② Service (친절한 서비스)
③ Cleanliness (청결한 점포 환경)

고객 만족은 위의 3가지 원칙이 모두 갖추어졌을 때 이루어진다. 항상 숙지하여 고객들에게 최선을 다하도록 한다.

2. 복장과 몸가짐 체크 포인트

손님의 눈에 가장 먼저 띄는 것이 종업원의 복장과 몸가짐이다. 언제나 유의하여, 항상 산뜻하고 깨끗한 모습으로 손님을 맞이하여야 한다.

매장으로 나가기 전에 반드시 거울 앞에 서서 복장을 고치고 용모를 점검하는 습관을 길러야 한다. 동료의 복장이나 태도에 관해서도 어색하고 보기 흉한 점 등은 즉시 주의를 주어 고쳐나가는 습관을 들이는 것도 바람직하다. 그리고 마음에서 우러나는 감사의 마음을 나타내기 위하여 거울 앞에서 미소 짓는 연습을 매일 아침에 반복하여야 한다.

(1) 남성 체크 포인트

제 복

① 항상 청결하고 다림질 줄이 서 있는 것을 착용한다. 무릎 모양이 튀어나온 바지 등은 입지 않는다.

② 단추가 떨어져 있지 않은지, 바느질이 터진 곳은 없는지 등을 체크한다.

③ 착용 전에 반드시 손질을 한다. 먼지나 비듬 등이 묻어 있으면 식당종업원으로서는 실격이다.

④ 상의나 바지 주머니에는 필요 없는 것을 넣지 않는다.

⑤ 만년필이나 볼펜은 반드시 안쪽 주머니에 넣는다.

⑥ 명찰은 정한 위치에 똑바로 단다.

와이셔츠

흰색 와이셔츠를 청결하게 착용하며, 다림질이 잘 된 것을 착용한다.

구 두

① 검정단화가 원칙이며, 언제나 깨끗하게 닦아서 신는다.

② 뒤축이 닳거나 끈이 느슨해진 구두는 좋지 못한 인상을 준다.

양 말 : 검정이나 곤색 등의 무난한 색깔을 신는다.

얼 굴

① 매일 아침 단정하게 면도한다.

② 향이 강한 화장품은 사용하지 않는다.

두 발

① 짧고 단정하게 자른다.

② 항상 단정하고 청결하게 하고, 향이 강한 포마드나 향유 등은 사용하지 않는다.

③ 빗질을 자주 하여 깨끗하고 가지런한 상태를 유지한다.

손과 손톱

① 손은 항상 청결하게 유지한다.

② 손톱은 짧게 깎는다. 손톱 밑에 때가 없도록 하며 새끼손가락 손톱을 길게 하지 않는다.

기타

입냄새에 주의한다. 식후에는 반드시 이를 닦고 입안을 가셔 낸다.

남성의 몸가짐

다시 한 번 자신을 되돌아본다

얼굴

- 수염은 매일 아침 깎습니까?

제복

- 비듬, 머리털은 묻어 있지 않습니까?
- 단추, 바느질 터진 곳은 없습니까?
- 바지는 다려져 있습니까?

와이셔츠

- 깃, 소매 끝은 깨끗합니까?
- 주름진 곳은 없습니까?

구두

- 깨끗이 닦여 있습니까?
- 뒤축이 닳거나 구두끈이 느슨하지 않습니까?

머리

- 흐트러져 있지 않습니까?
- 길지 않습니까?

명찰

- 소정의 위치에 있습니까?
- 삐뚤어지지 않았습니까?

손

- 손은 더럽지 않습니까?
- 손톱은 깨끗합니까?
- 짧게 깎여 있습니까?

양말

- 색상은 선정적이지 않습니까?
- 매일 바꾸어 신고 있습니까?
- 흘러내리지 않았습니까?

(2) 여성 체크 포인트

제복

① 항상 청결하고 다려진 옷을 착용한다. 소매 끝이나 깃 등이 더러워서는 안 된다.

② 단추가 떨어져 있지는 않은지, 바느질이 터진 곳은 없는지 등을 체크한다.

③ 스커트의 길이 등은 회사의 기준에 따른다.

④ 명찰은 정한 위치에 똑바로 단다.

액세서리

① 귀걸이, 목걸이, 반지, 팔지 등의 액세서리는 근무 중에 착용해서는 안 되며, 고급시계의 착용도 금한다.

② 단, 결혼반지 또는 약혼반지는 검소한 범위 내에서 허용한다.

구 두

구두는 검정색이 원칙이며, 언제나 깨끗하게 닦아서 신는다.

스타킹

① 살색에 가까운 것을 선택하며, 눈에 뜨이게 화려한 색상은 피한다.

② 만일에 대비하여 여분을 락커룸에 준비해 둔다.

화 장

① 밝고 건강한 화장을 한다.

② 아이섀도나 아이라인은 자연스럽게 하며 속눈썹은 달지 않는다.

③ 립스틱은 자연스럽게 엷은 색깔로 고상하게 한다.

④ 향이 강한 화장품은 사용을 금한다.

머리 모양

머리형은 청결하고 활동하기 좋게 하며 단정하게 묶거나 짧게 손질한다.

손과 손톱

① 손은 항상 청결하게 유지한다.

② 손톱은 짧게 깎는다. 때가 끼거나 긴 손톱은 금물이다. 매니큐어를 사용할 때는 자연스러운 엷은 색을 선택한다.

기타

입냄새에 주의한다. 식후에는 반드시 이를 닦고 입안을 가셔 낸다.

여성의 몸가짐

다시 한 번 자신을 되돌아본다

화장

- 선정적이지 않습니까?
- 건강하게 보입니까?

제복

- 깨끗합니까?
- 어깨에 비듬은 묻어 있지 않습니까?
- 단추나 실밥 터진 곳은 없습니까?

구두

- 깨끗이 닦여 있습니까?
- 색깔 및 모양 등은 야하지 않습니까?

머리

- 긴 머리는 간편하게 하고 있습니까?
- 흐트러져 있지 않습니까?
- 비듬이 묻어 있지 않습니까?

명찰

- 소정의 위치에 있습니까?
- 삐뚤어지지 않았습니까?

손

- 깨끗하게 비누로 닦았습니까?
- 손톱은 깨끗합니까?
- 짧게 깎여 있습니까?
- 매니큐어는 자연스럽습니까?

양말

- 색상은 선정적이지 않습니까?
- 매일 바꾸어 신고 있습니까?
- 흘러내리지 않았습니까?

3. 서비스의 시작은 인사로부터

(1) 예절 바른 인사가 서비스의 출발

인간관계는 예의로 시작해서 예의로 끝난다. 점포 안팎 어디서나 주인의식을 갖는다.

- **현관 또는 1층 입구에서** : 목례로 "어서 오세요." "감사합니다."
- **협력업체** : "수고 많으셨습니다." "감사합니다."

  * 거래업체 및 납품업체 등도 주요 고객이며 도와주는 분들이니 예의없이 대해서는 안 된다.
- **동료 간의 인사**

출근 시 : "안녕하세요."

먼저 인사할 것. 상대가 먼저하면 얼굴을 보고 미소로 답할 것.

근무 시 : "네." 시원하고 또렷하게 말한다. 두 번 질문하지 않도록 한다.

"네, 알았습니다." 상대방을 이해함을 표시한다.

"부탁합니다." 부탁할 때는 공손하게 한다.

퇴근 시 : "수고 많으셨습니다."

"먼저 실례하겠습니다"

* 단, 손님이 있는 객장에서는 목례만 한다.

손님이 종업원의 퇴근을 눈치채지 못하게 한다.

Check Point

인사 예절의 체크리스트

- 인사는 예절의 기본이며 인간관계의 출발이다.
- 인사는 인간사회 윤리 형성의 기본이며 직장인에게는 애사심의 출발이다.
- 상사에게 하는 인사는 존경심의 표현이며 동료간에는 우애의 상징이다. 고객에 대하여는 서비스를 바탕으로 한 장인정신의 표현이며, 아울러 자신의 인격과 교양이 밖으로 나타나는 것이다. 그러므로 인사는 정성과 감사하는 마음으로 예의 바르고 정중하며 밝고 상냥하게 해야 한다.

(2) 인사요령

인사의 기본

① 인사는 깊이 구부리면 깊이 구부릴수록

② 오래 구부리면 오래 구부릴수록 정중하다.

인사의 종류와 대상

① 최경례 : 손님에게 잘못을 사죄할 때

② 보통례 : 일반 고객에 대하여

③ 반 절 : 고객과의 거리가 짧을 때, 실외에서 고객 또는 동료 간에 인사 할 때

인사별 실시 방법

항목 \ 인사종류	최경례 (손님에게 잘못을 사죄할 때)	보통례 (실내에서 손님에게)	반절 (실외에서 고객 또는 동료 간의 인사)
인사의 속도	하나, 둘 – 구부림 셋 – 멈춤 넷,다섯 – 폄	하나 – 구부림 둘 – 멈춤 셋 – 폄	하나 – 구부림 둘 – 폄
인사의 각도	45°	30°	20°
시선	발 1m 전방	발 2m 전방	발 5~6m 전방
양손의 위치	남자 : 손을 편 채로 엄지 손가락을 감싸서 바지 재봉선에 댄다. 여자 : 왼손으로 오른손을 감싸서 아랫배에 가볍게 댄다.		
발	뒤꿈치를 붙이고 앞은 30°로 벌린다.		
표정	가벼운 미소		
허리, 미소	허리에서 머리까지 일직선 유지 (머리만 숙이거나 허리만 굽히지 않는다.)		
인사말	"안녕하십니까?" 등의 인사말은 1초 동안 구부린 상태에서 한다.		
다리	곧게 펴고 무릎을 붙인다.		
히프	히프가 뒤로 빠지지 않도록 한다.		
주의	눈을 치켜뜨지 않는다.		
마음가짐	고객이 업소를 찾아주는 것에 마음 속의 감사를 드려야 한다. 고객이 있어서 내가 있고, 고객이 있어서 나의 생활이 보장된다.		

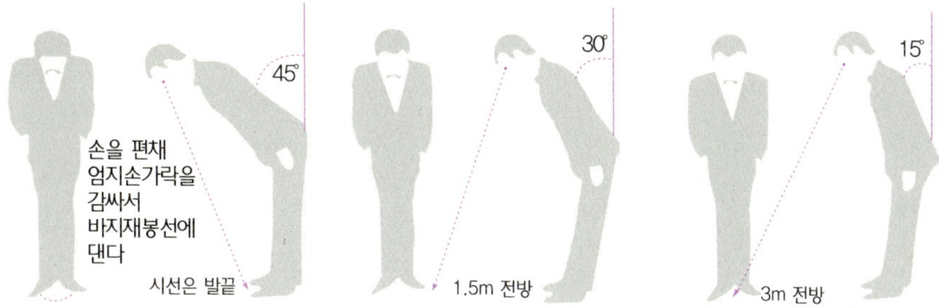

최경례(정중한 인사)　　보통례　　반절(가벼운 인사)

그림 3-1　경례의 예

(3) 고객의 마음을 여는 인사법

◯ 인사 하나로 당신의 평가가 달라진다.

① 힘있고 밝은 목소리로

② 또렷하게

③ 상대방의 얼굴을 보며 상냥하게 인사한다.

◯ 인사는 직급에 관계없이 '자신이 먼저'가 원칙이다.

① 목례 : 아는 사람을 만났을 때 상체를 15° 정도 굽혀서 인사

② 경례 : 윗사람에게 상체를 30° 정도 굽혀서 인사

③ 정중한 인사 : 상체를 45~60° 정도 굽혀서 인사

◯ 인사말은 상황에 맞게 사용한다.

"고맙습니다.", "정말 고맙습니다."

◯ 인사는 많이 하면 할수록 자신의 이미지가 좋아진다.

① 아침에 사무실에 출근했을 때

② 퇴근시간 때

③ 인사를 받는 경우의 답례 인사 때

④ 포상휴가 등에 대한 감사 인사 때

잘못된 인사법

① 고개만 끄덕이는 인사

② 말로만 하는 인사

③ 망설이다가 하는 인사

④ 표정없는 인사

⑤ 형식적인 인사

⑥ 아쉬울 때만 하는 인사(진실성 결여)

⑦ 공손이 너무 지나친 인사

⑧ 뛰어가면서 하는 인사

(4) 악수의 순서와 방법

악수의 순서

① 여성이 남성에게

② 손윗사람이 아랫사람에게

③ 선배가 후배에게

④ 기혼자가 미혼자에게

⑤ 상급자가 하급자에게

악수하는 방법

① 원칙적으로 오른손으로 한다.

② 너무 세거나 약하지 않게 쥔다.

③ 남자들끼리는 힘을 주는 것이 좋다.

④ 상대가 악수를 청할 때 일어서서 받아야 하나 여성은 앉아서 받아도 상관없다.

⑤ 악수할 때 장갑을 벗는 것이 예의이지만, 여성은 낀 채로 받아도 상관없다.

⑥ 여성의 경우 먼저 악수를 청하는 것이 예의이다.

(5) 상대방 소개법

소개의 중요성

사회생활에서 사교의 시작은 만남에서 비롯되므로 그 중간 역할인 소개는 중요하다.

소개하는 순서

① 여성에게 남성을 소개한다.

② 윗사람에게 아랫사람을 소개한다.

③ 중요한 사람에게 덜 중요한 사람을 소개한다.

④ 기혼인 사람에게 미혼인 사람을 소개한다.

⑤ 다른 사람에게 자기 식구를 소개한다.

소개 시 지켜야 할 매너

① 동성끼리는 서로 일어선다.

② 자신보다 지위가 높은 사람을 소개받을 경우 일어선다(환자나 노령자는 예외).

③ 남성이 여성을 소개받을 때 일어선다.

④ 여성이 남성을 소개받을 때 일어설 필요는 없다.

⑤ 파티를 주최한 호스티스(여주인)인 경우에는 일어선다.

소개 시 악수의 매너

① 곧바로 손을 내밀지 않는다.

② 연소자는 악수를 청하기 전에 손을 내밀지 않는다.

③ 연장자가 악수 대신 인사를 하면 연소자도 이에 따른다.

④ 간단한 악수나 목례 시에는 미소를 띤다.

⑤ 외국인 부부를 소개받은 경우 동성 간에는 악수를 이성 간에는 목례를 한다.

'너 때문이야' 라고
상대방을 가리키는 손가락을 보십시오.

엄지는 하늘을,
검지는 상대를 향하고,
나머지 세 손가락은 자신을 향하고 있습니다.

그것은 하늘 탓 20%
상대 탓 20%
자신 탓 60%라는 뜻이 아닐까요.

'너 때문이야'가 아니라
'내가 하기 나름이다'라고 바꿔 보십시오.
그러면 세상이 달라집니다.

모두가 내가 하기 나름입니다.

필자가 컨설팅을 한 업체인 ㅇㅇ복집에 이런 글이 붙어 있어 참 인상적이었다.

(6) 올바른 경어법

상대방을 높여주는 존경어

[예] ㅇㅇ선생님, 잡수신다, 말씀하신다.

자신을 낮추는 겸손한 표현

[예] 저희, 저희들, 제가, 여쭙다, 뵙다, 드리다.

정중하고 품위있는 아름다운 말

[예] 안녕하십니까? 보고 드립니다, 말씀해 주십시오.

과한 경어 사용은 오히려 해가 되며 존경의 의미가 반감된다.

[예] 요리 가져 오실게요, 선생님 …문 닫으실게요.

상사라 할지라도 대외적으로는 존경어를 사용하지 않는다.

[예] "김 부장님은 지금 자리에 안 계십니다." (×)

"김 부장은 지금 자리에 없습니다." (ㅇ)

단, 가족이나 친지일 때는 존경어를 쓴다.

(7) 상대를 배려하는 대화의 요령

① 말은 침작하고 조용히, 그리고 간결하게 한다.

② 말하는 자세를 바르게 하고 적당한 정도의 유머가 필요하다.

③ 상대방의 눈을 바로 보고 말한다.

④ 혼자서 아는 척 해서는 안 된다.

⑤ 남의 비밀이 되는 것이나 싫어하는 것은 묻지 않는다.

⑥ 말을 하기보다는 듣기를 잘 하여야 한다.

⑦ 남의 말을 가로채서는 안 된다.

⑧ 풍부한 화제를 갖고 말을 하되 거짓됨이 없어야 한다.

⑨ 외국어나 어려운 말은 삼간다.

⑩ 친한 사이에는 농을 해도 괜찮으나 지나친 농은 삼간다.

(8) 자신을 가장 잘 표현하는 발표 매너

올바른 자세

① 시선은 참가자 모두를 향한다.

② 다리를 단정히 모으고 책상이 있을 경우 상체를 굽혀도 상관없다.

③ 상의는 단정히 하고 뒷모습은 보이지 않게 한다.

옳지 못한 자세

① 위를 보면서 발표한다.

② 뒷짐을 지고 발표한다.

③ 단추 등을 만지작거리면서 발표한다.

④ 머리를 긁적이거나 입에 손을 대며 발표한다.

⑤ 몸을 움직이며 발표한다.

⑥ 자료 등을 말아 쥐고 탁탁 치면서 발표한다.

⑦ 책상 등에 기대어서 발표한다.

청취 매너

① 메모를 해가며 경청한다.

② 턱을 고이거나 하품을 하지 않는다.

4. 전화 응대 요령 및 기타 사항

(1) 전화 응대 요령

전화는 보이지 않는 당신의 예절이다.

- 전화는 음식점의 이미지를 대표한다. (고객은 나무를 보고 숲 전체를 이야기한다.)
- 손님이 눈앞에 있다고 생각하며 밝고 또렷하게 응대한다.
- 전화상으로는 상대의 표정이 보이지 않으므로 언어적 표현이 의사소통의 유일한 수단임을 명심한다.
- 전화 응대 태도로 식당의 이미지가 결정되므로 항상 공손한 언어를 사용하며 통화 태도는 정중하고 친절해야 한다.

벨이 울리면

① 즉각 받는다. 기다리지 않게 하는 것이 기본적인 전화 에티켓이다. 세 번 이상 벨이 울리지 않도록 한다.

② 시간이 걸렸을 때는 "기다리셨습니다."라고 사과한다.

수화기를 들면

① "감사합니다. ○○○의 김○○입니다." 라고 먼저 식당명, 소속과 이름을 상대방(고객)에게 고한 후에 손님의 성함과 용건을 여쭌다.

② 이해가 잘 안될 때에는 이해가 될 때까지 공손히 물어서 들은 용건을 복창한다. 특히 금액, 일시, 숫자, 고유명사 등은 착오가 나지 않도록 똑똑히 듣고 반드시 복창한다.

③ 언제나 메모지와 필기구를 준비해 두고 필요할 때 즉시 메모한다.

④ 확인할 내용이 있거나 시간을 요하는 경우에는 일단 전화를 끊고 다시 전화를 걸도록 한다.

⑤ 애매한 답변은 하지 않는다.

"...일 겁니다."로 답하면 상대방(고객)은 "..이다"로 단정한다.

⑥ 답변할 수 없는 내용은 상급자를 바꾸어 드리거나 확인 후에 다시 전화를 걸어 드리도록 한다.

말 씨

① 분명하고 정중하게 하며 음성의 크기(몹시 작은소리) · 고저(음산한 소리)나 속도에 유의한다.

② 전화 중에 상사나 동료에게 물을 때에는 반드시 수화기를 아래로 내려서 손바닥으로 완전히 누른다.

③ 전화 중에 상사나 동료에게 의논할 때에도 손님 성함에는 반드시 경어를 붙인다.

인 사

① 처음에 "감사합니다. ㅇㅇ의 김ㅇㅇ입니다"

② 끝에는 "~주셔서 대단히 감사합니다." "기다리고 있겠습니다."

전 달

전달을 의뢰 받았을 때는 상대방 손님의 성함과 용건을 정확하게 메모하고, 틀림없이 전달한다. 전화 끝에는 자신의 소속과 성명을 다시 한번 분명하게 알린다. '책임을 갖고 분명하게 전언하겠습니다'하는 뜻이 담겨 호감을 갖게 한다.

확 인

담당이 아닌 용건의 전화를 받았을 때는 용건을 확인한 다음 담당자에게 인계한다. 담당자가 확실치 않을 때에는 일단 전화를 끊고 담당자를 확인하고서 그 담당자가 전화를 걸도록 한다.

전화를 끊을 때

① 상대방이 수화기를 놓은 후에 조용히 놓는다.

② "감사합니다"라고 전화에 대고 절을 하는 것은 부끄러운 일이 아니다. 예의가 소리로 손님에게 전달된다. 상대방은 전화 목소리만으로도 이쪽의 전화받는 자세, 태도, 표정을 느낄 수 있다.

전화를 할 때

① 사전에 전화번호를 확인한다. 틀린 전화번호는 상대방에게도 실례이고 시간이나 경비의 손실이 된다.

② 상대방이 나오면 곧바로 식당명, 소속, 성명을 말한다.
용건은 간단하고 순서있게 전달한다.

개인 전화

① 근무 중에 전화 사용은 절대 삼간다.

② 개인 전화 사용 시에는 방심하기 쉽다. 말투나 자세가 거칠어지고 직장 분위기를 흐리게 한다. 단, 긴급한 경우는 예외로 한다.

(2) 전화 응대의 예

수화기를 들 때

① "감사합니다. ㅇㅇ의 경리 미스 김입니다."

② "감사합니다. ㅇㅇ의 웨이트리스 미스 이입니다."

③ "감사합니다. ㅇㅇ의 조리장 미스터 강입니다."

④ "감사합니다. ㅇㅇ의 이 대리입니다."

문의하거나 상대를 확인할 때

① "좀 여쭈어 보겠습니다만,"

② "실례지만 존함이 어떻게 되십니까?"

③ "실례지만 어느 분이십니까?"

대답할 때

① "네!"

② "네! 그렇습니다."

③ "네! 잘 알겠습니다."

④ "네! 감사합니다."

인사할 때

① "안녕하십니까? 항상 저희 ㅇㅇ를 이용해 주셔서 감사합니다."

② "안녕하십니까? 항상 도와 주셔서 감사합니다."

③ "지난 번은 정말 감사했습니다. 앞으로도 잘 부탁드립니다."

기다리게 할 경우

"죄송합니다만, 잠깐만 기다려 주시기 바랍니다"

기다리게 했을 경우

① "기다리시게 해서 죄송합니다."

② "오래 기다리시게 해서 정말 죄송합니다."

부탁할 때

① "바쁘신데 죄송합니다만, 잘 부탁드리겠습니다."

② "수고스러우시겠지만, 잘 부탁드립니다."

③ "죄송합니다만, 다시 한번 말씀해 주시겠습니까?"

거절하는 경우

① "모처럼 이신데 저희로서는 모시기가 어렵겠습니다"

② "죄송합니다만, 그것은 책임지기 어렵겠습니다."

③ "죄송합니다만, 그 점은 저희 회사 규칙상 말씀드릴 수 없게 되어 있습니다."

사과할 때

① "드릴 말씀이 없습니다. 정말 죄송합니다."

② "신경을 쓰지 못해서 대단히 죄송합니다."

③ "큰 실례를 했습니다. 대단히 죄송합니다."

전화 받을 사람이 부재중일 때

"죄송합니다마만, 김 ○○는 마침

① "자리에 없습니다. 제가 대신 전해드려도 괜찮으시겠습니까?"

② "외출(출장) 중입니다. 귀사하는대로 ○○의 박○○선생님으로부터 전화 왔었다고 전해드리겠습니다."

③ "회의중입니다. 회의가 끝나는대로 전화 드리도록 하겠습니다. (마지막에) 저는 인사과의 이 ○○입니다."

(3) 고객에게 호감과 만족을 줄 수 있는 전화응대 서비스

① 고객과 전화 응대 시에는 고객이 앞에 앉아 있다는 마음가짐으로 바른자세와 가벼운 미소를 지으면서 최대한 정중하게 응대한다.

② 전화 응대 시는 저음이나 딱딱 끊어지는 말투를 삼가고 '솔' 음으로 밝고 명랑하게 응대한다.

③ 전화는 벨이 3번 이상 울리기 전에 받으며, 반드시 인사말, 업장명, 이름을 말한다.

④ 전화 벨이 4번 이상 울린 후 받았을 경우에는 반드시 "기다리게 해서 죄송합니다."라고 말한 후 업장명과 이름을 말한다.

⑤ 전화를 턱과 어깨 사이에 끼고 통화하지 않는다.

⑥ 통화 중에 고객이 접근하면 손짓과 눈짓으로 고객에게 자리를 권하거나 양해를 구하고 통화가 끝나면 "기다리게 해서 죄송합니다."라고 말한다.

⑦ 통화를 끝낼 시에는 반드시 "전화주셔서 감사합니다."라고 마무리 인사를 한다.

⑧ 고객과 통화 시 고객보다 먼저 전화를 끊지 않는다.

(4) 전화의 역할

전화는 보이지 않는 응대이다.

전화는 보이지 않는 고객과 목소리만으로 응대하는 것이므로 보이지 않는 응대라 할 수 있다. 그러므로 모든 정성을 기울여 부드럽고 명랑한 음성과 교양미가 넘치는 말로서 친절하다는 평을 받도록 해야 한다.

전화는 상품을 판매하는 데 있어서 꼭 필요한 기구이다.

현재는 고객이 영업장에 직접 오는 일도 있으나, 알고 싶은 내용이나 예약을 위해 전화를 점점 많이 사용하기 때문에 상품을 판매하는 중요한 수단이며, 고객 편의를 도와주는 기구이다.

대화와 전화의 차이점

① 전화는 가능한 한 손쉽고 요령있게 이야기하는 것이 중요하다.

② 별로 필요하지 않은 전화를 길게 사용한다든가 사적인 전화를 걸고 있는 동안에 고객으로부터 급한 예약 전화가 올지도 모른다. 그리고 다시 걸었을 때 통화중이면 그 예약은 다른 곳으로 갈 것이다.

③ 전화는 얼굴을 대면하는 직접 응대가 아닌 간접 응대라는 점에서 아무리 바쁜 일을 하던 중이라 해도, 그 상황을 고객에게 보여 주고 이해시킬 수 없기 때문에 특히 신경을 써야 한다.

(5) 전화의 응대방법

① 전화기와 얘기하는 것이 아니라 고객과 얘기한다는 것을 명심한다.

② 바른 자세와 바른 음성으로 말끝을 명백히 하도록 한다.

③ 같은 1분이라도 고객의 이미지를 마음으로 생각하면서 면접하고 있는 것처럼 얘기하면 고객에게 따뜻한 느낌을 주게 된다.

④ 언어는 분명하고 밝고 명랑하게 사용하며, 어조를 너무 낮추지 않는다.

⑤ 잘 듣고 있다는 것을 상대에게 전하기 위해 적당히 맞장구를 친다.

⑥ 원만하게 말하며 정성을 들여서 말한다.

⑦ 고객이 감정적이 되어도 결코 이쪽의 감정을 나타내서 언쟁이 일어나지 않도록 한다.

⑧ 고객이 이해 못하는 전문용어, 외래어 등은 피하고 알아듣기 쉬운 말로 말한다.

⑨ 고객의 말을 잘 들어 일방적인 통화가 되지 않도록 주의하며 지레짐작하는 응답은 피한다.

(6) 전화 응대의 기본요령

벨이 울리면

① 늦어도 세 번 울리기 전까지는 받아야 한다.

② 전화벨 소리는 영업장 손님에게는 잡음이다.

③ 내선번호를 작동하는 경우 가능한 빨리 응답해야 한다.

④ 항상 초기 응대어를 명확하고 뚜렷하게 한다.

⑤ 시간이 걸렸을 때는 "오래 기다리게 해서 죄송합니다"라고 정중히 응대한다.

⑥ 간단하게 인사하고 이쪽의 회사명 또는 소속명과 이름을 말한다.

⑦ 상대방을 확인하고 경우에 따라 다시 인사한다.

⑧ "여보세요? 여보세요?"를 연발하지 않도록 주의한다.

용건을 듣는 방법

① 왼손으로 송수화기를 잡고 오른손으로 메모를 하면서 듣는다.

② 용건을 경청한다. 이쪽에서 경청하고 있다는 표현을 계속적으로 한다.

③ 대화 중에 상대방 직함 또는 이름을 가능한 한 자주 부른다.

④ 일시, 금액, 숫자, 고유명사 등 중요한 사항은 반드시 재확인한다.

⑤ 내용이 이해가 안 될 때는 다시 한번 공손히 묻는다.

⑥ 상대방을 기다리게 해야 할 경우에는 정중하게 미리 양해를 구한다. 만약 오래 기다리게 할 때는 정중히 사과한다.

용건이 끝나면

① 용건이 끝났음을 확인한 후 통화내용을 요약 · 복창하여 수정받을 기회를 갖는다.

② 마무리 인사를 한 후 상대방이 수화기를 내려놓은 다음 조용히 수화기를 내려 놓는다.

중개전화인 경우

① '누구로부터 누구에게'인가를 확인하여 전화를 지명인에게 연결한다.

② 자신의 담당이 아닌 내용을 상대가 이야기 해도 중간에 말을 가로막지 말고 끝까지 듣는다.

③ 담당자에게 전화를 인계할 때에는 누구로부터의 전화인가를 전하고 상대방이 말한 용건을 다시 되풀이하지 않도록 자세히 전한다.

④ 전화를 받을 사람이 즉시 받을 수 없을 때에는 중간상황을 수시로 알려준다.

⑤ 지명인이 전화를 받기까지 시간이 걸릴 것으로 생각되면 도중에 말을 걸거나 상대방의 상황을 물어 지명인이 다시 전화를 걸도록 한다.

Check Point

전화기의 감도는 예민하다. 사방 4m 내의 소리는 그대로 상대방에게 전해진다. 생각없이 한 말이 상대방에게 그대로 들려서 항의를 받는 일도 많이 있다.

지명된 사람에게 알린다든가 상대방을 기다리게 할 때는 '보류'버튼을 누르거나 '보류'기능이 안 될 경우 반드시 송화기를 손으로 가린다.

Check Point

이런 직원은 없겠죠?

① 전화 응대 태도가 불손한 경우
② 전화 건 사람의 요건을 무시하는 태도
③ 고객 앞에서 개인적인 일로 전화를 길게 하는 경우
④ 용건이 끝나자마자 전화를 끊는 행동
⑤ 성의없는 응대
⑥ 상대방이 누구를 바꿔달라고 할 때 아무 말 없이 바꿔 주는 경우
⑦ 통화 중에 주변사람의 얘기를 듣고 함께 웃거나 하는 행동
⑧ 필요 이상의 큰 소리로 상대에게나 자기 주변사람에게 피해를 주는 행동
⑨ 전화가 걸려왔을 때 신분을 밝히지 않고 "네"라고만 말하는 태도
⑩ 담배를 입에 물거나 껌을 씹으며 통화하는 태도

(7) 다시 한번 생각해 볼 부분

전화상의 시간 감각

① 기다리는 사람은 3분이 9분 같고, 기다리게 한 사람은 3분이 1분 같다.

② 이들의 감각차이는 무려 9배! 고객을 결코 기다리게 해서는 안 된다.

전화가 잘못 걸려왔을 때

전화가 잘못 걸려오는 경우가 종종 있는데 퉁명스럽게 그냥 "아닙니다."하며 끊어버리는 것보다는, 같은 말이라도 친절한 마음으로 하는 것이, 보이지 않는 상대도, 그리고 자신도 기분좋게 전화를 끝낼 수 있다(모든 사람이 우리의 고객이란 생각을 반드시 가져야 한다). 또 연결이 잘못되었다면 잘못되었음을 사과하고 다시 연결시켜 주는 것이 좋다.

전화가 잘 들리지 않을 때

① 한번 더 말씀드린다.

② 복창하면서 통화한다.

③ 상대에게 통화상태가 좋지 않음을 알리고 정중히 재통화를 요청한다.

Check Point

절대친절의 5가지 법칙

① 절대로 NO!라고 대답하지 않는다.
② 절대로 고객과의 약속을 어기지 않는다. 반드시 지킨다.
③ 절대로 고객과 다투지 않는다. 고객은 항상 옳다.
④ 절대로 고객을 차별 대우하지 않는다.
⑤ 절대로 마음대로 상상하지 않는다. 모든 판단은 고객의 최종평가에 따른다.

(8) 올바른 호칭

윗사람을 호칭하는 경우

① 상사의 성과 직위 다음에 "님"자를 붙인다. "김 사장님", "서 부장님"

② 성명을 모르면 직위 다음에 "님"자를 붙인다. "부장님", "과장님"

③ 상사에게 자기를 호칭할 경우는 "저"라고 하며, 전화상에서 자기를 호칭할 때는 성에 직위나 직함을 붙여 말하거나 직위나 직함만을 말한다. "김부장", "판매부장", "ㅇㅇ사원"

부하직원 및 동료직원 호칭

① 부하직원이나 동료직원에게는 성과 직위 또는 직명으로 부른다. "김부장"

② 초면이나 선임자일 경우, "님"을 붙이는 것이 예의이다.

③ 부하직원이나 동료직원 간에서 본인 호칭은 "나"를 사용한다.

(9) 보행(이동) 자세

① 바른 걸음걸이는 바른 자세에서 시작된다. 바로 선 자세로 등을 펴고, 턱을 당기고 똑바르게 걷는다.

② 경쾌하되 조용하게 걷는다. 긴급한 경우를 제외하고는 결코 뛰어서는 안 된다.

③ 고객과 마주칠 때에는 고객의 통과가 용이하도록 옆으로 물러선다. 코너에서는 충돌하지 않도록 주의한다.

④ 손님이나 상사와 엇갈릴 때는 공손히 반절을 한다.

⑤ 복도에서는 상사나 손님을 앞지르지 않는다. 급한 용무나 부득이한 때는 반드시 "실례합니다."라고 하며 지나간다.

⑥ 여럿이 걸을 때는 종렬로 걸으며, 큰 소리로 이야기하면서 걷지 않는다.

⑦ 손님을 안내할 때는 조심성 있게 한걸음 앞에서 인도한다. 손님을 수행할 때는 손님의 좌측 1보 뒤나 또는 후방에서 걷는다.

⑧ 고객이 보는 곳에서는 담배를 피우거나 껌을 씹지 않는다.

⑨ 보행 중에는 주머니에 손을 넣거나 팔짱을 끼거나 뒷짐을 지지 않는다.

⑩ 보행 중에는 눈망울은 초롱초롱하게 얼굴 표정에 생기가 있어 보여야 한다.

⑪ 보행 중에 주머니에 소리나는 것을 넣지 않는다.

⑫ 휴식 시에 유니폼을 입은 채로 건물 밖에 나와서는 안 되며 손님 눈에 띄지 않는 지정 휴식장소에서 휴식해야 한다.

5. 위생과 안전

① 외식업소는 청결함과 쾌적함이 가장 중요하다.

② 손님을 기다리는 동안에는 아래의 점검표를 보면서 주위를 점검한다.

③ 점검을 한 후에는 반드시 손을 씻는다.

외관	점포 주위, 입구에서 현관까지의 사이, 입구 주변 등이 더럽지 않은가?
점내	① 창이나 창틀, 간판이 더럽지 않은가?
	② 좌석은 덥거나 춥지 않은가?
	③ 음향은 적당한가?
	④ 바닥이 더럽거나 젖지 않았는가?

점내	⑤ 테이블 위에 세팅은 제대로 되어 있는가?
	⑥ 테이블과 의자는 흔들리지 않으며 바른 자리에 놓여져 있는가? 어린이용 의자는 마련했는가?
	⑦ POP, 메뉴, 간판 등의 게시판이 깨끗한가? 거울은 흐린 상태이지 않은가?
화장실	① 세면대와 세면대의 주위 바닥은 젖어 있지 않은가? 거울은 흐려 있지 않은가?
	② 비누, 세정액, 수건은 준비되어 있는가? 그 밖의 용기는 더럽지 않은가?
	③ 화장실은 더럽지 않은가? 화장지 등의 물품은 갖추어져 있는가?

(1) 개인위생

항상 청결한 상태를 유지하여야 하는 조리사의 공중보건 준수 책임은 다음의 3가지로 요약할 수 있다.

① 위생상 결함이 없는 요리생산

② 공중보건의 일익을 담당

③ 조리사의 기본자세 및 품위의 유지

조리사가 지켜야 할 10훈

① 정기적인 신체검사(보건증) 및 예방접종을 받는다.

② 청결한 복장을 한다.

③ 매일 목욕을 한다.

④ 손에 상처를 입지 않도록 손관리에 유의하며 항상 깨끗이 씻는다.

⑤ 건강을 제일로 생각하고 과로, 수면 부족 등을 피한다.

⑥ 많은 사람이 모이는 장소는 가급적 피한다.

⑦ 질병예방에 따른 올바른 지식과 철저한 실천을 한다.

⑧ 조리에 관계된 사람 외에는 주방에 출입하지 못하도록 한다.

⑨ 가급적 술이나 담배는 삼간다.

⑩ 외모는 항상 단정히 한다.

조리사가 반드시 지켜야 할 20계

① 손과 손톱을 깨끗하게 유지한다.

② 보석류나 시계, 반지는 착용하지 않는다.

③ 종기나 화농이 있는 사람은 일을 하지 않는다.

④ 주방은 항상 청결을 유지한다.

⑤ 작업 중에는 화장실 출입을 하지 않으며 용변 후에는 반드시 손을 씻는다.

⑥ 식품을 취급하는 기구는 입과 귀, 머리 등에 접촉하지 않는다.

⑦ 더러운 도구나 장비가 음식에 닿지 않도록 한다.

⑧ 손가락으로 음식 맛을 보지 않는다.

⑨ 머리는 규정된 사이즈(size)로 단정하게 한다.

⑩ 향이 짙은 화장품은 사용하지 않는다.

⑪ 일 3회 이상 양치질로 입안을 항상 청결히 하여 일정한 입맛을 유지한다.

⑫ 손은 지정된 세수대에서 씻는다.

⑬ 작업 중에는 대화를 삼간다.

⑭ 항상 깨끗한 행주(hand towel)를 휴대한다.

⑮ 규정된 복장을 착용한다.

⑯ 위생원칙과 식품오염의 원인을 숙지한다.

⑰ 정기적인 교육을 이수한다.

⑱ 식품이나 식품용기 근처에서 기침, 재채기, 침을 뱉거나 흡연과 같은 행동을 하지 않는다.

⑲ 병이 났을 때에는 휴식을 취한다.

⑳ 항상 정기적으로 건강상태를 점검한다.

조리사의 멋과 품위를 지켜주는 위생복

① 착용 목적

- 직업의 명확한 구분
- 위생적인 조리업무의 수행
- 청결한 복장 상태의 유지

② 구 분

번호	남(男)	색상	여(女)	색상
1	위생모	백 색	스카프	백 색
2	상 의	백 색	상 의	백 색
3	하 의	체크무늬	하 의	백 색
4	앞치마	백 색	앞치마	백 색
5	머플러	백 색	안전화	백 색
6	안전화	검 정		
	6종		5종	

③ 위생모와 스카프

위생모는 모자 상단부의 접혀진 부분이 밖으로 노출되어 펄럭이지 않도록 내부로 접고 하단부의 머리가 들어갈 부분도 밖으로 접어 상부와 하부가 균형있게 조화되도록 사용하며, 여자의 경우 착모 시 옆머리는 귀가 보이며 뒷머리는 위생복 상의 깃에 닿지 않아야 한다. 스카프는 머리카락을 좌우로 붙인 상태에서 이마에서부터 귀의 윗부분을 따라 뒷목 상단부에서 매듭을 만들어 착용한다.

④ 상 의

약간 큰 것을 착용하고 양쪽 소매는 작업 시 불편하지 않을 정도로 손목이 5cm 정도 노출이 되도록 접어서 올린다.

⑤ 하 의

하의 끝부분이 복숭아 뼈를 약간 가릴 정도의 길이로 입으며 길다고 접어서 입지 않는다. 이때 필히 벨트를 착용한다.

⑥ 앞치마

앞치마는 전후를 구분하여 착용하는데 벨트선 이상으로 올라가지 않도록 위치를 조정하며 매듭은 반드시 복부중앙에 매고 남는 끈은 너덜거리지 않도록 양옆의 끈에 밀어 넣어 보이지 않도록 한다. 만약 벨트선 이상으로 앞치마를 착용할 경우 작업으로 인해 하의가 밑으로 쳐지며 앞치마는 상의 속으로 빠지기 때문에 재차 고쳐 입어야 하는 번거로움이 따른다.

⑦ 머플러

항상 목에 착용하여야 하나 고객 앞에 나서지 않는 경우는 착용하지 않아도 무방하다. 매듭은 전면에 노출이 되지 않도록 밖에서 안으로 감아 올린다.

⑧ 안전화

발등을 감싸고 있는 가죽 내부에 안전장치가 들어있는 것을 착용하여 불의의 사고를 당하더라도 부상을 입지 않도록 반드시 규정된 신발을 착용한다

* 국내외 조리대학에서는 거울을 배치하여 항상 위생상태를 점검하여 미비된 조리사는 조리를 하지 못하게 할 만큼 위생에 만전을 기한다.

(2) 위생관리

종업원의 위생관리

① 모든 종업원은 정기 정검을 받아야 한다.

② 손가락을 베었을 때는 손가락 고무골무나 장갑을 사용하여 포도상구균으로 인한 식중독을 예방하여야 한다.

③ 손톱은 항상 짧게 깎아야 한다.

④ 주방용 안전화는 외부용 신발과 구별하여 사용해야 한다.

⑤ 청결한 가운과 모자를 사용하여 불쾌감을 주지 않고 식품오염을 예방해야 한다.

⑥ 헤어밴드나 냅킨을 써서 머리카락이 떨어지지 않게 한다.

⑦ 요리를 만들기 전후나 서비스를 시작하기 전에는 꼭 손을 닦아야 한다.

조리실의 위생관리

① 남은 야채와 유효기간이 지난 소스는 즉각 버리고 오물통은 매일 뜨거운 물로 세척하여 오물통에 있는 균의 번식을 막아야 한다.

② 조리대, 작업대, 싱크대는 매일 세제로 닦아 준다.

③ 주방용 칼은 매일 뜨거운 물에 중성세제를 타서 기름기를 없애야 한다.

④ 냉장고는 5℃ 이하를 유지하여야 하며, 냉장고 안이나 서리는 뜨거운 물을 흘려서 제거하고 마른 수건으로 닦아야 한다.

⑤ 가스 불꽃은 청백색 상태가 정상이며, 출구가 막혔으면 바늘로 뚫고 이상이 있으면 가스 공급처에 연락해야 하고, 영업종료와 함께 중앙공급 밸브와 중간공급 밸브를 차단하고, 담당자는 체크리스트에 사인해야 한다.

⑥ 생식인 야채, 양배추, 파, 상추, 깻잎 등은 500~600배의 흐린 중성세제에 5분 정도 담근 후 물로 닦아 낸다.

⑦ 냉장고나 냉동고의 적정 온도에서는 세균이 활동을 멈추므로 냉장고의 온도 유지에 유의해야 하며, 식품을 가득 채우면 적정 온도 유지가 어렵다는 점에 유의한다.

⑧ 행주와 걸레는 색깔로 구별하여 사용하고 행주는 매일 삶은 후 건조시켜야 한다.

(3) 시설위생

시설위생의 개요

조리장에서의 시설이라 함은 주방이 차지하고 있는 공간과 식품을 다루는 모든 기구와 장비들을 총칭하는 말이다. 이에 대한 청결관리를 시설위생이라 하며, 이는 현대화된 주방을 운영하기 위한 필수사항으로 대단히 중요하다.

시설위생의 필요성

조리장 내의 각종 기기와 기구의 관리보수는 담당부서에서 관리하지만, 주방 내의 모든 시설은 조리사들이 이용하는 것이므로 각종 시설에 관한 책임은 조리사에게도 있다. 위생적인 시설유지 관리는 소속사업체 재산관리이며, 사업체의 이익에 영향을 준다.

시설위생의 목적

① 위생적인 음식 생산

② 각종 장비의 시설 수명 연장

③ 식자재의 안전한 유지 · 보관 및 원활한 사용

> *Check Point*
>
> **기분 좋은 위생관리 기법**
>
> 월 : 가볍게 냉장고 정리 정돈
> 화 : 바닥에 윤기 내기
> 수 : 벽면 손질
> 목 : 천장 점검
> 금, 토, 일 : 영업준비 완료

위생적인 시설을 유지하기 위한 사항

① 주방 청소

- 적어도 매일 1회 이상 청소한다.(영업시간에 따라 조정)
- 천장, 바닥, 벽면은 주기적으로 청소한다.

② 냉장고, 냉동고

- 내부는 항상 깨끗하게 사용하며 온도에 유의한다. (특히 영업종료 시간 후 익일 영업개시까지)
- 선반과 구석진 곳은 특별히 청결하게 하며, 청소 후에는 내부를 완전히 말린 후 사용한다.

③ 기기류 (Mixer, Chopping machine, Steam kettle, Oven range, Slice machine)

- 사용 후에는 지체없이 깨끗이 닦는다
- 기계 내부 부속품에 물이 들어가지 않도록 한다.
- 기기 내의 칼날을 비롯한 부속품은 물기를 제거하여 곰팡이나 병원균이 서식할 수 없도록 한다.
- Deep fry의 기름은 매일 뽑아 내어 거르고 용기는 세제로 세척하여 찌꺼기가 남아 있는 일이 없도록 한다.
- Grill 면은 영업종료 후 금속 고유의 윤이 나도록 닦는다.
- Steam 솥은 조리 후나 세척 후에 물기가 남지 않도록 세워 둔다.

- Bain marie(이중 냄비)는 물때가 끼지 않도록 자주 닦아 낸다.

④ 기물류

- 각종 기물이나 소도구는 파손이나 분실되지 않도록 사용 후에는 세척하여 제자리에 놓는다.
- 주방 냄비는 사용 상태에 따라 정기적으로 대청소를 한다. 세척 후에는 불로 소독한다.
- Broiler와 쇠 꼬챙이는 사용후 세척하고 탄소화되어 늘어붙은 부분은 쇠솔로 깨끗이 닦아 낸다.
- Oven 속에서 자주 사용하는 pan은 음식물과 기름이 늘어 붙어 탄소화되지 않도록 자주 닦는다.
- 알미늄이 아닌 금속 재질에는 과도한 열을 가하지 않는다.
- 프라이팬 사용 후에는 다음 사용자를 위하여 깨끗이 세척하여 열처리를 마친 후 제자리에 보관한다.(이때 세제는 사용하지 않는다.)
- 칼은 사용 후 재질에 따라 적당한 처리를 하여 보관한다.
- 도마는 사용 후 깨끗이 물기를 제거하여 둔다.
  (나무 도마의 경우는 일광소독을 하도록 한다.)
- 모든 기물은 부피가 작은 것이라도 함부로 던지지 않는다.
- 모든 기구나 기물은 주방 바닥에 내려 놓은 채로 방치하지 않는다.
- 재질이 상이한 기물은 분리하여 세척한다.

⑤ 기타

- 쓰레기통은 잔반과 쓰레기를 분리하며 뚜껑은 항상 덮어둔다.
- 주방의 하수도 통로는 악취 및 병원균의 온상이 되지 않도록 주기적으로 닦는다.
- 후드 필터(hood filter)와 덕트(duct)는 음식물에 이물질이 떨어지지 않도록 항상 청결히 한다.
- 스테인리스 작업대 선반이나 산화되기 쉬운 용기는 장기간 적체하지 않는다.

- 작업대나 벽, 그리고 작업대 사이는 음식물 부스러기가 들어가지 않도록 틈새를 좁히거나 고무로 틈을 메운다.
- 음식을 담는 도자기류는 긁히지 않도록 항상 주의한다.
- 음식 조리 중에는 벽이나 천장에 충격을 가하지 않도록 한다.

(4) 안전대책

가스 취급 시의 유의사항

프로판가스는 액체로써 용기에서 유출되면 200배의 기체로 증가하는 위험한 인화물로, 폭발 위험이 도사리고 있다는 것을 인식하고 다음 사항에 유의해야 한다.

① 연소상태에서 청백색 색깔이 되도록 공기를 조절한다.

② 사용 후에는 코크밸브 개폐 여부를 확인해야 한다.

③ 가스가 누설되었을 때에는 테이블과 벽의 환기팬을 틀어 가스를 외부로 유출시킨 후 점화해야 한다.

④ 정전 시에는 창문을 열어 가스를 유출시킨다.

⑤ 가스 유출이 의심될 때는 배관호스에 비눗물을 발라 유출 여부를 점검해야 한다.

⑥ 연소기 구멍이 막히지 않도록 수시로 점검해야 한다.

⑦ 영업 종료 시에는 중앙공급 밸브와 중간 밸브를 차단해야 한다.

⑧ 가스 관리에서 가장 위험한 것은 유출된 가스가 연소되지 않고 뭉쳐있는 곳에 점화되어 폭발하는 것이다.

⑨ 가스통 교환 시 테이블 밸브는 잠가야 한다. 그렇지 않으면 가스통 교환 후 가스가 계속 유출될 위험이 있다.

* 필자가 근무했던 호텔에서는 가스자동차단 장치와 가스밸브에 자물쇠를 잠그는 방식을 병행하여 각종 안전에 대비하였다.

전기 및 석유난로 취급 시 유의사항

석유난로는 언제나 불을 끄고 석유를 넣어야 한다. 영업 종료 후나 취침 시에는 불을 꺼야 한다.

도난방지 대책

영업 종료시간으로부터 한 시간이 지나면 영업장은 완전 소등하고 출입문을 안전하게 잠그고 모든 직원은 퇴근해야 한다.

6. 친절한 매너란

(1) 친절과 매너

세계화에 대비하기 위해서는 자기 자신의 마음 자세부터 변화시켜야 한다. 친절한 서비스, 비즈니스 매너 교육으로 변화된 나의 참모습을 개척하고, 나의 변화된 행동이 기업 성공의 열쇠임을 명심해야 한다.

친절을 전하는 방법과 수단에 대한 여러 가지 모형(模型)들을 살펴보자.

친 절(Kindness)

친절=예절+고객만족

'kind'는 원래 동 · 식물의 종자를 의미하기도 한다. 그렇다면 같은 종자 간에 잘 어울리는 것이 곧 친절이 아닐까 하는 생각도 든다. 이를 폭넓게 해석하면 다른 종자끼리도 사이좋게 지내는 것이 진정한 인간 종자를 의미한다고도 볼 수 있을 것이다.

예의범절

예(禮)란 보일 시(示) 변에 풍년 풍(豊)이란 한자의 합성어로 풍성하게 보인다는 뜻이다. 즉, 예란 나의 행동과 언어를 통하여 남에게 풍성함을 보이는 것을 말한다. 예의범절은 유교를 바탕으로 하는 동양적 규범이며, 공자는 예법을 인간생활 그 자체로 인식하여 "예가 아니면 보지도 말고 듣지도 말며 행동하지도 말라"고 할 정도로 반드시 예에 따라 살 것을 강조하였다.

에티켓(Etiquette)

에티켓이라는 말은 프랑스어이며, 우리의 예의범절과 유사한 말이다. 그 어원을 살펴보면 첫째, 베르사이유 궁전에 들어가는 사람에게 주어지는 티켓(ticket)에 기원을 둔다는 설과(그 티켓엔 궁전 내에서 유의할 사항이나 예의범절이 수록) 둘째, 프랑스어의 동사 étiqueter(붙이다)를 어원으로 한다는 설이 있다(궁전 화단에 "꽃밭을 해치지 마십시오"라는 입간판을 붙였는데 이때 적힌 단어에서 유래).

오늘날의 의미로 본다면 '마음의 꽃밭을 해치지 않는다'는 적극적인 의미로 해석된다.

매 너(Manner)

매너라는 말은 manuarius라는 라틴어에서 생겨났다. manuarius는 manus와 arius라는 말의 복합어인데, manus란 영어의 hand를 의미하며 사람의 손이라는 뜻 외에 사람의 행동, 습관 등의 뜻을 내포하고 있으며, arius는 영어로 more at manual, more by the manual이란 뜻으로 방식, 방법의 의미를 뜻한다. 따라서 매너란 사람마다 갖고 있는 독특한 습관, 몸가짐으로 해석된다.

이러한 용어들은 결국 인간관계를 잘 하기 위한 마음의 언어들로써 근본적으로는 상대방에게 호감을 주며 상대를 항상 존경한다는 뜻이며 그 나라와 문화와 관습에 따라 예의범절, 에티켓, 매너 등으로 표현된다.

친절한 매너의 기본 요건

Check Point

매너의 기본

- 표정, 인사 ⟶ 시각적인 요소 55%(화장, 유니폼 청결상태)
- 말씨 ⟶ 청각요소 38%(음색)
- 용모, 태도 ⟶ 말의 내용 7%(매끄럽게, 부드럽게)

① 표정의 중요성

- 표정은 첫인상을 결정짓는 요소이다.
- 첫인상은 3~4초 동안 80%가 결정된다.
- 호감을 주면 갑절로 돌아온다.
- 밝은 표정과 미소에는 매력이 있다.

② 표정의 2대 요소

눈 ⋯› 시선	입 ⋯› 미소
자연스럽고 부드럽게 눈동자는 항상 중앙에 고객의 눈높이와 맞게	입의 양꼬리는 위로 윗니가 살짝 드러나게 밝은 표정으로
고객이 싫어하는 시선	**고객이 싫어하는 미소**
• 위로 치뜨는 눈매 • 아래로 내리뜨는 눈매 • 곁눈질 • 아래위로 흘겨보는 눈매 • 한곳만 응시하는 눈매	• 비웃음 • 크게 웃는 웃음 • 다른 곳을 보며 웃는 웃음 • 기분을 상하게 하는 웃음(냉소)

(2) 웃음의 효과

마인드 컨트롤 효과

일부러라도 웃다 보면 저절로 기분이 좋아지는 것이 바로 웃음이다.

감정이입(Empathy) 효과

웃음은 서비스업 종사자의 기분만 좋아지게 하는 것이 아니라 고객의 기분까지 즐겁게 해준다.

건강증진 효과

웃음이 건강에 좋다는 것은 여러 학자나 의사들의 공통된 견해이다.

신바람 효과

웃음은 수많은 고객을 상대하는 고달픈 상황에서도 그것을 극복할 수 있는 활력을 불어 넣어 준다.

호감 효과

웃음은 서비스업 종사자의 풍채와 인상을 좋게 해주어 고객으로 하여금 호감과 친밀함을 느끼게 한다.

실적 향상 효과

서비스업 종사자의 웃음은 영업 실적을 증대시킨다.

Check Point

미소의 장점

① 국제적인 언어 ② 부가가치가 무한정 ③ 비용이 전혀 들어가지 않음
④ 자신의 건강을 지키고 세상을 아름답게 만든다.
⑤ 젊어지는 비결

※ 옛속담 중에도 "웃는 얼굴에 침 뱉으랴."라는 말이 있다.

쓸데없는 걱정에 웃음을 잃고 있다.

영국 옥스퍼드 의과대학 연구팀은 어린아이와 어른의 웃음에 대해 연구하다가 다음과 같은 사실을 밝혀 냈다. 어린아이는 하루에 400~500번을 웃는다고 한다. 그런데 장년이 되면 이 웃음은 하루 15~20번으로 감소된다고 한다. 인간은 기쁨과 웃음 속에서 태어나고 점점 기쁨과 웃음을 잃어 버리며 끝난다는 것이다.

노먼 빈센트 필 박사는 '쓸데없는 걱정'이란 글에서 한 연구기관의 조사를 인용하여 다음과 같이 밝히고 있다. 사람이 하는 걱정 중 절대로 발생하지 않을 사건에 대한 걱정이 40%, 이미 일어난 사건에 대한 걱정이 30%, 별로 신경 쓸일이 아닌 작은 것에 대한 걱정이 4%, 우리들이 해결해야 할 진짜 사건에 대한 걱정이 4%, 결국 사람들은 96%의 쓸데없는 걱정 때문에 기쁨도, 웃음도, 마음의 평화도 잃어버린 채 살아가고 있다는 것이다.

미소의 효과

① 상대방을 편하게 하고 ② 인간관계를 좋게 하며
③ 호감이 가는 인상을 주면서 ④ 자신의 마음도 즐겁게 한다.

Check Point

생리적 효과

① 사람의 볼은 70% 이상이 수분으로 이루어져 있다.
② 물(水)은 위에서 아래로 흐르는 법이다.
③ 나이가 들면 들수록 피부가 처져서 주름살이 생기는데 이를 막기 위한 유일한 방법은 미소라고 한다.
④ 입가를 살짝 올려 주는 미소가 당신을 젊게 만든다.

— 캘리포니아 대학교수 연구발표

미소의 조건

① 밝고 순수한 마음으로　② 자연스럽게
③ 얼굴 전체로　④ 품위가 있게
⑤ 뒷모습에서도 느낄 수 있는 웃음

Check Point

부드러운 표정 · 음성을 위한 근육운동 방법

① 좋은 미소를 만드는 기본요령

가만히 눈을 감고 즐거웠던 일을 떠올려 보자. 한 순간 근심도 잊고 어느새 잔잔한 미소가 환하게 펴져 있을 것이다. 향긋한 위~스~키로 입 끝을 정겹게 올려보자.

② 얼굴 근육 운동(눈썹~입)

근육을 풀어주어 자연스런 얼굴표정을 만들려면

- 눈썹을 위아래로 움직여보고
- 안구를 좌우로, 위아래로 눈알을 굴리며 운동하자.
- 볼이 가장 중요하다 : 바람을 잔뜩 불어넣은 상태에서 좌우, 위아래로 움직여 보자.
- 입을 크고 정확하게 움직이면서 입을 크게 벌리거나 조그맣게 오므리기를 반복하는 것도 효과적이다.

이런 미소 어때요?

① 눈 Smile : 류시원같은　② 코 Smile : 김혜수 닮은
③ 음 Smile : 안성기처럼　④ 이 Smile : 위스키 하면

(3) 가치를 높이는 테이블 매너

레스토랑 이용 시 지켜야 할 매너

① 예약

- 사전에 예약이 필요하다.
- 예약 시 인원수, 일시, 식사의 목적 등을 알려 준다.
- 못 가거나 늦을 경우 반드시 알려 준다.
- 식당 내에서는 지배인의 안내를 따르며 테이블 위에 소지품을 올려놓지 않는다.

② 복장

- 정장을 해야만 출입이 가능하다.
- 전통의상은 무방하나 화려한 복장은 삼간다.

③ 좌석

- 지배인이나 서버 등이 안내해 준 자리에 앉는다.
- 먼저 빼주는 좌석이 상석이므로 주빈이 앉는다.
- 상석을 받았을 때 사양은 오히려 실례가 된다.
- 여성의 좌석을 빼주는 것은 훌륭한 매너이다.
- 윗사람이나 여성이 동참할 경우 그들이 먼저 착석한 뒤에 앉는다.
- 자기 좌석만 빼고 먼저 앉는 것은 실례이다.
- 미리 상석이 어디라는 것을 알고 있어야 한다.

④ 식사 시 테이블과의 간격

테이블과 가슴과의 간격은 10~15㎝가 적당하다.

⑤ 웨이터를 부를 때

- 오른손을 가볍게 든다.
- 휘파람을 불거나 캔 등을 흔드는 행위는 삼간다.

(4) 품격을 높이는 파티 매너

파티의 기본 매너

① 파티의 종류

파티에는 창업, 신사옥 낙성, 신입사원, 피로연, 업계의 총회, 신년축하회, 장수축하회 등이 있다.

② 주최측에 대한 인사

파티장에 도착하면 우선 주최측에 인사를 하고, 초청에 대한 감사의 말을 전하도록 한다.

③ 파티에 참가할 때의 복장과 몸가짐

- 남성의 경우 : 턱시도, 모닝코트, 약식 예복 등이 있다.
- 여성의 경우 : 이브닝 드레스, 원피스, 타크셔츠에 코사쥬 또는 장소에 따라 한복을 입는 것도 좋다.
- 몸가짐
  - 머리를 손질한다.
  - 약간 화려한 넥타이를 맨다.
  - 구두를 손질한다.
  - 손톱이나 치아의 청결 등에 유의한다.
  - 깨끗한 와이셔츠를 착용한다.
  - 바지를 손질한다.
  - 손수건은 2장 이상 준비한다.

④ 식사 매너

- 풀코스의 경우에는 순서에 따라 먹는다. 전채로 시작해서 고기요리 순서로 먹는다.
- 접시 하나에 여러 가지 요리를 올리지 않는다. 하나의 접시에는 2~3가지 요리만 올리고, 다 먹고 난 후 다시 요리를 가지러 가도록 한다. 성질이 다른 요리를 같은 접시에 올리는 것도 곤란하다.

- 환담을 할 때는 접시는 놓고 음료수만으로 한다. 입식 파티는 친목을 목적으로 하기 때문에 간단한 음료수만 들고 참여한다.

파티의 형식

① 디너 파티

주로 만찬을 뜻하며 가장 중요하고 뜻 깊은 사교 행사로서 격식과 절차가 엄격하다.

② 런치 파티

오찬회를 말하는 것으로 정오부터 오후 2시 사이에 개최되며 가벼운 식사가 나온다.

③ 칵테일 파티

칵테일을 주로 하고 안주로 카나페 정도를 곁들이는 사교행사이다. 보통 오후 5시 이후에 개최한다.

④ 뷔페 파티

일정한 격식을 차리지 않고 간편하게 손님을 접대할 수 있는 파티이다. 따라서 특별한 의미를 부여하지 않고 부담없이 사람을 초대할 때 좋다.

⑤ 가든 파티

정원에서 하는 비교적 규모가 큰 파티이다. 일년 중 정원의 경치가 가장 훌륭한 계절에 주로 한다.

파티에 초대하는 법

① 파티장의 선정

- 격식과 분위기는 어떤가?
- 초대손님의 교통편은 어떤가?
- 넓이는 적당한가?
- 요리의 내용은 어떤가?
- 주차시설은 어떤가?

② 초대손님의 인선

각 부서의 담당자로부터 초대대상자 리스트를 모아서 상사에게 제출하여 인선한다.

③ 초대장

초대장에는 파티의 취지, 일시, 장소, 형식, 복장 등을 기입한다. 발송은 2~3주 전에 하고, 반송용 엽서로 참석여부의 회답을 받도록 한다.

④ 파티장의 좌석 배치

착석식의 파티에서는 좌석 배치에 신경을 써야 한다. 원칙적으로는 사회적 지위를 우선하고, 연령도 고려하여 배치한다.

⑤ 당일 업무

파티 당일 초대손님을 맞이하면서 접수 · 안내하고, 돌아갈 때는 기념품과 선물을 전달하고 배웅한다.

⑥ 요리 준비

초대장을 100장 보냈다면 80명 정도의 손님이 참석한다고 예상하고 90인 분의 요리를 준비하면 적당하다.

(5) 선물 전달 매너

보내는 측의 매너

① 말로써 표현하지 못하는 마음을 선물로 대신한다.

- 상대방의 경사를 진심으로 축하하는 마음으로
- 상배방의 슬픔과 불행에 대해 함께 나누어 가지는 마음으로
- 선물의 목적에 따라서 걸맞는 금액의 선물을 한다.
- 자신의 취향이 아니라 받는 사람이 좋아할 선물을 준비한다.
- 자신의 선물에 대해 상대방의 답례는 기대하지 않는다.

② 시기를 맞추지 못하는 선물은 본래의 의미가 반감된다.

③ 선물은 목적과 상대방의 취향을 고려해서 준비한다.

선물을 할 때에는 시기, 상대방, 목적을 고려해서 취향과 연령에 어울리는 것을 준비하는 것이 중요하다.

④ 상대방이 꺼리는 사항이 있는지를 고려한다.

상대방의 취향에 맞을지라도 상황에 따라서 판단한다. 오해를 살 수도 있기 때문이다.

⑤ 배송할 때는 반드시 간단한 메모를 첨부한다.

별도로 인사를 겸한 메모를 보내는 것이 예의이다.

사례와 선물 답례를 할 때의 마음가짐

① 선물을 받으면 기쁜 마음으로 보낸 사람에게 알리는 것이 중요하다.

선물을 받았으면 인사를 보내는 것이 이상적이다.

② 답례는 경우에 따라서 한다.

전화로 상대의 호의에 보답하는 것이 최상의 답례이지만 경우에 따라서 선물로 답례하기도 한다.

③ 선물 매너

- 선물을 되돌려 보내지 않는다
- 싸게 산 것을 포장만 잘 해서 보내는 것은 실례이다.
- 윗사람을 찾아뵙거나 부탁하러 갈 때 너무 비싼 선물은 실례가 된다.
- 자기가 선물로 받은 것을 다시 남에게 선물해서는 안 된다.
- 서양에서는 받은 선물은 그 자리에서 펴보는 것이 매너이다.

④ 선물해서는 안 되는 것들

- 호흡기 질환을 가진 환자에게는 꽃을 가지고 가지 않으며, 기타 환자에게도 흰꽃은 가져가서는 안된다.
- 결혼하는 사람에게 흑색 옷감을 주는 것은 미망인을 연상케하므로 피해야 한다.
- 이성에게 내의와 잠옷을 선물하는 것은 오해를 부를 수 있다.

⑤ 포장

- 선물을 할 때는 포장하는 것이 좋다.
- 조사에는 흑, 백, 회색을 사용한다.
- 포장할 경우 글이 담긴 카드를 동봉하면 좋다.

Check Point

인간관계 개선을 위한 10가지 충고

1. 먼저 칭찬할 것을 찾아 감사로부터 시작하라.
2. 상대방의 잘못은 직접적인 표현보다 간접적으로 하라.
3. 상대를 비난하기 전에 자신의 잘못을 말하라.
4. 무조건 명령하기 전에 상대의 생각을 물으라.
5. 나의 기분만 생각 말고 상대의 기분도 생각하라.
6. 상대방도 감정과 자존심이 있는 대상임을 알라.
7. 보잘 것 없는 것일지라도 칭찬에 인색하지 말라.
8. 신뢰와 기대감을 주어 자부심을 갖도록 하라.
9. 남다른 작은 재능이라도 격려하라.
10. 상대가 자진하여 도울 수 있는 기회를 주라.

Chapter 4

고객 만족 경영

· 고객은 무엇을 원하는가
· 고객 만족 경영의 개념
· 고객 만족의 결정요소
· 고객 감동, 접객 서비스의 측정
· 기본이 되는 7대 서비스 행동수칙
· 상황별 고객 서비스 자세
· 친절한 고객

4.

고객 만족 경영

1. 고객은 무엇을 원하는가

(1) 상품에 대한 요구

① 나에게 맞는 상품을 만들어서

② 나에게 맞는 가격 구조를 가지고

③ 주문이나 서비스를 이용하기 편리하게 해 주고

④ 내가 원하는 채널을 통해서 상품을 적시에 배달해 주고

⑤ 내가 원하는 결제조건을 받아들여 주며

⑥ 내가 원하는 시기에 상품을 출시해 줄 것

(2) 서비스에 대한 요구

① 나는 바쁘고 시간이 없으니 기업은 내 시간을 소비하지 말라.

② 기업이 나를 기억해서 나에게 맞는 최적의 서비스를 제공해 달라.

③ 나는 수시로 이동하니 언제 어디서나 서비스를 받을 수 있도록 해 달라.

④ 나는 게으르니 기업이 알아서 잘 챙겨 달라.

⑤ 나는 우량고객이니 특별 대우를 받고 싶다.

⑥ 상품이나 서비스에 대한 객관적이고 다양한 정보가 듣고 싶다.

⑦ 내가 궁금한 것을 언제든지 물어보고 싶다.

Check Point

우리 모두는 고객을 대하고 있다.

고객의 입장에서 보면, 여러분이 고객에게 서비스를 직접 제공하고 있지 않다고 하더라도 당신은 고객에게 직접 서비스를 제공하는 사람을 위해 일을 하므로 고객에게 간접적인 서비스를 하고 있다는 사실이다.

2. 고객 만족 경영의 개념

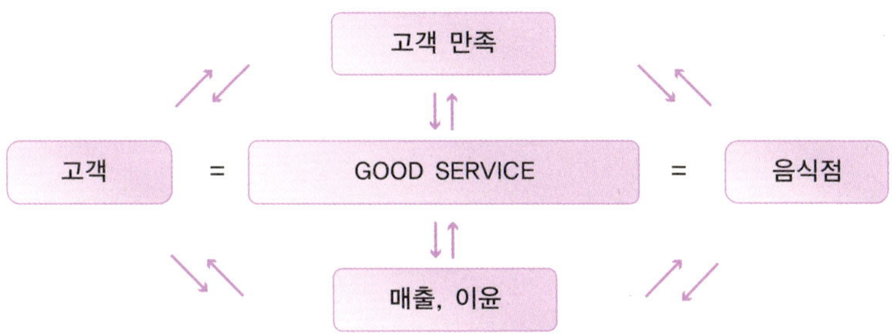

그림 4-1 고객 만족의 구조

고객 만족 경영(顧客滿足經營, Customer Satisfaction Management)은 경영의 모든 부분을 고객의 입장에서 생각하고, 진정한 의미에서 고객을 만족시켜서 기업의 생존을 유지하고자 하는 신경영 조류의 하나로, 1980년대 후반부터 미국과 유럽에서 주목받기 시작했다.

외식업에서 고객과의 거래는 한 번에 그치는 것이 아니라 일생 동안 계속되는 것이다. 그러므로 한 사람이 불만을 가지게 되면 주위 사람들에게 악영향을 미쳐 결국 수십 명의 고객을 잃는 결과를 낳게 된다.

고객 만족 경영은, 고객이 제품 또는 서비스에 대해 원하는 것을 기대 이상으로 충족시킴으로써 고객의 재구매율을 높이고 고객의 선호가 지속되도록 하는 것이다.

고객 만족을 높이기 위해서는 고객의 기대를 충족시킬 수 있는 품질을 제공해야 하고 고객의 불만을 효과적으로 처리해야 한다. 또한 고객 만족을 위해서는 기업에 대한 사원만족이 필수적이므로 사원들의 복지향상이나 일체감 조성 등 사원만족도 아울러 뒤따라야 한다.

고객 만족은 상품의 품질뿐만 아니라 제품의 기획, 설계, 디자인, 제작, 애프터서비스 등에 이르는 모든 과정에 걸쳐, 제품에 내재된 기업 문화 이미지와 더불어 상품 이미지, 이념 등 고차원적인 개념까지 고객에게 제공함으로써 소비자들에게 만족감을 주는 것으로 요약할 수 있다. 따라서 고객 만족 경영은 시장점유율 확대나 원가절감이라는 단기적인 목표보다 좀 더 거시적인 면에서 고객 만족을 통하여 궁극적 경영목표를 달성하는 것이다.

Smile	웃는 얼굴로 고객을 만난다.
Speed	빠르고 정확한 행동으로 신뢰를 얻는다.
Sincerity	진심으로 고객을 맞이하면 즐거움과 감동을 준다.
Safety	안정적이고 편안한 환경을 제공한다.
Security	고객의 비밀을 지켜준다.

그림 4-2 고객 만족을 위한 5S

표 4-1 고객 만족과 관련있는 요소

구 분	사 고(思考)
이익, 원가, 가치	서비스 품질(상품)의 높이가 이익을 창조
종 업 원	'진실의 순간'을 관리하는 존재
평가기준	고객만족의 정도
관 리 자	종업원 활동을 지지, 지원
조 직	제일선 종업원에 대한 지시와 지원의 배분
경 영 자	'서비스 문화'의 창조와 유지

3. 고객 만족의 결정요소

고객만족은 우리의 태도와 행동에서 나온다는 점을 명심해야 한다.

"나는 이 일이 싫다, 모든 것이 필요 없다. 제발 다른 곳으로 옮겨보고 싶다" 라는 생각으로 일하면 고객만족은 어렵다.

어떤 일이든 작은 것이 없고, 어느 직책도 중요치 않은 것이 없다.

중요한 것은 일에 대한 태도이다.

- **고객중심의 서비스 만족** → **신 뢰 성**
- **불만요소의 신속한 해결** → **신 속 성**
- **다양한 맞춤 서비스** → **정 확 성**
- **서비스 친밀도 생성** → **대 화**
- **자신의 의견의 반영확인** → **태 도**
- **고객 충성도 요소 확보** → **안 전 성**
- **고객 불만 요소 확보** → **고객이해**
- **고객가치의 충분한 대우** → **편 의 성**
- **브랜드 인지도에 대한 평가** → **환 경**

(1) 고객 만족과 불만족의 차이

고객 만족 시	구분	고객 불만족 시
매출증가 및 이익창출	매출, 이익	매출감소 및 이익 감소
매출증가로 비용감소	비용	매출하락으로 비용증가
기업이미지 향상으로 신규고객 창출	기업이미지	이미지 하락으로 고객 이탈 및 신규고객 감소
고객의 신뢰도 높음	신뢰성	고객의 신뢰도 낮음
기업 발전 및 개인의 발전	발전	기업이 발전하지 못하고 이에 따른 개인 발전 저하
자기 계발 승진과 기업발전	자기 계발	자기 계발 못해 승진을 못함
기업의 수입증가로 최고의 복지 혜택	복지	기업의 수입감소로 인하여 복지 혜택 축소
개인의 자율을 최대한 보장	자율	통제로 인한 정신적인 스트레스
개인 발전과 기업 발전으로 사기 높음	사기	개인 발전과 기업 발전이 낮아 사기 저하
본인의 발전과 기업 발전으로 국가사회에 기여	결과	발전의 저하로 인하여 기업의 이미지 하락과 매출하락으로 지속적인 기업 운영이 어려움

(2) 고객 만족과 고객 감동의 심리

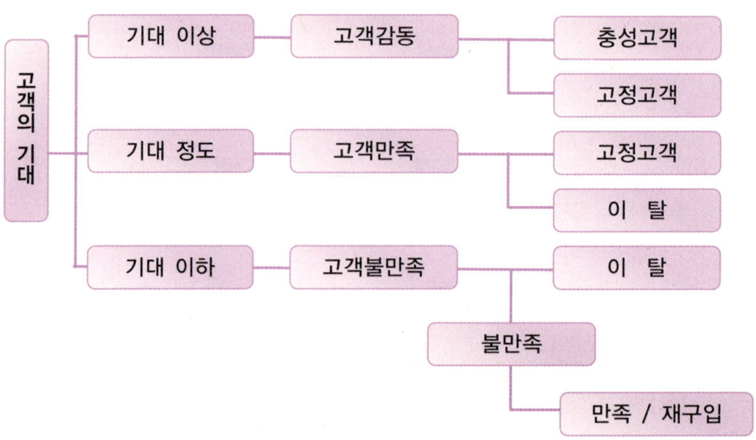

(3) 고객 만족의 3요소

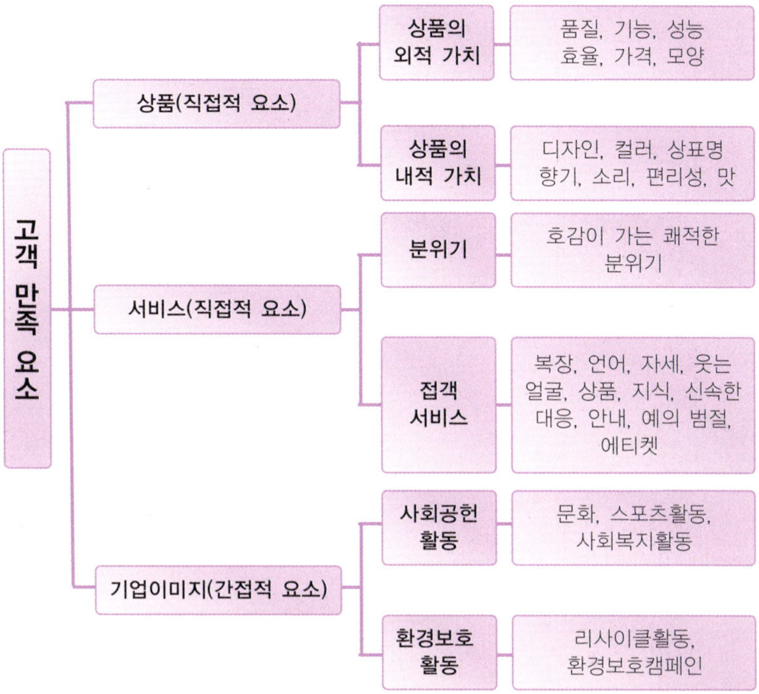

Check Point

고객 만족 헌장

우리는 항상 고객을 제일로 생각하고 고객의 의견에 귀기울이며, 무한 봉사로 고객과 함께 하는 업소를 만들고자 다음 사항을 신조로 삼고 실천하겠습니다.

- 항상 고객의 입장에서 생각하고 행동하겠습니다.
- 항상 고객의 시간을 소중히 여기겠습니다.
- 항상 고객과 지역사회에 도움이 될 가치를 창조하겠습니다.
- 항상 고객의 기대보다 더 큰 만족을 드리겠습니다.
- 항상 최종 평가는 고객의 판단에 따르겠습니다.

[사례] 인터넷 요리 사이트에 오른 고객의 불만 *Check Point*

여러분.... 여긴 진짜... 정말 정말... 죽어도 가지 마세요.

어제, 5월 5일 어린이날도 있고 5월 8일은 어버이날도 있고 해서 겸사겸사, 게 요리집이 생겼다길래 지방에서 올라온 형제분들과 같이, 어버이날이 평일이라 따로 모실 수가 없어, 우리 식구는 일요일 저녁을 함께 하기로 하고 y게요리 전문점을 찾았습니다. 가격에 비해 성의 없게 나온 요리가 불만이었지만 좀처럼 게요리집을 찾기가 어려운 터라 그냥 만족하며 식사를 했습니다.

게탕도 내용물이 형편없었습니다. 보이는 건 파하고 미나리, 쑥갓이 전부였습니다. 게찜은 그나마 내용물도 부실하더군요. 그래서 하나 더 추가로 시켰습니다. 탕과 찜을 다 먹은 후 공기밥을 탕국물에 비벼 먹는 거 있지 않습니까.. 그래서 저희도 그것을 시켰습니다.

그랬더니 주인이 하는 말이 바빠서 공기는 못 볶아 주겠다는 겁니다. 어처구니가 없더군요. 비싼 게요리는 척척 나오면서 1,000원짜리 공기밥은 돈이 안되니 못 볶아 주겠다는 겁니다.

더구나 너무 바빠서 그런다고 손님께 양해를 구하는 것이 아니라 기다리는 사람이 많으니 다 먹었으면 나가라는 투였습니다. 너무 어이가 없어 소란을 피웠더니 맘대로 하라는 겁니다. 나... 원... 참... 살다 살다 비싼 돈 주고 식사하며 이런 수모는 정말 처음입니다.

여러분~ 이런 식당은 아니... 이런 썩어빠진 정신을 갖고 있는 식당 주인은 정말 우리나라에서 없어져야 합니다. 나는 돈만 벌면 그만이라는...

여러분도 언제 어디서 이런 경우를 당하실지 모릅니다. 이런 식당은 정말... 버르장머리를 고쳐줘야 합니다. 제 맘 같아서는 가게 앞에 서서 불매운동을 하고 싶을 정도입니다.

계산을 마치고 구청에 신고하겠다고 하니.. 주인 왈, '그렇게 하라'고 하더군요...(정말 어이가 없었습니다. 무슨 더 할 말이 있었겠습니까...)

우리 가족은 그 식당에서 식사를 한 죄로 어버이날 기념으로 모인 온 가족의 기분은 물론이거니와 식사를 한 후에도 속이 편하지 못해 이 억울함과 분함을 하소연 할 곳이 없어 이렇게 글을 올립니다.

참고로 말씀드리자면 본사에라도 전화를 하려고 그 집에서 받아온 명함에 본사와 공장이라는 곳에 아무리 전화를 해도 받는 사람 하나 없다는 겁니다.

이 집... 체인점은 맞는지도 의심스럽습니다. 조만간에 송파구청에 이 전문점이 명함에 있는 대로 체인전문점인지 알아볼 생각입니다.

-세상에서 가장 무서운 것은 고객이다.

(4) 작은 것이 고객에게는 가장 큰 서비스다

당연한 것을 잘하는 것이 서비스의 기본

음식점의 서비스에는 여러 가지가 있다.

첫째는 좋은 자리에 위치해서 고객이 편리하게 이용할 수 있는 서비스, 즉 입지의 서비스이다.

두 번째는 고급스러워서 찾아오는 손님들이 '나도 이만한 곳에 드나들 수 있는 사람이다.'라는 만족감을 느끼게 하는 서비스이다. 즉, 분위기나 시설에 의한 서비스이다.

세 번째는 기물에 의한 서비스이다. 특이한 접시, 쟁반, 숫가락 등 집기 비품이 고급이라는 것이 서비스가 된다. 이와 같은 것들은 관념적 서비스이고 일류식당이나 고급 음식점이라는 느낌을 준다.

손님이 왔을 때 물 한 컵을 제때 가져다 드리는 것, 깨끗한 물건을 내놓는 것, 냉난방을 적절히 하는 것, 종업원의 옷차림이 단정한 것, 자외선 소독기를 설치하는 것 등은 현실적 서비스이다.

어찌보면 이익을 내기 위해서 하는 모든 행위는 전부 서비스라고 해도 지나치지 않을 것이다. 금전을 염두에 두고 하는 행동에는 반드시 서비스 요소가 포함되어 있다고 할 수가 있다.

음식점에서 상냥하고 친절하게 손님을 맞는 행동은 '공짜'가 아니다. 서비스는 침묵하는 것이 아니라 살아서 움직이는 것이며 부가가치가 높은 유기체이다. 당연한 것을 잘하는 것이 서비스의 기본이다. 그러나 당연한 것이 잘 안되니까 전체적으로 일정한 수준을 유지하자는 것이 매뉴얼 작성의 목적이다.

접객 시에 당연한 일이란

손님이 왔을 때 정중하게 인사하고, 주문을 받으면 예절에 맞게 응대하며, 손님이 편안하게 식사할 수 있는 분위기를 조성하는 것이다. 손님이 가실 때 '감사합니다. 또 오십시오'라는 인사를 제대로 하는 일련의 행동이 '당연한 일'이며 질 높은 서비스인데 이것은 인적 서비스의 향상으로만 이루어질 수 있다.

어느 분야에서나 기본이 제대로 되어 있지 않으면 응용할 수가 없다. 손님의 입장에서는 이 '서비스의 좋고 나쁨'이 곧 점포 선택의 기준이 되는 것이다.

다시 말하면 서비스가 좋다는 것은 장사 번창의 기본 조건이다.

(5) 고객의 변화

21세기의 고객은 단순한 소비자의 역할에서 탈피해서 능동적인 공동 창조자의 위치까지 진화하고 있다.

	1970년대~ 1980년대 초반	1980 년대 후반 ~1990년대 초반	1990년대	2000년 이후
대 고객 진화 단계	예정된 구매자 집단을 설득함.	개별 구매자에 대한 거래	개별고객과 평생유대 관계	고객을 공동 창조자 로 인식
고객의 역할	고객은 예정된 소비역할을 지닌 수동적인 구매자로 간주됨.			고객은 강화된 네트 워크의 일부로써 기업과 공동으로 창조함.
경영자의 사고방식	고객은 평균 통 계치로써 구매자 집단은 기업에 의해 예정됨.	고객은 거래의 개별 통계치임.	고객과의 신뢰관계는 필수임.	고객은 개인일 뿐만 아니라 사회 · 문화 적 구조의 일부임.
생산방법	소품종 대량생산	다품종 대량생산	대량 주문 생산	공동 창조

(6) 접객 시의 마음 가짐

① 고객의 마음을 읽는다

점포는 형태에 따라서 고객층이 어느 정도 세분화되어 있다. 대중 음식점, 전문점, 고급음식점 등의 형태에 따라서 손님이 대체로 유형화된다. 그러나 손님이 원하는 것은, 5~6천 원으로 대중적인 음식을 먹더라도 손님답게 대접받고 싶다는 생각이며 이는 점포의 격에 상관없이 똑같은 것이다.

고객의 지적 · 경제적 수준과 사고나 의식은 너무도 다양하다. 다양한 고객 모두에게 만족감을 주는 것이 질 높은 서비스가 필요한 이유이다. 따라서 접객업에 종사하는 사람은 이 점을 이해하고 사업은 고객이 없으면 성립하지 못한다는 점도 깊이 인식해야 한다. 셀프서비스든 풀서비스든 상관없이 고객을 생각하는 마음에는 변함이 없어야 한다.

접객이라는 것을 '순간의 드라마'라고 생각하자. 한 사람 한 사람의 고객을 매순간 어떻게 모시느냐가 경쟁에서 승패를 가름한다.

좋은 분위기에서 맛있는 음식을 먹고 싶은 손님의 마음을 깊이 이해해야 한다. 손님이 만족하고 유쾌해 할 때 접객원으로서 일하는 보람을 얻는 것이 아니겠는가?

Check Point

[사례] (주) 놀부의 경영

(1) 고객에게 이익을 주는 경영

① 놀부의 점포를 한 번 방문했던 고객이 자신이 지불한 가격에 비해 상회하는 이익을 얻었다고 판단하여 '재방문'할 수 있도록 실제적인 이익을 주는 영업을 하는 데 목적이 있음

② 외식업 성공 요소＝Quality, Service, Cleanliness＋Value

③ 재방문 의사가 있는 고객의 징후

- 명함을 가져감.
- 메뉴판을 재확인
- 예약 가능 여부를 확인
- 체인점 위치 등을 확인
- 점포의 각종 사항에 대해 관심

(2) 품질 제일주의를 향한 지속적인 투자

① 식자재 품질향상을 위한 지속적 투자

② IMF 상황 하에서도 식자재 원가를 높임.

③ 반찬(side dish)의 종류를 증가시킴.

④ 음식의 볼륨감을 더욱 증대시킴.

② 점포의 대표자라는 의식을 갖는다

식당이건 패션점이건 손님은 자기를 상대해 주는 접객원(판매원, 점원 등)으로부터 받은 인상에 의하여 그 점포의 이미지를 만들게 된다. 신입 점원이나 10년동안 일한 점원이나 손님의 입장에서는 모두 그 점포의 대표자이다.

이러한 대표자라는 의식, 즉 주인의식은 결과적으로 고객을 소중히 모시는 자세로 이어지게 된다.

③ 물건을 소중하게 다룬다

점포의 대표자라는 의식은 물건을 소중하게 다루게 하며, 고객에게 가능한 한 최대의 서비스와 친절을 제공하려고 한다. 이러한 일들에 대해서 무신경하거나 마음을 쓰지 않는 것을 '월급쟁이 근성'이라고 하는데, 접객원이 이 월급쟁이 근성에 사로잡혀 있으면 좋은 서비스를 기대할 수가 없다.

④ 접객 시에는 플러스 발상을 하라

손님을 상대하다 보면 가끔은 상대하기 싫은 손님도 있게 된다. 이때 일일이 신경을 쓰다 보면 노이로제에 걸릴 수 있다. 그 반면에 고객의 입장에서도 탐탁지 않은 접객원이 있을 수 있다.

접객원은 이러한 경우에 긍정적으로 생각해야 한다. 훌륭한 인격을 가진 손님을 만나면 감사하게 생각하고 '나도 저런 사람이 되어야지'하는 소망을 가지되 싫은 손님을 만나면 '내가 저렇게 되어서는 안 되지'하고 모두에게서 배우는 자세를 지녀야 한다.

따라서 접객원은 낙천적인 성격이 바람직하다. 세상을 밝게 보고 낙천적으로 생각할 때 질 좋은 서비스가 나오게 된다.

⑤ 진솔한 마음씨가 큰 힘이 되게 한다

접객원은 소탈하고 꾸밈없는 마음을 가져야 한다.

진솔한 마음씨를 지닌 접객원은 본의 아니게 잘못을 저지르거나 고객의 클레임을 들을 때 침착해질 수 있고 잘못을 시인할 줄도 안다. 따라서 고객의 주장을 귀담아 들을 수 있는 여유가 생기게 된다. 소탈하고 순박한 마음으로 돌아가서 주변을 살펴보면 배울 것이 너무나 많다.

⑥ 건강을 지키도록 노력한다

접객원은 서 있는 시간이 많고 항상 고객의 시선 속에서 일하는 관계로 상상 이상으로 피곤하다. 그렇지만 고객에게는 늘 명랑한 표정을 보여주어야 한다. 몸이 아프면 아무리 명랑한 표정을 지으려고 해도 제대로 되지 않는다. 이 경우에 고객은 접객원의 사정을 알지 못한다. 오히려 '왜 시원치 않게 대해 주나'라고 생각하기 쉽다. 따라서 접객원은 항상 건강에 유의해야 한다.

⑦ 자기 연령을 염두에 둔다

접객원은 자기 나이를 염두에 두고 일해야 한다. 젊은 사람은 젊은 사람대로, 중년은 중년대로 접객 태도의 변화가 필요하다. 젊은 사람들은 발랄한 동작으로 상쾌하고 민첩하게 응대하며, 중년의 접객원은 중후하고 점잖으면서도 친절하게 행동함으로써 고객의 신뢰감을 얻어야 한다.

자신의 나이를 고려하여 행동하면 훌륭한 서비스를 할 수 있다.

⑧ 남녀 성별차의 장점을 발휘한다

남녀평등이라고 하지만 각각의 역할이 있게 마련이다. 역할을 수행하는 데 있어서 여성은 섬세하게 행동함으로써 여성답게, 남성은 남성답게 한다는 '~답게'가 중요하다.

남성고객에게 있어서 '여성다운' 접객은 아름다우며, 여성고객에게 '남성다운' 서비스는 믿음직스럽다.

접객에 있어서 싹싹함, 청결함, 자상함, 믿음직함 등의 행동이 고객에게 호감을 사며, 남녀의 특성을 최대한 살리려는 노력은 고객에게 기쁨을 줄 것이다.

쇼핑이나 식사에서 이같은 '~답게'의 서비스가 고객의 즐거움을 크게 하는 것이다.

(7) 고객관리에서 전략

① 가망고객을 발굴하여 신규고객으로 확보하는 프로세스는?

② 신규고객에 대한 활성화 및 충성도 강화 프로세스는?

③ 우량고객에 대한 다양한 차별적인 서비스를 제공하는 프로세스는?

④ 이탈고객을 다시 끌어들이기 위한 프로세스는?

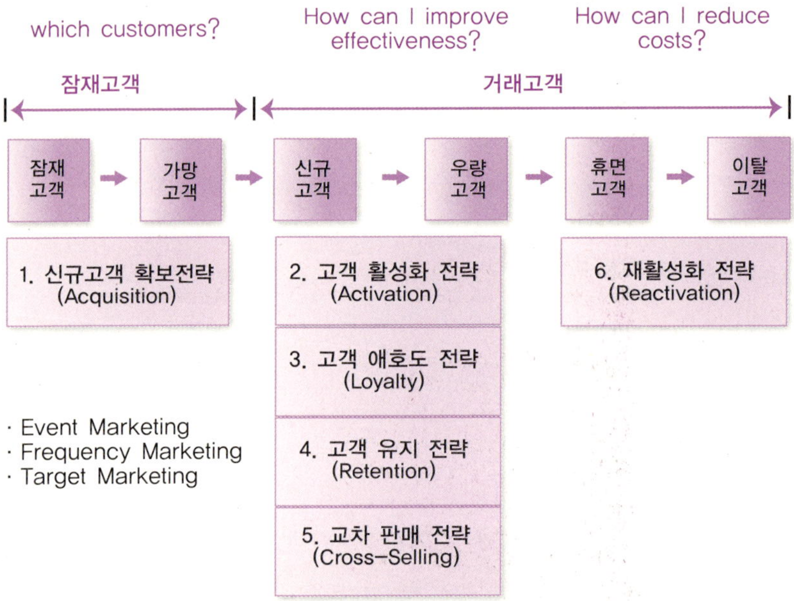

4. 고객 감동, 접객 서비스의 측정

일반적으로 제공되는 서비스의 질은 크게 두 가지 요인이 결합되어 있다.

서비스의 절차(service procedure)와 종업원의 인격이나 쾌활함이 주는 유쾌함(conviviality)이다. 고객을 기다리게 하는 접객원은 서비스의 절차를 지키지 못한 것이며, 또한 고객에게 즐거움을 주어야 한다는 서비스 기준도 위반한 것이다. 이는 고객과의 커뮤니케이션 유지의 실패, 서비스 절차 기법(procedural skill)의 결여뿐만 아니라 고객에게 즐거움을 주는 기법(convivial skill)에도 실패함을 의미한다.

따라서 이 두 가지 관점에서 접객 서비스상의 문제점들을 발견하여 접객원들이 어느 정도 훌륭한 서비스를 고객들에게 제공하여 주고 있는가를 측정함으로써 서비스의 질적 개선방안을 도출해 낼 수 있는 것이다. 이러한 방안은 경영전략에 기초자료를 제공해 주며 새로운 수요창출의 근원이 된다.

(1) 서비스 절차상의 측정 요소

서비스의 진행 과정(flow of service)

서비스 진행 과정에서 어떤 불특정한 서비스 단계에서 너무 지연되지 않도록 일정한 절차에 따라서 수행되어야 한다.

일반 음식점의 전형적인 풀 서비스(full service)는 다음과 같은 단계를 거치게 된다.

① 고객의 영접 · 안내 ② 식전 음료 제공 ③ 주문
④ 주문서를 주방에 의뢰 ⑤ 추가 주문 여부 확인
⑦ 식사 종료 확인 ⑧ 불편 사항 청취 ⑨ 계산 및 영수증 지급
⑩ 감사와 영송

적시 서비스(timeliness)

고객으로부터 주문을 받은 후 음식과 서비스가 고객에게 제공될 때까지 시간을 적절하게 잘 지키는 것은 좋은 접객 결과를 가져온다.

수 용(accomodation)

서비스 절차는 업소의 편의에 의해서가 아니라 고객의 필요와 만족을 위해서 입안되고 설정되어야 한다.

[사례] (주)놀부의 고객 만족 서비스 *Check Point*

고객의 정확한 욕구 파악

① 고객이 원하기 전에 필요한 것을 제공했을 때 고객은 감동함.
② 고객의 순간 행동을 보고도 원하는 바를 알 수 있을 정도의 종사원 교육 필요
③ 고객의 욕구를 정확히 파악하여 대처해야 함.
④ 후식의 속도 조절-식사를 마쳤다고 하더라도 고객의 상황에 따라 적절히 대응해야만 진정한 서비스가 됨.
⑤ 특히 외국인 고객의 경우 제공되는 음식의 속도나 순서 등을 탄력성 있게 조절할 필요가 있음.

예 견(aniticipation)

앞으로 발생하게 될 일을 포용할 수 있는 서비스로서 고객의 요구 전에 미리 한 걸음 앞서 서비스를 제공해야 한다.

의사전달(communication)

접객원과 고객, 종사원간, 그리고 종사원과 감독자의 관계에서 간결하고 분명한 커뮤니케이션이 잘 이루어져야 질적으로 높은 수준의 서비스가 가능하다.

고객의 피드백(customer feedback)

서비스 담당자들은 식당이 제공하는 서비스와 제품이 고객들의 요구과 기대를 충족시켜 주고 있는지의 여부를 항상 지속적으로 확인해야 한다.

감 독(supervision)

설정된 서비스 체제가 정상적으로 잘 운영되도록 하기 위해서는 감독 및 조정이 필요하다.

서비스 제도상의 측정요소

① **접객태도**(attitude) : 이는 서비스 부문에서 제일 중요하다.

② **몸짓 대화**(body language) : 일상적인 대화 중에서도 몸짓으로 표현되는 것이 많은 부분을 차지한다. 얼굴표정, 미소, 손의 동작 등은 접객원의 태도와 자세를 보여주게 된다.

③ 목소리의 고저(tone of voice) : 어투의 높낮이에 따라 말의 의미가 달라지므로 양질의 서비스를 제공하는 한 요건이 된다.

④ 재치있는 일처리(tact) : 상황에 따라 고객에게 어떻게 대해야 할 지를 파악하여 처리한다.

⑤ 고객의 이름 호명(naming name) : 인간적으로 친해지고 싶어하는 의도를 상대고객이 느끼게 한다.

⑥ 주의집중(attentiveness) : 고객에 대한 각별한 배려와 성의, 그리고 고객의 우월감을 만족시켜 준다.

⑦ 메뉴 안내(guidance) : 메뉴는 최대의 상품이다. 고객이 원하는 것이 무엇인가를 파악하고 각각의 메뉴에 대한 조언을 할 수 있도록 조리시간, 재료, 맛 등의 상품지식을 알고 있어야 한다.

5. 고객과의 관계

고객에 대한 7가지 죄악은 아래와 같다.

① 고객을 기다리게 해 놓고 내버려 두는 행위

② 고객과 말다툼이나 싸우는 행위

③ 고객에게 부정확한 정보를 제공하는 행위

④ 고객 앞에서 동료 종사원들과 다투는 행위

⑤ 고객의 요구사항을 별로 중요치 않게 사소한 것으로 생각하는 행위

⑥ 지저분하고 비전문가처럼 보이거나 행동하는 행위

⑦ 고객 앞에서 책임을 다른 사람에게 전가시키는 행위

(1) 고객은 왜 떠날까?

알레산드라(Anthony Allessandra) 교수에 의하면 고객은 자신에 대한 관심부족 때문에 자신이 거래해왔던 곳을 떠난다고 한다. 다음의 표는 고객이 떠나는 구체적인 이유이다.

표 4-2 고객 이탈의 원인 분석

고객 이탈의 원인(Why do customers leave?)	확률(%)
사망 (died)	1%
이사, 전출 등(moved)	3%
친구 및 친인척 상점 이용(bought from a friend or relatives)	5%
저가 상점 찾음(found lower price elsewhere)	9%
불편 · 고충 처리 불만족(due to unadjusted complaints)	14%
관심 부족 또는 명백한 무관심 (due to perceived indifference and apparent lack of interest)	68%

[출처 : Carl L.Bryants, Isaac Reynolds&Teresa A.Poole, "Travel Selling Skills", South-Western, 1992. p.43 인용 재구성]

이 연구에 따르면 고객이 떠나는 가장 중요한 원인은 바로 관심 부족 또는 무관심이며, 두 번째로 중요한 원인은 적절하지 못한 고충처리로 나타났다. 고객은 만족할 수도 불만을 나타낼 수도 있지만, 중요한 것은 불편 · 고충을 어떻게 처리하느냐에 따라 큰 차이가 난다는 사실이다. 고객에 대한 부단한 관심과 불편 및 고충 처리를 잘하는 것이 경쟁사회에서 비교우위를 선점하는 길이다.

고객에 관한 명언들

"첫 번째 규칙 : 고객은 왕이다. 두 번째 규칙 : 고객이 잘못한 경우에는 첫 번째 규칙을 준수하라." —샘 월튼

"우리는 고객들이 색다르게 해 주기를 원한다고 생각한다. 따라서 우리는 그것이 무엇인가를 찾아 내야 한다. 누구의 고객도 고정되어 있지 않다. 고객을 만족시켜라. 처음에도, 맨 나중에도, 그리고 항상." —루치아노 베네통

"고객과 만나는 15초 동안에 기업의 운명이 결정된다. 의사소통이 빨라야 고객의 의견이 반영된다. 고객이 최종 평가자이다." —얀 칼슨

"고객은 항상 새로운 것을 원하고 자신과 남을 비교함으로써 상대적 만족을 얻으려 한다." —앤드루 카네기

"내가 대접받고 싶었던 대로 고객을 대접해 보자. 당신이 필요한 것을 제공해 주는 사람에게 진정한 서비스를 하지 않는다면 어떻게 당신 고객이 당신을 달리 대접할 것을 기대할 수 있겠는가? 고객들은 우리가 제공키로 한 것은 정확히 받을 권리가 있다."

—케몬스 윌슨

고객은 누구인가?(Who is the customer?)

고객이란? 사전적 의미로 보면 '물건을 사는 사람' 또는 '거래관계를 맺고 있는 사람' 정도로 정의된다. Carl L. Bryant(1992)는 그의 저서에서 "우리가 전적으로 의존하는 사람이 고객이다. 만약 고객이 없다면 우리는 직업도 없고, 지식과 기술도 아무 소용이 없다. 그러므로 고객은 성공적인 판매 이상을 의미한다는 것을 깨달을 필요가 있다"라고 주장하면서 다음과 같이 구체적으로 고객의 정체(正體)에 대해서 밝혔다.

① 고객은 가장 소중한 사람이다.

② 고객의 운명이 우리에게 달려 있는 것이 아니라, 우리의 운명이 고객의 손에 달려 있다.

③ 고객은 우리의 일을 방해하는 사람이 아니고, 고객은 우리가 일하는 바로 그 목적이다. 고객이 우리에게 봉사할 기회를 주는 것은 우리에게 은혜를 베푼 것이다.

④ 고객은 우리 사업의 '이방인(outsider)'이 아니고, 사업의 일부분이다.

⑤ 고객은 단순 통계수치(cold statistics)가 아니고, 우리와 같은 생각, 감정, 편견을 갖고 있는 살아 숨쉬는 인간(flesh and blood human beings)이다.

⑥ 고객은 우리와 말다툼 또는 싸우는 대상이 되는 사람이 아니다. 고객과의 싸워서 이길 수 있는 사람은 이 세상에 아무도 없다.

⑦ 고객은 우리에게 그들의 욕구(wants)를 가지고 오는 사람이며, 고객과 우리 자신을 위해서 그들의 욕구를 처리하는 것은 우리의 의무이다.

알브레흐트(Karl Albrecht, 1984)는 서비스 삼각도(the service triangle)라는 모델을 제시하면서 고객(the customers)은 서비스 전략(the service strategy), 서비스 시스템(the systems), 서비스 제공자(people)의 중심부에 위치한 핵심이라고 하였다.

고객은 중심이며 핵심이다. 모든 우선순위(priority)를 고객에 두어야 함을 강조하고 있다. 그럼에도 불구하고 종종 고객 중심(customer-oriented)이 아닌, 전략 중심(strategy-oriented), 시스템 중심(system-oriented) 혹은 서비스 제공자 중심(employee-oriented)을 지향하는 기업들이 있다. 이는 "고객은 중심이다"라는 서비스 철학(service-philosophy)으로부터 벗어나는 큰 오류이다.

고객 개념의 확대 : 8가지 고객의 범주

고객의 유형은 크게 8가지로 나누어 볼 수 있다. 전통적으로 고객이란 "서비스 또는 제품에 대한 교환 대가로 요금을 지불하는 사람"이라고 정의된다. 이는 협의의 고객에 대한 개념이다. 회사 밖에 있는 고객만을 한정한 개념이다. 고객의 개념을 확장하여 아래와 같이 8 가지로 분류해 보자.

- 직접고객(direct customers)
- 간접고객(indirect customers)
- 의사결정권자(decision makers)
- 공급업자(suppliers)
- 의견선도자(opinion leaders)
- 규제시행자(regulators)
- 경쟁자(competitors)
- 내부고객(internal customers)

① 직접고객

1차 고객이라고도 한다. 직접 대면이나 전화를 통하여 제공자로부터 제품 또는 서비스를 구입하는 사람으로서, 관계를 맺는 사람 혹은 집단이다. 고객이라는 단어가 지니고 있는 전통적인 의미의 고객이다.

② 간접고객

최종 소비자와 2차 소비자를 포함한다. 코카콜라의 예를 들어보자. 콜라는 일반 대중이 최종 소비자일지라도 편의점이나 슈퍼마켓을 통해서 판매된다. 바로 편의점, 슈퍼마켓 등이 간접고객이 될 수 있다. 반대로 자동차 최종 소비자는 일반 대중일지라도 자동차는 카딜러(car dealer)들에게 공급 · 판매된다. 이 때에는 자동차 구매자가 간접고객이 된다. 대학의 고객은 학생이지만 학생 가족도 간접고객이 된다. 고객 개념을 확대해서 해석할 필요가 있다. 종종 서비스 제공자는 직접고객에게만 관심을 두고 간접고객에는 관심을 두지 않는 경향이 있다.

③ 의사결정권자

실제로 돈을 지불하지는 않지만, 선택을 하는데 큰 영향을 미치는 개인 또는 집단이다. 의사결정권자는 직접고객만큼 중요하다. 호텔의 경우에는 여행사가, 대학의 경우에는 부모가 의사결정권자가 될 수 있다.

④ 공급업자

일반적으로 공급업자를 고객으로 생각하지 않는다. 서비스와 제품에 대한 교환대가로 공급업자에게 돈을 지불한다. 교환의 개념은 바로 상호이익을 수반하는 교환이다. 따라서 공급업자도 고객이다. 그럼에도 불구하고 공급업자는 고객이 아니라고 생각하여 관심을 두지 않거나 공급업자를 홀대하는 경우도 많다. 대기업들은 '하청업체'인 부품 공급업체에 대해서 위압적인 자세를 취하거나 적절한 대우를 하지 않고 있다. 고객에 대한 몰이해로부터 비롯된 이러한 관행은 옳지 못한 판단 자세이다.

⑤ 의견선도자

이들은 제품을 구매하지도 사용하지도 않으며, 제품을 선택할 의사결정도 하지 않는다. 하지만 이 집단은 제품 또는 서비스에 대한 평판과 성공에 큰 영향력을 행사하는 집단이다. 평론가, 소비자연맹, 기자, 비평가, 전문가, 미디어 등이 이에 해당한다.

⑥ 규제시행자

이들은 조직(회사)을 운영하는 데 적용되는 법률을 만드는 정부 또는 의회와 같은 기관들이다. 이들도 회사에 지대한 영향력을 행사하기 때문에 고객처럼 관리 · 대우해야 한다.

⑦ 경쟁자

경쟁자가 고객이라고? 반문하는 사람도 있을 수 있다. 교환 메커니즘(mechanism of exchange)에서 경쟁자는 중요한 통찰력(insight)을 가져오는 중요한 고객이다. 고객과 경쟁하면서 새롭고 긍정적인 무언가를 얻지 않는가? 따라서 경쟁자도 중요한 고객이다.

⑧ 내부고객

회사 내부에서 일하면서 자신이 일하는 데 필요한 서비스, 제품, 정보 등을 제공하는 다른 종사원이다. 이들은 상사일 수도 있고 동료일 수도 있다. 조직이 종사원들을 고객으로 대우해 줄 때, 조직이 순조롭게 돌아간다.

이들은 전통적인 의미의 고객은 아니지만, 전통적인 의미의 고객과 동일한 제공물, 즉 당신의 보살핌을 원한다. 고객에 대한 개념을 내부고객까지 확대하는 것만으로도 이미 뛰어난 서비스 제공으로 나아갈 중요한 한 걸음을 내디딘 셈이다. 내부고객의 고리는 양방향으로 작용한다. 때로는 자신이 고객일 수 있으며, 또 다른 때에는 자신이 서비스 제공자가 되기도 한다. 최근의 '내부마케팅(internal marketing)'이 이를 반영한다고 할 수 있다.

(2) 고객이 바라는 6가지 요구 사항

고객은 자신이 바라는 것을 요구하며 항상 '보다 더'를 원한다. 고객은 자기가 기대(expectation)하는 것보다 체험(perceived experience) 정도가 높은 때 만족을 하게 되고 다시 물건을 구매하거나 다시 방문하게 된다. 고객이 바라는 구체적인 요구 사항은 아래와 같다.

① 친절이다. 친절은 모든 고객의 요구 사항들 가운데 가장 기본적인 것이며, 공손하고 예절바른 인사와 연결된다.

② 이해와 공감이다. 고객은 자기 사정이나 감정에 대해 서비스 제공자(service provider)가 비판이나 심판을 하기보다는 올바르게 평가하고 이해해 준다는 느낌을 원한다.

③ 공평성이다. 차별 대우를 받지 않고 공정하게 서비스를 받는 것을 의미한다. 공정한 대우 역시 고객들의 요구사항 중 상위를 차지한다.

④ 조정이다. 조정이란 고객이 시간 및 서비스 과정을 어느 정도 통제하고자 하는 욕구 내지 행동이라 할 수 있다. 서비스 제공자에 의해서 결정되어 영향을 받는 것보다 스스로 결정하고 참여하길 원하는 욕구 및 행동이다.

⑤ 선택과 대안이다. 고객은 막다른 골목, 즉 유일한 선택을 싫어한다. 고객은 항상 다른 방법을 통해서도 자신이 원하는 것을 얻을 수 있다고 느끼고 싶어 한다.

⑥ 정보제공이다. 현대사회의 고객은 대하기가 까다로우며 많은 정보를 요구한다. 고객은 서비스, 상품, 방침, 절차, 기대효과 등에 관해 신뢰할 만한 정보를 제공해 주기를 원한다.

성공하는 사람의 7가지 습관(스티븐 코비 박사)

① 주도적이 되라.
② 목표를 확립하고 행동하라.
③ 소중한 것부터 먼저 하라.
④ 상호 이익을 추구하라.
⑤ 경쟁한 다음에 이해시켜라.
⑥ 시너지 효과를 활용하라.
⑦ 심신을 단련하라.

고객만족의 10 가지 차원

자이터물(Valarie Zeithaml)에 의하면, 서비스 품질이란 "고객의 기대와 욕구 수준과 그들이 지각하는 것 간의 차이의 정도"이다. 그는 개인의 기대(expectation) 정도에 영향을 미치는 요소를

① 구전(口傳)
② 개인적 욕구
③ 과거의 경험
④ 서비스 제공자

의 커뮤니케이션이라 하였다.

이를 기준으로 고객의 만족을 결정하는 이른바 '서비스 품질의 10 가지 차원'을 다음과 같이 제시하였다.

① 유형성 : 물리적 시설, 장비, 직원, 자료

② 신뢰성 : 약속한 서비스를 믿을 수 있고 정확하게 수행

③ 반응성 : 고객을 기꺼이 돕고 신속한 서비스를 제공하려는 마음

④ 능력 : 필요한 기술 및 서비스를 수행할 지식 소유

⑤ 예절 : 서비스 제공자의 정중함, 존경, 그리고 친절함.

⑥ 신빙성 : 서비스 제공자의 신뢰성 및 정직성

⑦ 안전성 : 위험 및 의심의 가능성이 없는 것

⑧ 가용성 : 접촉 가능성과 접촉 용이성

⑨ 커뮤니케이션 : 고객이 이해하기 쉬운 언어사용 및 고객의 말 경청

⑩ 고객을 이해 : 고객의 욕구를 알기 위해 노력하는 것

앞의 내용을 요약하면 서비스 품질은 '고객의 기대와 지각 간의 사이'라고 정의할 수 있으며, 고객의 기대형성에 영향을 미치는 핵심적인 요인은 구전광고(mouth to mouth ad.), 개인적 욕구, 과거경험, 그리고 외적 커뮤니케이션 등이다.

(3) 원만한 고객과의 관계를 위한 8 가지 조언

내 마음을 사로잡아라

어떤 일을 할 때 '할 수 있다'고 자기 암시를 하는 사람은 그렇지 않은 사람보다 성공할 가능성이 높다. 이를 자기 충족적 예언(self-fulfilling prophecy)이라 한다. 자기 충족적 예언은 동기부여(motivation), 몰입(involvement), 확신(conviction), 노력(endeavor), 목표설정(goal), 그리고 자기만족(self-satisfaction)을 통해서 성취될 수 있다.

"자기가 갈 길을 결정한 사람은 자기가 원하는 것을 찾아 나선다. 그리고 그것을 찾아내지 못하면 자기 스스로 만들어 낸다." —George Bernard Shaw

자주 만나라

자주 접하는 사람에게는 호감을 느끼게 되어 친한 관계로 발전하는 경향이 있다. 단순한 접촉의 증가에 의해서 호감이 증가하는 현상을 단순접촉효과(mere exposure effect)라고 한다. 첫인상이 보통이거나 첫인상이 좋으면 자주 만날수록 상대방에 대한 호감이 증가한다. 반복된 접촉이 항상 호감을 증가시키는 것은 아니나 적어도 싫지 않은 자극에 대해서는 반복 접촉이 호감을 증진시키는 경향이 있다. 그러나 불쾌감을 느끼는 자극에 대해서는 이러한 단순접촉효과가 나타나지 않는다.

그러므로 첫인상 관리에 신경을 써야 한다. '초두효과'가 작용한다. 최초의 정보가 나중의 정보보다 더 많은 비중을 차지하는 경우를 심리학자들은 초두효과(primary effect)라 한다. 첫인상이 부정적인 경우에는 변화시키기가 특히 어렵다. 그러므로 '발을 잘못 들여 놓는 것은' 자신에 현저한 손상을 입힌다는 낙인효과(stigma effect)를 경계해야 한다.

보상을 주어라

사람들은 자기에게 손해를 주는 사람은 싫어하고, 이익을 주는 사람을 좋아한다.

첫째, 항상 고객의 입장에서 생각해야 한다. 변화관리 전문가인 구본형은 "좋은 낚시꾼은 물고기처럼 생각하는 사람이다."라고 하였다. 이는 가장 적절한 입장 바꾸기의 전형을 보여준다. 만약 낚시꾼이 물고기처럼 생각하고 행동할 수만 있다면 고기를 많이 잡는 것은 당연한 일이다. 이와 마찬가지로 "고객의 눈으로 보는 판매원 혹은 사업가"는 확실하게 성공에 다가가 있는 사람이다.

둘째, 고객을 구분해서 보상을 주어야 한다. 고객에 따라 욕구가 다르고, 입장이 다르기 때문에 고객이 바라는 것은 다양하다. 고객이 원하는 바를 충족시킬 수 있어야 한다.

셋째, 고객의 기대수준을 파악해야 한다. 기대수준에 맞는 정보의 제공, 서비스의 제공이 필수적이다.

넷째, 항상 고객만족을 추구해야 한다. 이제 고객지향(customer-oriented)은 단순히 '입에 발린 말(lip service)'이 아니라 반드시 실천해야 하는 의무사항이 된지 오래다.

"아무리 괴로운 일이 있더라도 그것이 역사에 길이 남을 판결이 되어 우리 모두를 살리게 된다는 것을 자각하고 고객의 기대에 부응해야 한다."

—MK 창업주 유봉식 사장의 〈리더십 명상〉 중에서

고객을 존중하라

"고객은 왕이다", "고객은 항상 옳다"란 '언명(statements)'은 이미 익숙한 표현이 된 지 오래다. 정도의 차이는 있지만 고객은 '최고 증후군(VIP syndrome)'이 있다. 서비스 제공자로부터 존중받고 싶은 욕구가 있다. 고객은 자신을 알아주고, 자신의 명예 및 체면을 높여 주는 사람을 좋아하고, 그러한 곳을 즐겨 찾는다. 작은 정성으로 고객들이 특별한 대우를 받고 있다는 느낌을 줄 수 있도록 해야 한다. '매슬로우(Abraham Maslow)의 욕구이론'을 빌리자면 존중욕구(esteem needs or respect needs)를 충족시키기 위해 고객은 구매행동을 하는 것이다. 고객을 존중하는 구체적인 방법은 다음과 같다.

① 고객의 이름을 기억하라.

② 고객에게 서비스는 하되 비굴한 '노예'는 되지 마라.

③ 너무 접근하려고 하지 마라. 지나친 노출은 역효과를 불러 일으킨다.

④ 고객의 말을 경청하라. 공감적 경청이 필요하다.

⑤ 고객의 단점을 감싸주고 장점을 칭찬하라.

⑥ 고객과 민감한 주제, 특히 정치, 종교와 관련된 토론을 하지 마라.

⑦ 자존심을 상하게 하지 마라. 고객의 아킬레스건을 건드리지 마라.

약속시간을 중시하라.

고객들은 시간이 지체되면 상대방이 자기를 만나는 것을 싫어하거나 무시하기 때문이라고 해석하는 경향이 있다. 고객은 적시성(適時性)을 중시한다. "고객은 기다림을 싫어한다". 서비스 제공자가 중시하는 것은 물리적인 시간(physical time)이지만, 고객은 심리적인 시간(psychological time)을 중시한다. 아무리 짧은 시간이라도 고객이 긴 시간이라고 느낀다면 지루하고 긴 시간일 수 있다. 예를 들어보자. 축구경기를 관전하거나 시청할 때 우리는 심리적 시간의 차이를 어렵지 않게 이해할 수 있다. 우리 팀이 한 점 차이로 이기고 있을 때 후반전 2~3분의 '로스타임'은 아주 길게 느껴진다. 반면 우리 팀이 2대 1 혹은 3대 2 등 한 골 차로 지고 있으면, 그 로스타임은 너무나도 빨리 지나감을 느낄 수 있다. 이와 마찬가지다. 고객은 항상 지고 있는 팀의 감독이나 응원하는 '서포터(supporter)'들과 같다.

믿음을 주어라.

고객은 전문성, 신속성, 신뢰성, 일관성을 보여주는 서비스 제공자를 찾는다. 그 중에서 가장 중요한 것은 바로 신뢰성(reliability)이다. 신뢰성은 전문성, 일관성, 예의, 고객 · 상품 · 서비스에 관한 충분한 정보가 있을 때만 구축될 수 있다. 또한 자신감(confidence)을 가질 필요가 있다. 자신감은 실력, 능력, 지식, 정보 등의 전문성 바탕 위에서만 생길 수 있다.

고객을 닮아라.

인간은 자신과 비슷한 연령, 인종, 사회적 지위, 교육, 지능, 신체적 매력, 학교, 문화나 종교 등을 가진 사람에 대해서 호감(好感)을 느낀다. 이를 **유사성의 원리**라 하며 우정 형성, 결혼, 구매 활동에서도 크게 작용한다. '類類相從(유유상종)'이란 사자성어는 비슷한 성향을 가진 사람끼리 모인다는 뜻이며 서양에도 '같은 깃털을 가진 새들이 함께 모인다.'는 속담이 있다. 유사성이 대인관계에 크게 영향을 미치고 있음을 보여주는 예이다. 고객과의 관계에서도 예외는 아니다. 서비스 제공자 혹은 판매자들은 고객을 닮아가는 노력을 해야 한다.

가까이 있어라.

인간은 자신과 가까이 있는 사람에 대해서 관심이 있고 호감을 갖는다. 이를 형태심리학(Gestalt psychology)에서는 '근접성의 원리(proximity principle)'라 한다. 이웃 사촌이란 말이 있지 않는가? 서비스 제공자는 고객 가까이 있어야 한다. 모 회사의 '고객 속으로'란 광고 카피가 생각난다. 가까울수록 친숙성(familiarity)이 증가한다는 연구결과가 있다. 여기서 중요한 것은 단순히 물리적인 거리보다 서로 상호작용하는 심리적 거리이다.

① 대 고객관계 기법의 훈련

고객과 접촉하는 것은 매우 힘든 일이다. 특히 고객의 요구사항이 많거나, 서두르거나, 불만을 느끼고 있거나, 화가 났을 때는 더욱 그렇다. 불행히도 서비스 수요의 급변함과 같은 여러 가지 통제 불가능한 요인들 때문에 모든 서비스 종사자들은 언제든지 매우 화난 고객을 만날 가능성이 있다. 기업들은 이런 상황을 잘 다룰 수 있는 직원들을 육성해야 하는데, 이는 대인관계 기술의 훈련을 통해서만 가능하다.

브리티시 에어웨이스(BA)는 집중적인 대 고객서비스 활동에 따른 직원들의 스트레스를 해결하는 훈련 프로그램이 잘 갖춰져 있다. 이 회사에서는 고객서비스 담당직원 전원을 정기적으로 훈련시키고 있는데, 이 훈련의 목적은 스트레스 상황에서 효율적으로 의사소통하는 방법을 가르치는 데 주안점을 둔다.

어떤 보석 전문회사는 고객의 불평불만을 판매로 반전시키는 방법을 가르치는 훈련 프로그램을 갖고 있다. 이 회사는 고객의 불평을 처리하는 데 사용하는 방법을 기본적으로 4 단계로 나누고 있다.

첫째, 고객과 커뮤니케이션 할 수 있는 통로를 만든다.

둘째, 고객이 불평을 하는 문제의 근본은 무엇인가를 찾아내는 구체적인 질문을 한다.

셋째, 그 문제를 해결하기 위하여 회사 정책 내에서 최선을 다한다.

넷째, 회사의 명성에 대한 고객의 신뢰를 되살려 내는 것이다.

한 타이어 전문회사는 모든 서비스 사원에게 고객이 물을지도 모르는 모든 종류의 질문에 대답할 수 있도록 교육하고 있다. 이런 능력을 갖추게 하기 위해 이 회사는 소비자교육과 고객서비스에 관한 일반적 훈련프로그램은 물론이고, 회사의 다양한 서비스의 구체적인 측면과 각 부서의 업무 및 기능을 세부적으로 다루는 매우 포괄적인 훈련 프로그램을 갖고 있다.

② 까다로운 고객을 응대하는 6 단계

제1단계 : 고객이 자기 감정을 발산할 수 있도록 내버려 두라.

절대로 '조용히 하라'고 말하지 말라. 사태를 악화시킬 뿐이다. 입을 꼭 다물고 그들이 말하는 것을 감정적(개인적)으로 받아들이지 않는 방법을 배우라.

제2단계 : 색안경을 끼고 고객을 바라보는 오류를 범하지 말라.

그대신 '이 고객이 무엇을 원하고, 나는 어떻게 그것을 제공할 것인가'에 초점을 맞추어라.

제3단계 : 동감(empathy)을 표하는 말과 사과(apology)의 표현을 활용해 고객이 처한 상황에 대해 공감을 표시하라.

제4단계 : 적극적으로 나서서 문제를 해결하라. 여러 가지 질문기법과 연결기법을 사용해 자신에게 필요한 정보를 수집하라.

제5단계 : 있는 그대로를 반영하는 기법으로 모든 사항들을 재차 점검하라.

제6단계 : 고객과 해결책에 대해 합의에 이르도록 하라. 약속은 되도록 여유있게 하되, 예상보다 빨리 이행하려 노력해야 한다는 것을 기억하라.

③ 6가지 고객 유형별 특성과 대응 방법

우리는 고객의 성격(personality)을 분석하여 그들이 진정 무엇을 원하는지를 알 필요가 있다. 성격에 따라 고객은 크게 다음과 같이 6 가지로 나눌 수 있다.

표 4-3 고객 유형별 식별법과 대응방법

고객 유형 (type of customers)	식 별 법 (how to recognize)	대 응 방 법 (how to handle)
주마간산형 (browsing or casual)	그저 보기(looking)만 한다고 말하고는 천천히 움직이면서 안내 책자나 자료를 집는다.	즐거운 마음으로 대해 줘야 한다. 그들이 들었던 안내책자 등을 상세하게 볼 수 있도록 충분한 시간을 주라. 그에게 압박감(pressure)을 주지 말라.
수다형 및 다정형 (talkative & friendly)	선천적으로 친절하며, 수다스럽다. 그들은 듣기도 좋아하며, 개인적 문제에 대해서도 토론하는 것을 좋아한다.	경청해 주어라. 지나치게 개인적인 잡담(gossip)은 피하라. 원래의 관심사항으로 돌아와라. 인내심이 약간 필요하다.
침묵형 및 무뚝뚝형 (silent & unfriendly)	본성적으로 소극적이다. 그들은 말을 아끼며, 열정적인 성격이 아니다.	말을 너무 많이 하지 말고 그들의 행동만 살펴라. 제품을 그저 보여주는 정도만 하면 족하다. 인내심이 필요하며, 질문하고 싶으면 '아니요(No)', '예(Yes)'가 나올 수 있는 질문만 하라.
추후결정형 (undecided)	계속적으로 마음을 바꾸는 경향이 있다. 돈을 쓰는 것에 대해서 약간의 두려움을 가지고 있다. 집에 가서 생각해 보겠다고 자주 말한다. 무엇을 원하는지 조차도 잘 모를 때가 있다.	의사결정을 할 수 있도록 도움을 주어라. 즉, 품질(quality)과 경제성(economy)을 강조하라. 종업원이 확신을 주고, 설득적일 때 효과가 있다. 여러 대안을 제시하면 좋다.
신중 · 적극형 (decided, deliberate, and positive)	무엇을 원하는지 정확하게 알고 있다. 직접적이며, 사려깊은 사람처럼 보인다. 원하는 특정 제품을 요구한다.	신속하게 안내책자나 정보를 제공하라. 바로 판매에 들어가라. 우선 고객이 말하도록 한 다음, 다른 대안을 제시하라.
신경질 · 빨리빨리형 (hurried, nervous and impatient)	신경질적이고 시간이 없는 것처럼 행동한다. 종업원이 자신들에게 신속하게 해 주길 원한다. 말도 빠르게 하고 목소리도 큰 경향이 있다.	신속하게 서비스하라. 그들과 공감하라. 신경을 곤두세우고 신속하게 행동하라. 다른 대안을 제시해도 좋다.

[출처 : Carl L. Bryant, Travel Selling Skills, South-Western Pub., 1992, p.57.]

(4) 고객 서비스 10대 금기사항

'고객서비스(Customers Service for Dummies)'의 저자 Karen Leland와 Keith Bailey는 고객과 접할 때 반드시 피해야 하는 10가지 표현을 제시하였다. 이 표현들은 고객의 화를 돋우기 때문이다. 필자는 이를 '고객 서비스 10대 금기사항'이라 하고 이에 대한 적절한 대안을 제시해 본다.

아래에 금기사항과 대처를 순서대로 명시하였다.

① "저는 모릅니다."

② "아닙니다."

③ "그건 제 소관이 아닙니다."

④ "옳습니다! 이건 정말 심하군요."

⑤ "그건 제 잘못이 아닙니다."

⑥ "제 매니저와 이야기해 보시죠."

⑦ "언제까지 필요하십니까."

⑧ "진정하십시오."

⑨ "저는 지금 바쁩니다."

⑩ "다시 전화 주십시오."

① 저는 모릅니다. → 제가 알아보겠습니다.

"저는 모릅니다"라는 표현을 고객들은 "저는 당신이 원하는 정보를 갖고 있지 않습니다. 그리고 저는 그걸 알아보기 위해 노력할 생각도 없습니다"라고 받아들인다. 고객에게 "제가 알아보겠습니다."라고 대답해야 한다.

② 아닙니다. → 제가 할 수 있는 일은~.

고객의 요구에 불가피하게 '아니요'라고 말해야만 할 때가 있다. 아무런 대안이나 선택을 제시하지 않은 '아니요'는 고객을 화나게 한다. "제가 할 수 있는 일은~"과 같은 말을 시작한다면, 고객은 서비스 제공자가 상황을 해결하려는 자세가 있음을 알게 된다.

③ 그건 제 소관이 아닙니다.

→ 이 일에서 손님을 도와 줄 수 있는 사람은~.

고객으로부터 무언가 요구를 받았지만 서비스 제공자가 그 일을 이행할 권한이나 지식을 갖고 있지 못한 경우, 기꺼이 중개인이 되어 그 문제의 해결을 지원할 만한 사람이나 부서로 고객을 안내해 준다.

④ 옳습니다! 이건 정말 심하군요.

→ 손님의 실망감을 충분히 이해합니다.

고객이 다른 직원이나 부서에서 한 일에 대해 불쾌감을 표시하는 경우, 그 말에 동조하여 문제를 악화시켜서는 안된다. "당신이 옳습니다. 이건 정말 심하군요."라는 투의 말을 하면서 동조하는 대신, "얼마나 실망했는지 충분히 이해하겠습니다."라는 식의 감정을 이해하는 표현을 사용한다. 감정의 이해는 고객의 주장에 대한 여부와 관계없이 염려와 관심을 표시하는 것이다.

⑤ 그건 제 잘못이 아닙니다.

→ 이 문제를 어떻게 처리해야 할지 연구해 봅시다.

화가 난 고객이 문제가 발생한 데 대해 서비스 제공자를 비난하려는 것처럼 보이는 경우, 자연스런 대응은 방어적이 되는 것이다. 따라서 "그건 제 잘못이 아닙니다."라는 말이 혀끝에서 맴돌고 있을 때면, 잠시 숨을 멈추고 이해하는 마음자세로 "이 문제를 어떻게 처리할 수 있을지 연구해 봅시다."라고 말해야 한다.

⑥ 제 매니저와 이야기해 보시죠. → 제가 도와드릴 수 있습니다.

고객들은 회사의 정책이나 절차에서 벗어나 있는 무언가를 요구하곤 한다. 이런 경우에는 빨리 자신의 매니저에게 인계하고 싶은 충동이 생긴다. 그러나 먼저 서비스 제공자가 고객을 위해 무엇을 할 수 있는지에 초점을 맞추어야 한다. "제가 도와드릴 수 있습니다."라고 표현하면 고객의 눈에 좋게 비치게 된다.

⑦ 언제까지 필요하십니까? → 최선을 다하겠습니다.

고객이 불합리하고 제공하기 어려운 무언가를 요구하는 경우, 서비스 제공자의 반응은 대체로 불쾌함일 것이다. 종종 서비스 제공자는 고객의 요구를 통제할 수 없는 경우도 있다. 최선책은 부정적인 판단을 보류해 놓은 다음 그 요구들을 이해하기 위해 최선을 다하는 일이다. 고객에게 최선을 다하고 있음을 알릴 필요가 있다.

⑧ 진정하십시오. → 죄송합니다.

고객이 당황하거나 화를 낼 때, 혹은 실망을 하거나 걱정하고 있을 때, "진정하십시오"라고 말하는 것은 고객의 감정은 별로 문제가 되지 않는다고 이야기하는 것이나 마찬가지다. 고객을 진정시키려면 사과를 하라. 서비스 제공자의 사과는 자신에 대한 자신감에서 나올 수 있다. 사과하는 것을 비굴함 또는 자존심이 상하는 것으로 여기는 사람은 진정한 프로가 아니다.

⑨ 저는 지금 바쁩니다. → 잠깐만 기다리시면 됩니다.

서비스 제공자가 다른 고객에게 서비스를 제공하고 있는 중에 다른 고객이 다가와서 필요한 요구를 하는 경우가 많다. 이때 "저는 지금 바쁩니다"라고 말하면 고객은 "왜 바쁜 저를 괴롭히십니까?"라고 이해할 수 있다. 혹은 "왜 하필이면 이처럼 바쁜 와중에 바쁜 제게 접근하십니까?"라고 오해하기 쉽다. 따라서 유능한 서비스 제공자는 "잠깐만 기다리시면 됩니다."라고 말하면서 여유있게 넘어갈 수 있다. 고객은 이 바쁜 상황에서도 자신에게도 관심을 갖고 있음을 깨닫게 된다.

⑩ 다시 전화 주십시오. → 제가 다시 전화를 드리겠습니다.

일부 고객들의 요구사항을 조사하고 연구할 시간이 필요하거나 시간이 경과한 후에 더 자세한 대화를 해야 하는 경우도 많다. 이런 경우 고객에게 전화번호를 주면서 다시 전화를 하고 요구하기보다 고객의 전화번호를 물어 자신이 전화하겠다고 하는 편이 바람직하다. 따라서 "다시 전화 주십시오"가 아니라 "제가 다시 전화 드리겠습니다"가 정답이다.

"고객이 원하는 것은 상품(product)도 서비스(service)도 아니다. 단지 만족(satisfaction)을 원할 뿐이다." —S.S. Park

(5) 고객의 마음을 움직이는 대화 요령

고객의 말을 청취하라.

고객의 얘기에 흥미를 보이면서, 질문 · 동의 · 감탄하면 고객은 본심을 털어 놓는다.

경어의 사용에는 특히 조심한다.

특히 고객을 직접 대하는 근무자는 다음 사항을 주의하여야 한다.

① 고객과 고객간의 대화에 끼어들지 말 것

② 항상 미소 짓는 표정, 밝은 표정으로 근무할 것

③ 혹시 고객이 질문을 하거나 말을 걸어올 때는 성의있고 정중한 태도로 임할 것

④ 근무자는 상대해야 할 고객이 다수이기 때문에 어느 특정 고객에게 치우치지 않도록 할 것

(6) 고객 불만 처리, 왜 중요한가

외식업체 직원도 인간인 이상, 아무리 주의를 해도 실수하는 일이 있다. 또 고객을 위한 행동이 반대로 고객 마음에 들지 않는 경우도 있다. 이런 경우에 가장 중요한 것이 당사자 또는 점장의 태도와 처리 방법이다. 인간의 심리 상태는 곧 표정이나 태도로 나타난다. 입으로는 '죄송합니다.'라고 하면서 속으로는 '건방진 자식'이라고 생각하고 있으면 상대는 알아차리게 된다. '손님 목소리는 신의 목소리'라고 생각하고 자신을 위하여, 그리고 점포를 위하여, 성의있는 태도로 임해야만 한다. 또한 점포의 신뢰감을 되살리고 고정고객을 만들기 위한 중요한 기회임을 잘 이해하는 것이 필요하다.

손님의 불만처리는 고정고객을 만들기 위한 중요한 기회이기도 하다.

① **클레임이란 무엇인가** : 클레임은 '불만족표시'로 정의할 수 있다. 클레임은 고객이 우리의 상품이나 서비스에 부정적인 시각을 갖고 있음을 말해주는 것이다.

② **클레임을 제기하는 이유** : 어떤 클레임은 무리한 것일 수도 있고 부당할 수도 있고 과장된 것일 수도 있다. 그렇다고 제기된 클레임을 무시하고 넘어갈 수는 없다.

③ **왜 클레임이 중요한가** : 한명의 고객에게서 불만 사항을 들었다면 같은 불만을 가지고 있지만 우리에게 말하지 않은 고객이 10명은 더 있다고 할 수 있다. 고객 불만을 빨리 신속하게 찾아내 해결해야 한다. 불만이 있었지만 잘 처리했을 때 최고의 단골고객이 되는 것이다.

Key Point DO!

고객불만 3가지 핵심포인트

문제점을 찾는다. 언짢은 경험을 한 모든 고객이 클레임을 건다고 생각하면 안 된다.
⇒ 문제점을 찾는다.

즉시 대응한다. 나쁜 소문은 빨리 퍼진다.
⇒ 문제점을 해결할 행동을 재빨리 취한다.

클레임은 또 다른 기회다. 클레임을 잘 처리하면 단골고객으로 바꿀 수 있다.
⇒ 클레임은 또 다른 기회다.

Key Point DO!

클레임 고객을 화나게 하는 9가지 잘못

① 크게 웃는다.
② 클레임을 하는 사람을 기다리게 한다.
③ 클레임이 대수롭지 않다는 인상을 준다.
④ 우스갯 소리를 한다.
⑤ 책임을 미룬다.
⑥ 클레임하는 사람을 계속 서 있도록 한다.
⑦ 목소리를 높인다.
⑧ 중간에 나서서 말을 끊는다.
⑨ 다른 고객들 앞에서 시끄러운 소리를 내도록 방치한다.

(7) 불만처리의 단계와 원칙

직원의 실수이거나 혹은 손님의 착각이든지 메뉴나 서비스 기타 식사하는 전 단계에 걸쳐서 야기되는 불만은 점포 매출에 치명타가 될 수 있으므로 어떠한 방식으로든 제대로 처리를 해야 한다. 그러기 위해서는 다음에 제시하는 불만 처리의 단계와 원칙을 지켜야 한다. 고객의 불만을 가장 잘 처리할 수 있는 방법을 알아보자.

표 4-4 각 처리단계의 의미

처리단계	핵심사항
즉시 사과한다.	적당한 수준의 사과의 말 '죄송합니다', '대단히 죄송합니다', '정말 죄송합니다'
세부사항 파악	적극적으로 경청한다. 질문한다. 메모한다.
사실과 느낌을 요약 정리한다.	다시 반복한다. 고객의 느낌을 먼저 파악한다.
조치사항 합의	대안을 제안한다. 슬쩍 넘어가지 않는다. 확실치 않으면 '어떻게 해드리면 되겠습니까?'라고 묻는다.
재빨리 처리한다.	조치사항 처리가 시간이 걸리면 고객에게 알린다.
후속조치	고객과 동료와 함께 결과를 확인한다. 다른 사람들에게도 조심하도록 알린다. 필요하다면 도움을 요청한다.

(8) 고객불만처리 10대 원칙

① 적극적으로 접수한다. 그리고 다음의 개선을 위해 정보로 수집한다.

② 충고로 생각하고 감사히 여긴다.

③ 고객 입장에서 성의를 다해 신속히 처리한다.

④ 최초 응대를 중요시한다. 특히 언어사용에 유의하여 우선 솔직히 사과한다.

⑤ 보고를 잊지 않는다. 불만처리 보고서나 구두로 보고한다.

⑥ 끝까지 바르게 듣고 충분한 설명을 한다. 얼버무리지 말고, 말다툼 하지 않는다.

⑦ 손님의 당점에 대한 관심, 기대에 감사한다. 재 내방고객으로 연결된다.

⑧ 반품, 교환, 다시 제공하기는 기분 좋게 한다.

⑨ 변명, 속임수는 하지 않는다.

⑩ 관리소홀로 인한 실수를 없앤다.

Claim  불만처리의 4단계

01 접수	손님을 차별하지 않고 적극적으로
02 당면의 처리	반품, 다시 만들어 내기, 사죄, 돈을 돌려줌
03 장기적 처리	본부 보고, 조사, 검사, 대책
04 실시, 효과 체크	대응 사례를 모아서 나중에 응용하도록 한다. 케이스 스터디의 사례로서 개선이 전 점에 걸친 경우는 즉시 개선 명령을, 개선이 그 점포만인 경우는 재확인 체크를 한다.

(9) 누가 불만처리를 담당하는가

① 인계의 요령

'죄송합니다. 저희는 대답해 드릴 수가 없으므로 책임자(점장)를 데리고 오겠습니다. 잠시만 기다려 주십시오.'를 다른 종업원(파트 아르바이트)에게도 철저히 교육시킨다.

불만처리를 그 자리에서 즉시 할 수 없고 시간을 요하는 경우에는 손님의 주소, 성명, 전화번호를 물어, 사후에 신속하게 전화 후 방문해서 설명한다. 시간이 요구되는 경우는 그 이유를 알려서 이해를 얻는다. 고객 불만을 전화상으로 처리할 땐 불만 내용을 잘 듣고 반드시 메모한다. 이때 불만 내용과 고객의 주소 · 성명 · 전화번호 등을 철저히 확인한다. 문서를 통해 접수된 불만을 처리할 땐 점장 명의나 본부 명의로 된 문서로 회답한 후 고객을 방문하거나 전화로 처리한다.

모든 불만은 점포의 불만처리 보고서에 기입하고 반드시 본부의 확인을 받아야 한다.

② 불만처리의 순서

[사례 1] 주문을 잘못 받은 경우(점포 측의 실수인 경우)

접수자(클레임 시)	점장의 처리	주의사항
"대단히 죄송합니다. ○○○이시죠. 곧 바꿔드리겠습니다" 라 하고 점장에게 보고	곧 요점을 조리장에게 전하고, 최우선적으로 그 주문을 만들도록 지시. ↓ "대단히 실례하였습니다. ○○○를 다시 만들고 있으니까 2, 3분 정도 기다려 주십시오"라고 전한다. ↓ 만들어진 음식을 스스로 손님 테이블에 가져가서 "많이 기다리셨습니다. 앞으로는 주의하도록 하겠습니다"	• 우선 사과한다. • 전표를 확인한다. • 신속히 상품을 거둔다. • 완성시간을 조리장에게 묻는다 • 손님에게 중간보고를 잊지 않도록 한다. • 다시 사과한다.

[사례 2] 주문을 잘못 받은 경우(손님 측의 착각인 경우)

접수자(클레임 시)	점장의 처리	주의사항
"대단히 죄송합니다. 실례했습니다. 주문 ○○○이 아니셨습니까?" 부드럽게 묻는다. 전표 확인 후 점장에게 보고	조리장에게 그 내용을 전하고 다시 만들게 한다. 어디까지나 점포의 실수인 것처럼 사과한다.	• 우선 사과한다. • 전표를 확인한다. (손님과는 언쟁을 하지 않는다. 손님은 항상 옳다는 정신으로 대한다) • 손님에게 중간보고를 잊지 않도록 하고 다시 사과한다.

③ 기타

• 금전 전달의 실수, 금전등록기 조작의 실수

(그 장소의) 대기석에서 잠시 기다리게 하고 금전등록기 금액과 조회한 후에 대응한다. (전화로의 문의) 일자, 시간, 인원수, 테이블번호, 주문한 상품을 물어서 확인한 다음에 전표 조회 후 연락해서 내용을 전한다.

(※ 금전등록기 착오로 현금을 많이 받았다고 판명되면 곧 되돌려 준다.
손님이 계신 곳을 방문한다. 사과의 표시로 선물권이나 포장된 선물 등을 함께 가져간다.)

• 접객 태도가 나쁘다고 손님이 말한 경우

'정말 죄송합니다. 종업원에게 항상 손님 응대에 실수가 없도록 지도하고 있습니다만, 철저하게 실행되지 못하여 폐를 끼쳤습니다. 앞으로는 지적하신 부분을 교육 사례로 다시 교육에 힘쓰겠습니다.'라고 깊이 사죄한다.

처리가 끝났으면 '화가 도리어 복이 된다.' 그러나 같은 실수 두 번은 용서받지 못한다. 다음에 같은 문제가 없도록 근본적인 대책을 세운다.

(※ 불만고객은 타 고객에 비해 우리 점포에 많은 애정을 갖고 있으므로 적극적인 대화로 단골고객, 즉 충성고객으로 만들어야 한다.)

Check Point

이것이 고객을 편안하게 한다

(1) 잘못하지 않은 경우에도 고객이 불만을 표할 때가 있다. 불만을 만나는 것은 기분 좋은 일은 아니다. 그러나 고객이 업소에 다시 오도록 친절히 불만을 해소시켜 준다.

(2) 손님의 불만에 대응할 때의 마음가짐은

① 손님에게 변명하거나 불평하지 않는다.

② 말하는 것을 끝까지 주의깊게 성실한 태도로 듣는다.

③ 일단 처리를 한 후에 신속히 점장에게 어느 손님이 어떤 불만을 말했는지 구체적으로 보고한다.

이런 때는 어떻게 할까?

(1) **실수로 상품을 잘못 제공한 경우**

"정말 죄송합니다. 곧 새로 만들어 드릴테니 잠시만 기다려 주세요."라고 한다. 필요 없다고 하면 "대단히 죄송하게 됐습니다."라고 한다. 전표에 선을 긋고 담당자가 사인을 한다.

(2) **이물질이 들어간 경우(머리카락, 벌레, 휴지)**

"정말 죄송합니다. 충분히 주의하여 조리하고 있으나, 큰 실수를 했습니다." "새로 만들어 드릴테니 잠시 시간을 주십시오." 필요없다고 할 경우에는 전표에 선을 긋고 담당자가 사인을 한다.

(3) **먹고 있을 때** : "바꿔 드릴테니 잠시만 기다려 주십시오."

다 먹었을 때 : "계산에서 빼 드릴테니 양해해 주세요."

"실례했습니다."

※ 조처 후에 점장이 반드시 사과할 것

5. 기본이 되는 7대 서비스 행동 수칙

① 미 소

고객과 마주치면 항상 미소짓는다.

② 인 사

고객과 마주칠 때마다 인사를 한다.

③ 고객 집중과 응대

항상 고객에게 주의를 집중하고 적극적으로 응대한다.

④ 용모와 복장

항상 바른 용모와 복장을 유지한다.

⑤ 전화 응대

고객에게 호감과 만족을 줄 수 있는 전화 응대를 한다.

⑥ 상품 지식

서비스와 관련된 상품 지식을 완벽하게 숙지한다.

⑦ 불만(complaints) 처리

고객의 불만은 적극적이고 신속하게 해결한다.

(1) 고객과 마주치면 항상 미소 짓는다.

① 고객은 누구나 환영받고 있다는 느낌을 원한다.

② 서비스가 전체적으로 딱딱하고 성의가 없다는 평가를 받는 것은 바로 직원들의 미소가 부족하기 때문이다.

③ 표정이 살아 있지 않으면 아무리 좋은 서비스를 제공해도 고객은 인정하지 않는다.

④ 서비스는 미소로 시작해서 미소로 끝난다.

훌륭한 미소를 위한 준비사항 *Check Point*

(1) 자기관리

① 미소는 직원 개개인의 자기관리에서 시작된다.

② 아래와 같은 자기관리 방법을 사용해 보자.

- 여유를 가져라.
- 거울을 보고 웃는 연습을 하라.
- 자신의 일을 늘 새로운 일이라고 생각하라.
- 고객을 내 가족이라고 생각하라.
- 이왕 할 일이면 '잘해 보자.'라고 생각하라.
- 즐거웠던 일만을 생각하라.
- 근무 전날 과음하거나 무리하지 말라.
- 웃지 않을 때의 딱딱한 나의 모습을 떠올려 보라.
- '내가 제일 잘 한다.'라고 생각하라.
- 어려울 때일수록 '나는 프로 서비스맨이다.'라는 자기암시를 수시로 하라.

(2) 사전 준비운동

효과적인 미소를 연출하기 위해서는 사전운동이 필요하다.

① 눈 썹

- 찡그린 표정의 눈썹을 만들어 본다.
- 웃을 때 표정을 만들어 본다.
- 손가락을 수평으로 눈썹에 닿을까 말까 할 정도로 "—"자로 대고 눈썹만 상하로 올렸다 내렸다 해 본다.

② 눈과 눈두덩

- 조용히 눈을 감고 마음을 안정시킨다.
- 반짝 눈을 뜨고 오른쪽－왼쪽－위－아래로 굴린다.
- 이상의 행동을 2~3회 반복 실시해 본다.

• 눈두덩에 힘을 주어 꼭 감는다.

• 깜짝 놀란 표정으로 눈과 눈두덩을 올린다.

• 곤란할 때의 표정으로 미간에 힘을 준다.

[윙크]

오른쪽 눈을 약간 강한 듯이 감는다.
왼쪽 눈도 약간 강한 듯이 감는다.
좌우측 똑같이 할 수 있을 때까지 반복한다.

③ 코

• 좋지 않은 냄새를 맡는 것처럼 코를 찡그린다.

• 아주 좋은 냄새를 맡는 것처럼 콧방울을 부풀린다.

④ 입과 뺨

• 발음을 겸하여 "아-에-이-오-우-으-이"하고 크게 입을 벌린다.

• 입가를 옆으로 최대한 당기고 입술을 뾰족하게 내미는 것을 반복한다.

• 입을 다물고 뺨을 부풀린 채 입을 좌, 우, 아래로 반복적으로 움직인다.

⑤ 턱

• 입을 벌려서 아래턱을 좌우로 움직인다.

⑥ 웃는 얼굴

• '위스키~' 하고 입모양을 끝까지 '키~'하는 모습을 유지한다.

• '키~'하여 15초간 유지한다(15초, 30초, 1분 등으로 시간을 늘려서 반복 실시한다).

⑦ 주의사항

• 이 표정 연습을 과장되게 반복 연습해 본다.

• 아침에 거울을 보면서, 근무시간 전이나, 긴장이 될 때 훈련을 하게 되면 얼굴 근육이 풀어지고 표정이 풍부해져서 미소짓기가 쉬워진다.

• 개장 전 체크 사항(Opening Check)으로 적극 활용한다.

⑧ **표정과 스마일** : 우리의 얼굴은 나만의 것인가?

- 나의 표정이 타인에게 다양한 심리적 변화를 준다.
- 미국 아이다호주 포카테로시에서는 "남을 불쾌하게 하는 표정을 하고 있는 사람은 즉각 체포한다"라는 구호는 남을 불쾌하게 하는 표정은 일종의 공해라는 개념에서 기인했다.
- 프랑스 어머니들의 가르침 "너의 얼굴은 너를 위한 게 아니야, 주위 사람들을 행복하게 하기 위한 것이야."를 상기하자.
- 타인에게 플러스(+) 심리를 줄 수 있는 표정 만들기를 해 보자.

(3) 효과적인 미소연출

① 서비스의 첫 출발은 미소에 있다.

② 고객과의 첫 대면이 중요하다.

③ 당신의 첫인상은 많은 기회를 만든다.

④ 얼굴 표정관리는 밝고 자연스럽게 하며, 때와 장소에 맞게 알맞은 미소를 띠어 고객에게 좋은 이미지를 심어주도록 한다.

⑤ 프로 서비스맨은 자신의 마음이 그대로 얼굴에 나타나는 것이 아니라 미소를 통해 자신의 마음을 컨트롤한다.

(4) 얼굴의 표정

① 얼굴 전체를 부드럽고 온화하게 갖는다. 명랑한 얼굴 표정은 상대방에게 즐거움과 행복감을 준다.

② 얼굴의 근육을 긴장시키거나 찡그리지 않는다.

③ 턱을 자연스럽고 반듯하게 한다. 일부러 턱을 끌어들이면 의도적인 표정이 되어 꾸밈이 있어 보인다.

④ 조작된 억지 표정을 짓지 않는다. 자연스럽게 미소띤 표정을 유지한다.

⑤ 경우에 맞는 표정을 짓는다. 고객의 상황에 따라 같이 걱정하거나 기뻐할 줄 알아야 한다.

⑥ 갑작스럽게 표정을 바꾸지 않는다.

호감가는 미소 짓기 *Check Point*

① 웃는 얼굴의 입가 '위스키'
② 눈동자가 빛나는 미소
③ '마음의 창'을 열고 상대의 매력을
④ '웃는 얼굴 릴레이'
⑤ 웃는 얼굴은 '리더의 조건'

• 이런 인상으로 음식장사를 한다면 고객이 도망갈 것이다. 한번 뒤집어 보자

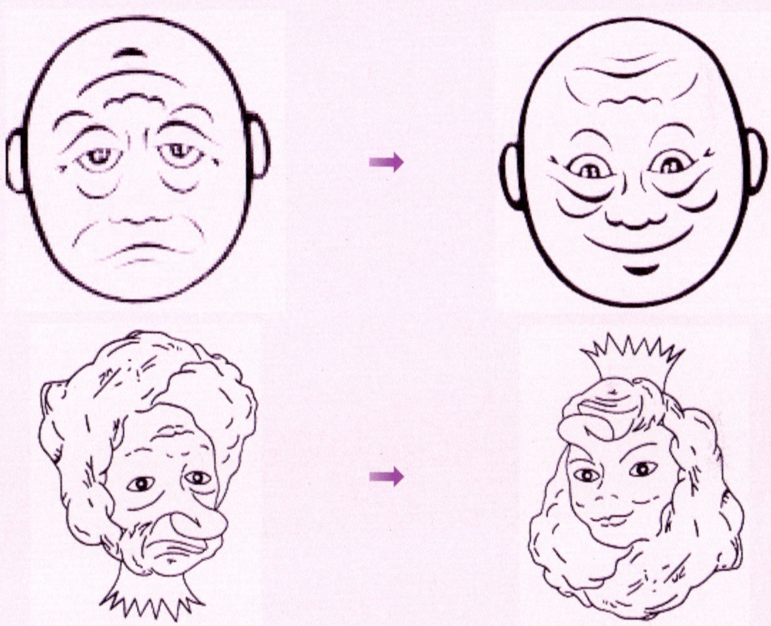

※ 전 아웃백 스테이크하우스 유진상 님의 강의자료

(5) 눈의 표정

① 눈은 마음의 창이라고 한다. 맑고 밝은 생각을 가졌을 때는 표정도 맑고 밝아진다. 눈을 자주 깜빡이는 버릇, 안구를 데굴데굴 굴리는 것은 상대방을 불안하게 만든다.

② 상대방을 아래위로 훑어보는 것은 불쾌감을 준다. 또 눈을 힐끔거리거나 슬쩍슬쩍 쳐다보는 것은 보기에 좋지 않다. 눈을 흘기거나 곁눈질하면 더욱 보기 흉하다.

③ 곱게 뜬, 단정한 시선을 갖는다.

④ 얼굴색으로 가슴 속을 보이고 눈빛으로 말을 한다. 다정한 표정과 진지하고 그윽한 눈빛이 고객을 즐겁게 한다.

⑤ 눈썹을 위로 올리면 눈꺼풀이 기분 좋게 떠지면서 마음이 열리게 된다.

(6) 입의 표정

① 입은 조용히 다물되 힘주지 않는다. 입가에 힘을 주면 아주 찬 인상을 풍기고 입을 '헤-'하고 벌리고 있으면 허술하게 보인다.

② 입모양은 항상 위스키를 발음했을 때 그려지는 입모양을 그대로 유지하면서 아래위 입술을 서로 붙이면 온화한 표정이 된다.

Check Point

표정

① 웃으면서 손이 입을 가리고 있지 않는가?
② 하얀 이가 살짝 보이게 웃고 있는가?
③ 몸이 흔들리지 않는가?
④ 바른 자세인가?
⑤ 눈도 같이 환하게 웃고 있는가?

(2) 고객과 마주칠 때마다 인사를 한다.

① 인사 시 허리를 굽히는 인사를 한다.

② 반드시 적절한 인사말을 동반한다.

③ 인사말은 '솔' 음 정도의 밝고 또렷한 목소리로 한다.

④ 고객과 눈을 마주치면서 인사를 한다.

⑤ 앉아서 근무하는 직원도 고객을 환영하고 환송할 때는 반드시 서서 인사한 다음 앉아서 업무처리를 한다.

⑥ 고객이 다가올 때까지 그 자리에 가만히 서 있지 말고 고객에게 한두 발 다가서며 인사를 한다.

⑦ 인사 시 반드시 미소를 동반한다.

바른 인사말

상황	올바른 예	태도
고객을 맞이할 때	"안녕하십니까?" "어서오십시오."	• 바른 자세로 45° 정도의 정중하고 예의 바른 인사 • 밝고 명랑한 말투로 인사하며 끝을 약간 올린다. • 앉아서 근무하는 경우는 자리에서 일어나 인사한다.
전송할 때	"감사합니다" "안녕히 가십시오."	위와 같음
머뭇거리는 고객에게	"안녕하십니까? 무엇을 도와드릴까요?"	
손님을 기다리게 할 때	"죄송합니다. 잠시만 기다려 주십시오."	
사과할 때	"죄송합니다. 저의 실수였습니다"	45° 정도의 정중하고 예의바른 인사
손님을 기다리게 했을 경우	"오래 기다리게 해서 죄송합니다"	
대답할 때	"네, 그렇습니다." "네, 잘 알겠습니다." "네, 감사합니다."	
반복해서 물을 때	"죄송합니다만 다시 한번 말씀해 주시겠습니까?"	
거절할 경우	"대단히 죄송합니다만..."	
안내할 때	"이쪽으로 오십시오." "제가 안내해드리겠습니다."	

Check Point

서비스업 종사자의 지혜

- 항상 정형화된 인사에 고객은 별다른 감흥을 느끼지 않는다. 계절이나 날씨, 고객의 패션이나 화장 등 다양한 소재를 가지고 항상 나만의 색다른 인사말을 계발하는 것은 어떨까?
- 인사는 반드시 허리를 45°나 30°로 굽혀야만 정중함을 나타내는 것은 아니다. 미소를 잃지 않으며 가볍게 목례하는 것도 형식적인 인사보다 더욱 더 고객을 만족시킨다. 다른 것은 다 잊어버려도 미소는 절대 잊지 말자.
- 환영인사도 중요하지만 환송인사는 더욱 중요하다.
  환영할 때 100을 표현했다면 환송할 때는 200, 아니 그 이상을 표현하자.
  한 걸음 더 인사의 요령과 적절한 응대어를 익히면 더더욱 정성스러운 인사가 된다.

고객에게 호감을 주는 인사 요령

① 가능한 한 고객에게 한두 발 다가서며 인사를 한다(친근감과 환영의 표시).

② 고객과 먼저 눈인사를 한 후 인사한다(관심의 표시).

③ 인사말은 '솔' 음으로 경쾌하게 발음한다(상냥함의 표시).

④ 인사 시 정지자세를 꼭 갖는다(정중함의 표시).

⑤ 환영보다 환송인사가 더욱 중요하며 정중한 환송인사로써 서비스의 마무리를 짓는다.

우리 점포만의 접객용어 7가지

① "안녕하십니까?"

② "실례합니다"

③ "감사합니다"

④ "네, 잘 알겠습니다"

⑤ "잠시만 기다려 주십시오"

⑥ "죄송합니다"

⑦ "안녕히 가십시오"

인사 시의 마음가짐과 행동

① 인사 하나로 회사의 사활이 결정될 수 있다. 언제, 어느 때, 어디서 고객이 보는지 모르기 때문에 인사 후 항상 정중한 자세를 유지한다.

② 차별을 둔 인사는 많은 고객을 잃는다. 누구나가 회사의 대표자라는 생각으로 응대하며, 고객을 차별하지 말고, 특히 외모를 가지고 고객을 평가하지 않는다.

③ 웃는 얼굴을 잊지 말아야 한다. 인사를 할 때는 말이나 태도 외에도 얼굴 표정이 중요하다는 사실을 꼭 기억한다.

④ 응대어를 생략하지 않는다. 적극적인 응대어를 사용할 수 없는 상황이라도 최소한 기본 접객용어는 반드시 사용한다. 또한 응대어를 흐리지 말고 끝까지 단정하게 말하는 습관을 가진다.

⑤ 지나치게 정중하면 헛인사가 될 수 있다. 가식적인 정중한 인사는 고객에게 통하지 않는다. 기본은 지키되 친근감 있는 인사를 한다.

⑥ T.P.O(Time, Place, Occasion)에 따라 적절한 인사를 해야 한다.

⑦ 마음이 담겨져 있는 인사를 해야 한다. 인사기술이 익숙해져 습관이 되면 상대에게 기계처럼 보여서 차가운 인상을 준다.

⑧ 유종의 미를 거두는 인사를 한다. 환영보다 환송인사에 더욱 더 비중을 두어 지속적으로 점포를 찾을 수 있는 고객을 만든다. 1회성 고객은 절대 없다. 비록 고객 본인이 찾지 않더라도 항상 고객은 다른 고객에게 이야기한다는 사실을 염두에 둔다.

(3) 항상 고객에게 주의를 집중하고 적극적으로 응대한다

① 고객의 요청사항이나 문의사항이 있을 때에는 "아, 네. 그러십니까?" 등으로 일단 고객의 말을 받고 최선을 다하여 적극적으로 신속하게 해결해 주려는 모습을 보인다.

② “안 됩니다.”, “모릅니다.”, “없습니다.”라는 부정적인 말을 사용하지 말고 “한번 확인해 보겠습니다.”, “다시 한번 알아보겠습니다.”라고 대답한다.

③ 고객의 문의 내용이 자신의 업무와 직접적인 관계가 없어도 확인하여 알려 드리거나 담당자를 정확하게 연결시켜 준다.

④ 고객을 기다리게 할 경우에는 반드시 양해의 말을 구하고 기다려야 할 시간이 어느 정도인지 정확하게 알려 준다.

⑤ 고객과의 대화 시 전문용어 사용을 가급적 자제한다.

⑥ 고객의 말을 중간에서 끊지 않고 경청한다.

⑦ 고객이 대화하고 있을 경우 적절한 상황을 기다렸다가 서비스하거나 말을 건넨다.

⑧ 고객과 대화 시 “~요.”로 끝나는 사적인 대화법을 사용하지 말고 “~까”, “~다.”로 끝나는 접객용어를 사용한다.

⑨ 바로 해야 할 일은 “기다리십시오.”, “잠깐만요.”라는 말을 사용하지 말고 “네, 바로 해 드리겠습니다.”, “네 알겠습니다.”라고 말한다.

⑩ 외국인과의 대화 시에는 반드시 “Sir/Ma’am”을 붙여 존칭을 표한다.

⑪ 인원 확인 시에는 “몇 명이십니까?”가 아니고 “몇 분이십니까?”라고 한다.

⑫ 현금 수수시에는 반드시 “○○○원 받았습니다.”, “나머지 잔돈 ○○○원입니다.”라고 말한다.

⑬ 계산(billing) 시에는 반드시 “맛있게 드셨습니까?”, “즐거운 시간 되셨습니까?” 등 적절한 인사말을 먼저 드린다.

⑭ 계산(billing) 시나 나가는 경우(check out)에 처리가 늦어져 고객을 기다리게 했을 경우에는 정중히 미소 띤 얼굴로 “늦어져서 죄송합니다.”라고 한다.

⑮ 영수증을 드릴 때에는 고객을 보면서 “이용해 주셔서 감사합니다.”라고 인사한다.

⑯ 고객 앞에서 직원 간에 반말이나 사적인 호칭(언니, 오빠 등)을 삼가한다.

⑰ 예약 확인 시에 “예약하셨어요?”라고 말하면 예약을 안 했을 경우 불이익

이 있다는 뉘앙스로 고객이 느낄 수 있으므로 반드시 정중하게 “혹시 예약하셨습니까.?”라고 말한다.

⑱ 업장 내에서나 공공지역에서는 절도 있고 빠른 보행을 하여 활기찬 모습을 고객에게 보여 준다.

⑲ 좁은 통로에서 고객과 마주칠 때는 목례와 함께 사선으로 걷는다.

⑳ 고객과 물건(영수증, 거스름돈, 객실 키 등) 수수 시는 항상 두 손으로 수수한다.

㉑ 방향지시 시 손가락이나 볼펜을 사용하지 말고 반드시 손바닥 전체를 펴서 방향을 가리킨다.

㉒ 음식 서빙 후에는 “맛있게 드십시오.”라고 말한 후 물러난다.

㉓ 식사 시에는 반드시 “치워도 되겠습니까?”라고 확인 후 치운다.

㉔ 고객이 착석한 후 늦어도 30초 이내에 물이나 메뉴판을 가져다 드린다.

㉕ 메뉴를 설명할 때 메뉴판을 손가락이나 볼펜 끝으로 가리키지 말고 손바닥 전체를 사용한다.

㉖ 고객 물잔의 물이 3부 이하가 되어 있어서는 안 된다.

㉗ 재떨이에 담배꽁초가 2개를 넘게 하지 않는다.

㉘ 음식 서빙 시에는 음식명을 정확하게 말하여 고객이 알아들을 수 있도록 한다.

㉙ 음식 서빙 시 기물이 테이블에 부딪쳐 소리가 나지 않도록 한다.

㉚ 주문받을 때에는 테이블이나 의자에 기대지 않는다.

㉛ 고객에 대한 시선이 부족하여 고객이 몇 번씩 종업원을 찾으려고 두리번거리게 하지 않는다.

㉜ 업장 내에서는 직원끼리 모여 있지 말고 분산하여 정 위치에 대기한다.

㉝ 업장 내에서 머리나 얼굴 부분을 손으로 만지지 않는다.

㉞ 근무 중 음식을 먹지 않는다.

㉟ 고객이 식사를 마치고 떠나면 3분 이내에 테이블 정리를 마친다.

Check Point

한걸음 더

(1) 말할 때의 기본예절

① 명령형보다는 의뢰형을 사용한다.
② 부정형은 긍정형으로 바꾸어 표현한다.
③ 밝은 표정, 밝은 음성, 밝은 내용, 밝은 마음으로 말한다.
④ 공손하게 겸양어나 존대어를 사용한다.
⑤ 표준어를 사용한다.
⑥ 간결하고, 쉽고, 정확하게 말한다.
⑦ 시간, 장소, 상황에 따라 적절한 화술을 구사한다.

(2) 들을 때의 기본예절

① 고객의 입장에서 생각하며 듣는다.
② 항상 고객에게 몸과 얼굴을 향하고 개방적이며 바른 자세로 듣는다.
③ 고객에게 적절한 반응(동의, 질문 등)을 표현하면서 경청한다.
④ 고객의 말을 가로채거나 중단시키지 않는다.

Check Point

[사례] 우리 점포의 경우

① 점포의 외관을 접하는 순간
② 점포에 도착 후 주차관리인의 응대
③ 출입문 통과 시 종업원들의 응대
④ 주문을 받기 위해 종업원이 고객과 접촉하는 순간
⑤ 음식이 제공되는 순간
⑥ 계산 시 경리직원의 고객 응대
⑦ 마지막 인사

Check Point

1, 2, 3 기법

본인의 말은 1분만 하고
2분 동안 고객의 이야기를 귀담아 들어주고
3번 맞장구를 친다.

(4) 고객과 대화 시 주의사항

① 고객이 싫어하는 화제는 피한다(특히 종교, 정치, 지역문제 등은 가능한 한 피한다).

② 고객 앞에서 전문용어 사용은 가급적 자제한다.

③ 부정적인 말, 푸념, 짜증 섞인 말은 일절 사용하지 않는다.

④ 고객이 말한 것은 반드시 다시 한번 복창을 하고 잘못 알아들었으면 다시 물어본다.

⑤ 고객의 이름을 알면 꼭 이름(님 또는 직함)을 함께 불러 준다.

⑥ 고객에게 항상 감사의 표현을 한다.

⑦ 혼자 오신 고객의 경우, 대화의 상대가 되어 주되, 경청하는 자세를 견지한다.

⑧ 두 분 이상 오신 고객의 경우는 고객이 질문하지 않으면 대화에 관여하지 않는다.

⑨ 자주 오시는 고객이라도 동행이 있을 경우 대화는 신중하게 한다.

6. 상황별 고객 서비스 자세

(1) 선 자세

남성

① 발은 허리 넓이만큼 벌리거나 V자로 모은다.

② 어깨의 힘을 빼고 팔을 자연스럽게 내린다.

③ 손은 왼손으로 오른손을 덮어서 가볍게 단전 위에 놓는다.

여성

① 발은 V자로 모은다.

② 어깨의 힘을 빼고 팔을 자연스럽게 내린다.

③ 손은 오른손으로 왼손을 덮어서 가볍게 단전 위에 놓는다.

(2) 앉는 자세

① 의자에 깊숙이 앉은 채 상체를 곧게 한다.

② 등받이에 등을 기대지 않으며 책상과 몸 사이는 적당히 떼고 두 팔을 책상 위에 올려 놓는다.

③ 영업장에 근무하는 사람은 의자에 반만 걸쳐 앉아서 언제든지 일어설 수 있게 한다.

(3) 물건을 주고 받는 방법

① 반드시 양손을 사용한다.

② 고객은 손만 내밀어서 받거나, 줄 수 있도록 고객에게 다가선다.

③ 자세는 상체를 약간 기울이고 물건의 위치는 가슴 부근에서 주고 받는다.

④ 물건의 종류에 따라 상대가 보기 편하고 사용하기 편하게 전달한다.

⑤ 뾰족한 물건은 뾰족한 끝이 자신을 향하게 한다.

⑥ 물건을 건넬 시에는 "여기 있습니다.", 받을 때에는 "네, 고맙습니다."라고 말한다.

(4) 기록을 부탁할 때

① 손을 모아 손 전체로 기록할 곳을 가리킨다.

② 고객이 기록하는 손놀림에 시선을 두지 않는다.

(5) 안내할 때

① 안내 방향을 손 전체로 가리키고 시선이나 상체는 안내방향을 향한다.

② 고객을 직접 안내할 경우에는 고객의 좌측에서 약 2보 정도 앞서 간다.

(6) 고객 서비스 시 기본 태도

① 항상 고객에게 집중한다.

② 고객 응대 시에는 항상 정확한 응대어를 사용한다.

③ 바쁠 때일수록 더욱 침착하게 서비스한다.

④ 고객의 요구나 문의 사항, 불편 사항은 직원이 가능한 모두 해결한다는 자세를 가진다.

⑤ 작은 동작이나 언어에도 세심한 주의를 기울인다.

Check Point

이런 표현은 절대 삼갑시다.

① 혼잣말로 푸념을 한다. ⇒ "바빠 죽겠는데, 웬 손님이,"
② 격렬한 말투로 이야기한다. ⇒ "사기 싫으면,"
③ 즉시 반대한다. ⇒ "안 됩니다."
④ 자기 비하를 한다. ⇒ "새로 입사하여 아는 것이 없어서,"
⑤ 상대를 의심하는 이야기 ⇒ "저희 호텔을 잘 아시는지요."
⑥ 과장되게 이야기한다. ⇒ "금년에 무려 400%나 신장해서,"
⑦ 자신이 없는 이야기 ⇒ "아마 그럴 것입니다."
⑧ 비꼰다. ⇒ "호텔을 처음 와 보시는가 보군요."
⑨ 장황하게 이야기한다. ⇒ "다시 말하지만,"
⑩ 말참견 ⇒ "그것은 제가 잘 알고 있는데요."
⑪ 정리가 안 된 내용의 이야기를 한다.
⑫ 무표정하게 이야기한다.
⑬ 너무 빠르게 이야기한다.
⑭ 직원들 간에 반말을 사용한다.
⑮ 산만하고 과장된 제스처를 사용한다.

7. 진실한 고객

(1) 진실한 고객(True Customer)이란

① 자신의 식당 선택에 대해 기뻐하며

② 식당에서 자신이 지불한 가격에 합당한 품질과 서비스를 제공받았다고 생각할 뿐만 아니라 그 점을 소중하게 느끼며

③ 그 식당을 향후에도 계속해서 방문하고자 하는 의사를 가지고 있고

④ 주위에 그 식당을 적극 알리는 역할까지 해서

⑤ 타 식당으로 이탈할 것 같지 않은 고객을 말한다.

(2) 진실한 고객, 왜 필요한가

① 진실한 고객은 해당 점포에 많은 돈을 지불하면서 오랫동안 그 식당을 이용해 온 단골고객이다. 또 그들은 식당에 관한 유리한 구전정보를 스스로 확산시키기도 하고, 식당에서의 서비스 가치에 대해 부가된 가격(예 : 식대+service charge)을 기꺼이 지불하고 있기 때문이다.

② 진실한 고객이 많은 식당은 타 식당에 비해 광고 비용이 적게 든다. 잠재고객(뜨내기)에게 자기 식당에 대한 품질과 서비스를 알려야 하는 초기 비용을 지불할 필요가 없기 때문이다. 따라서 진실한 고객은 그 점포에 도움이 될 뿐 아니라 식당의 성패를 좌우하는 고객이라 할 수 있다.

(3) 진실한 고객을 창출하기 위한 기법

공정한 서비스(fair play)

종업원이나 점장이 어느 고객이든지 차별하지 않고 고객의 이야기를 진지하게 귀담아 들으면서 그들의 관심 사항에 대해 예민하게 반응하고, 어떠한 의문사항에 대해서도 이해할 수 있도록 설명해 주며, 그들과의 약속은 반드시 지키는 것을 말한다.

1 : 1 마케팅(one-on-one marketing)

기존고객과의 관계를 유지하기 위해서는 1 : 1의 개별적 관계로 질 높은 서비스를 제공해야 한다. 1 : 1의 마케팅을 위해서는

① 고객이 필요로 할 때 서비스를 받을 수 있도록 종업원이 근접해 있으며

② 고객과 쌍방 커뮤니케이션이 가능해야 하며

③ 고객과의 커뮤니케이션에 의해 나온 정보를 즉각 수용할 수 있는 장치와 구조가 갖추어져 있어야 한다.

서비스의 증대(service augmentation)

일반적으로 다른 식당에서 하고 있는 기본적 서비스에 만족하지 않고 경쟁자가 쉽게 모방(copy)할 수 없는 보다 나은 서비스를 제공함으로써 서비스에서 차별화를 이룩하는 방법이다.

Chapter 5

외식 창업 실무

- 창업 기본 절차
- 창업의 단계별 검토 내용
- 영업허가
- 외식 업소의 점포 구성과 주방 설계
- 상권조사
- 원가관리

5.

외식 창업 실무

1. 창업 기본 절차

창업을 하기 전, 창업 환경은 어떠하고 창업자의 자질과 적성은 어떠한지, 창업 자금의 규모는 얼마로 할 것이며, 어떤 업종(메뉴)으로 사업을 할 것인지, 사업성은 있는지, 인·허가 사항과 회사설립 절차는 어떻게 하는지 등 창업 전반에 대한 절차를 이해해야 창업을 효율적으로 할 수 있다.

이러한 절차를 이해하지 못한 경우에는 창업 기간이 지연되고, 창업 과정에서 엄청난 고생을 하게 된다. 따라서 창업자는 철저한 사업 준비와 더불어 효율적인 창업 과정을 이해하고 숙지하여 성공 창업으로 이끌어야 한다.

일반적인 창업 절차 *Check Point*

창업 환경 검토 → 창업자 적성검사 → 투자 규모 결정 → 아이템(메뉴) 탐색 및 검토 → 사업의 형태결정 → 사업타당성 분석 → 사업계획서 작성 → 인·허가사항 검토 → 개업준비 → 오픈

2. 창업의 단계별 검토 내용

(1) 창업 환경 검토

창업자는 창업을 왜 하는가에 대한 뚜렷한 방향 설정과 창업을 하기에 적합한 여건이 조성되어 있는지, 그리고 창업 및 경영에 대한 이론이 학습되어 있는지를 점검해야 한다. 창업은 마치 자전거를 타고 달리는 것과 같다. 자전거에 올라타면 계속 앞으로 달려야 한다. 달리지 않으면 쓰러지듯 창업도 이와 마찬가지이다.

(2) 창업자 적성검사

'바보는 천재를 이길 수 없고 천재는 노력하는 사람을 이길 수 없으며, 노력하는 사람은 즐기면서 일하는 사람을 이길 수 없다.'는 말은 자기 적성에 맞는 아이템 선택이 성공 창업을 가져온다는 이야기다. '성공적인 창업은 주어지는 것이 아니라 만드는 것이다.'

전문가들은 창업의 성공여부가 개인의 기질과 밀접한 관계가 있다고 말한다. 따라서 창업자는 자신이 사업가 기질이 있는지를 파악할 필요가 있다. 적합한 기질이 창업이나 사업에 있어서 필요 · 충분조건은 아니더라도, 자기의 적성에 맞을 때 자기의 잠재력을 발휘해 나가면서 그 속에서 즐거움을 찾아낼 수 있을 것이다. 그러기 위해서는 우선 나의 적성을 검사할 필요가 있다.

인간의 직업 적성을 탐색하기 위한 방법은 크게 3가지로 나눌 수 있다.

① 능력을 중심으로 측정하는 직업적성검사

② 흥미 중심의 직업적성검사

③ MBTI (성격유형검사)

Check Point

MBTI (Myers-Briggs Type Indicator)

일반인(정상인)들이 개인의 심리적 선호에 관한 문항들에 스스로 응답하게 하여 자신의 검사결과를 통해 성격유형을 분류하는 설문형식의 지필검사로 자신과 타인의 심리적 선호의 차이를 이해하고, 그 차이가 영향을 미치는 삶의 다양한 부문에 대해 효과적으로 이해하고 적응할 수 있도록 돕는 성격 유형 검사이다.

(3) 투자 규모의 결정

창업을 추진하기 위해서는 동원 가능한 자금의 규모와 실제 투자할 자금 규모를 결정하여야 한다. 도소매업이나 서비스업에 비해 제조업이 더 많은 자금을 필요로 한다. 또한 도소매업의 경우에도 취급 상품이나 점포 규모 등에 따라 필요한 자금 규모에는 많은 차이가 있다. 서비스업의 경우에도 서비스업의 종류와 유형에 따라서 적은 자본이 필요한 경우가 있는가 하면 도소매업에 비해 많은 자금이 소요되는 경우도 흔하다.

(4) 아이템 탐색 및 검토

중소기업청에서 창업 실패 사례를 조사한 결과, 1위가 바로 아이템(메뉴) 선정의 잘못이었다. 아이템 선정은 '어떤 제품을 팔 것인가?'라는 실질적인 사업 내용을 결정하는 창업의 가장 중요한 요소이다. 창업을 하려는 사람은 자신의 전공과 적성, 취미, 자금, 능력, 주변 여건 등을 충분히 고려한 후 업종 및 아이템을 선택하여야 한다.

(5) 사업타당성 분석

추진하려는 사업을 체계적으로 점검하여 성공 가능성이 없는 사업은 포기하고 실패 요인을 사전에 제거하여 추후 발생할 손실을 예방하기 위한 분석을 말하며, 신규 사업을 추진할 때 필수적인 작업이다.

중소기업은 물론이고 소규모 개인 사업이라도 사업타당성 분석은 반드시 필요하다. 추진하고자 하는 사업이 객관적이고 체계적이라는 것을 검증하기 위한 것이기 때문에 본인이 할 수 없으면 비용이 들더라도 외부전문가에게 최종 검토를 의뢰하는 것이 바람직하다.

(6) 사업계획서 작성

사업계획서는 추진할 구체적인 사업내용과 세부 일정 계획 등을 기록해 놓은 것으로 창업과정에서 사업에 관련된 제반사항을 담고 있다. 사업계획서는 창업자 자신을 위해서는 사업 성공의 가능성을 높여 주는 동시에 계획적인 창업을 가능케 하며 창업기간을 단축시켜 주고 창업에 도움을 줄 제 3자, 예컨대 출자자, 금융기관, 매입처, 더 나아가 일반고객에 이르기까지 투자의 관심 유도와 설득 자료로 활용도가 매우 높다.

최근 정부에서도 각종 금융기관이나 투자기관들을 통해 중소기업을 위한 금융 · 경영 지원의 폭을 넓히고 있어 이를 이용하는 것도 좋다.

창업을 준비할 때는 반드시 소상공인진흥원(www.seda.or.kr)의 상권정보시스템과 각 지역에 위치한 소상공인지원센터에서 전문가와의 상담을 통해 창업에 대한 컨설팅을 받는 것이 바람직하다.

(7) 인허가 사항 검토

창업자는 창업 전에 추진 사업에 대한 인허가 사항을 꼼꼼히 확인해야 한다. 허가를 받지 않고 사업을 하는 경우 각종 행정규제를 받게 됨은 물론, 법을 어기는 결과를 초래하게 되어 모든 것을 망칠 수 있다.

(8) 개업준비 및 오픈

상기 과정을 거친 후 사업계획서의 추진 일정에 따라 개업을 해야 한다.

① **창업 적성 테스트** : 창업 적성, 업종 적성검사와 상담 등을 통해 창업 결정

② **창업 아이템/규모 결정** : 창업환경, 업종 · 업태 정보, 가용 자금

③ **점포선정** : 입지, 상권 분석을 통해 점포 물색

④ **창업계획수립** : 세부사업계획서 작성, 수익성 분석 등 창업계획 입안

⑤ **상호결정** : 상호, 간판 BI(Brand Identity), 인테리어의 콘셉트

⑥ **원료/자재** : 원료, 자재 공급 채널 방안 결정

⑦ **메뉴/서비스** : 메뉴 개발 및 요리법, 서비스 개발

⑧ **인테리어 내부 장식** : 업체 선정 및 계약, 시공, 검수, 하자 확인

⑨ **주방장/인력채용** : 주방장 등 종업원 채용 및 사전 교육

⑩ **인허가/세무관련 사항** : 인허가 등 관련법규, 세무업무

⑪ **판촉계획** : 개업 전, 개업 시, 개업 이후 광고 및 홍보 계획 수립

⑫ **개업행사/사업자등록** : 개업 이벤트 기획 및 알선

(9) 그밖의 사항

점포 레이아웃 설계

운영하고자 하는 점포 콘셉트, 메뉴 등을 감안하여 설계 포인트를 정하고 기능성, 분위기 등을 고려하여 객석의 넓이, 주방 높이, 입하 장소의 넓이, 창고의 넓이, 사무용 공간의 넓이, 화장실의 넓이, 좌석의 배치, 주방 가구의 배치, 카운터의 배치, 식기 등의 보관 장소 배치 계획 등을 설계한다.

인테리어 디자인

인테리어 디자인은 인간의 활동과 휴식이 쾌적한 상태에서 이루어지도록 공간에 물리적인 요소를 적절하게 배치하는 것을 말하며, 고객에게 볼거리를 제공함으로써 가장 강력한 마케팅 수단이 될 수 있기 때문에 주 고객층의 연령대에 맞추어 색상이나 디자인을 선택하는 것이 바람직하다.

인 · 허가 등

개점에 필요한 각종 인 · 허가 사항은 ① 영업허가 ② 소방검열 ③ 사업자등록증 ④ 보건증 작성 ⑤ 금전등록기 설치 등이 있다. 그 밖에 ⑥ 신용카드 사용신청 및 이지 체크(easy check)기 사용신청 등이 있다.

소방검열은 건축업자나 인테리어 업체에서 건축주와 식당 경영주를 대신해서 관계 기관과 협의하여 처리해 주기 때문에 큰 문제는 없다. 경영주는 소화기 설치와 수량을 확인하여 일정한 장소에 비치하면 되고, 이를 인테리어 투자비에 포함시켜도 된다.

보건증은 식품접객업소 종사자라면 누구나 소지해야 하므로 영업개시 4~5일 전에 해당지역의 보건소에 가서 필요한 절차에 따라 위생검사를 받고 이상이 없으면 간단히 교부받을 수 있다. 그러나 결핵과 파상풍 등 조리 및 접객 시에 대중에게 전염될 소지가 있는 병을 갖고 있으면 접객업체 종사 불가자로 판정되므로, 이러한 사람은 식당에 근무시킬 수 없다. 보건증이 없는 사람을 부당하게 근무시키면 영업정지 등의 처벌을 받게 되므로 법에서 정한 규정을 준수하여야 한다.

POS기기 및 카드 조회기는 기기판매회사에 문의하면 세무서 등록 절차와 은행 수속절차를 쉽게 알려 준다.

참고로, POS기기 등록신청은 기계번호, 설치예정일, 영업개시 예정일, 영업허가 및 사업자등록번호 등 간단한 필요사항만 기재하면 되고, 수속기간이 경과하면 바로 사용할 수 있으며, 카드조회기는 사업자등록증 사본, 영업허가증 사본, 대표자 주민등록등본(법인인 경우에는 법인등기부등본), 대표자 주민등록증 앞뒷면 복사본을 준비하여 희망하는 거래은행에 신청하면 된다.

3. 영업허가

식당업 영업허가는 식품위생법과 그 시행령, 그리고 시행규칙에서 정한 바에 따라 취득한다.

업소의 조리장소를 일반적으로 주방이라고 하나, 현행 식품위생법에서는 조리장이라 한다.

(1) 영업허가 신청 및 처리 절차

신청 시의 필요서류

① 신청서(시 · 군 · 구청에 신청)

② 교육필증(음식업중앙회 중앙교육원 및 각 지원) : 각 시도 지회 분원에서 교부하는데, 반드시 대표자가 교육을 이수하여야 한다(대리교육은 불가). 체인점이라도 1999년부터는 각 점포별로 점포 책임자가 반드시 교육을 받아야 하며(종전에는 체인본부 대표만 교육을 받았음), 조리사 및 영양사 자격증 소지자는 교육을 받지 않아도 된다.

③ 건강진단증(대표자 또는 점포책임자)

④ 신원증명서(대표자, 법인인 경우는 법인등기부등본)

⑤ 건축물 관리대장등본(시 · 군 · 구)

⑥ 도시계획확인원(시 · 읍 · 면 · 구청)

⑦ 신청서 양식에 첨부된 영업설비 개요에는 점포평면도(자체 작성)

• 면허세 납부 : 업소 면적 10평 이상일 경우 지하철 공채, 도시가스 · 액화 석유가스 사용신고필증 등 첨부

이러한 제반서류는 미리 준비하여 두었다가 개점 10일 전까지는 신청하여 허가증을 발급 받아 개점하는 데에 지장이 없도록 해야 한다. 한 가지 유의할 점은 한국 음식업중앙회의 중앙교육원 및 지역분회 교육은 월 4~8회 정도 실시되므로, 중앙교육원 및 지방분회의 위치 및 전화번호를 기록해 두며, 이 시기를 놓치지 말고 미리 교육을 받아 두어야 한다.

영업허가 수속절차

신청 담당 관청 : 시 · 군 · 구 식품위생과

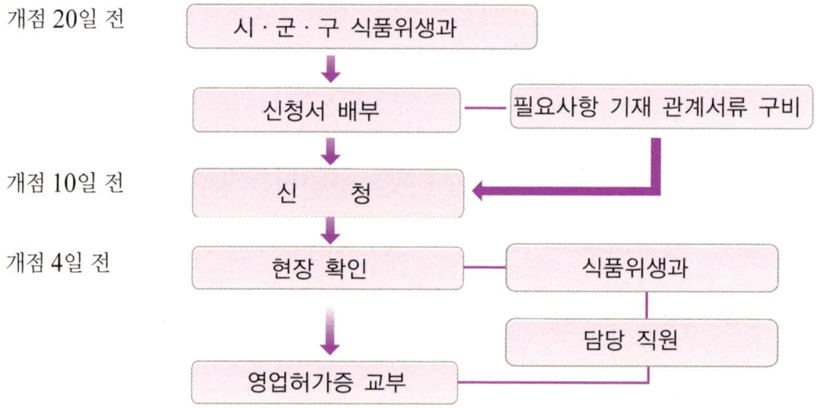

(2) 전문 관광식당 영업허가

구비서류

① 신청인(법인의 경우에는 임원)의 신원증명서(외국인은 외국인 등록표 등본) 1부

② 법인의 등기부등본(법인의 경우에 한한다) 1부

③ 시설의 배치도(사진 및 평면도) 1부

④ 업종별 면허증, 허가증 또는 사업자등록증 사본 1부

⑤ 부동산의 소유권 또는 사용권을 증명할 수 있는 서류 1부

⑥ 사진 각 1매 : 건물 전경, 홀 내부, 주방내부, 주차장, 화장실의 양변기

⑦ 메뉴판 사본(국 · 영문) 1부

⑧ 조리사 자격증 사본 및 관광호텔 경력증명서 사본 1부

⑨ 대표자 이력서 1부

관할 기관 : 한국관광협회 및 각 지부

관광편의시설업 지정신청서

관광식당 허가신청사항은 특수한 경우에 해당되므로 설명은 생략하겠다. 특기할 것은 조리부문 종사원 중 관광호텔 근무경력을 필요로 한다는 점이며, 그 밖에 관광협회나 각 지부에 문의하면 자세히 설명해 준다.

관광 전문식당으로 승인 받으면 원자재 등을 관광업체 지정 용품센터 공급처로부터 공급받을 수 있는 이점이 있으나, 사후관리 의무이행을 하여야 하기 때문에 담당기관으로부터 충분한 설명을 들어 두는 것이 좋다.

(3) 사업자등록증 허가

신청 및 허가 기관 : 점포 관할지역의 세무서

구비서류

① 사업자등록 허가신청서

② 영업허가증 사본

③ 주민등록등본(법인인 경우 법인등기부등본)

④ 주민등록증 사본

⑤ 임대차계약서 사본(임대차 계약을 한 경우)

한국관광협회 중앙회 〈http://www.koreatravel.or.kr/〉

사업자등록증 교부 처리절차

사업자등록은 신청하면 특별한 사유가 없는 한, 신청 후 수일 내에 법규에 따라 사업자등록증을 교부받을 수 있다.

4. 외식 업소의 점포 구성과 주방 설계

외식 업소의 실내디자인

점포의 실내디자인은 단순히 고객의 시선을 끌기 위한 인테리어의 기능만을 하는 것이 아니라, 조형에 의한 기초적이고 기술적인 지식 등 관련분야의 구성요소를 기초로 하여 새로운 마케팅 공간을 창출하는 것이다.

실내디자인은 업소의 경영이념, 점포관리 정책, 주변업소와의 경쟁력, 주 고객층, 상품구성 등과 밀접한 관련이 있으므로 충분한 사전 설계와 연구 · 검토가 필요하다. 특히 디자인 설계 자체가 마케팅 전략차원에서 전개되어야 하므로, 다음과 같은 측면을 고려하여 계획하여야 한다.

① 디자인은 자연스럽게 '먹고 싶다' 혹은 '마시고 싶다'라는 욕구를 자극하고 고객이 부담감 없이 편히 쉴 수 있는 안락한 분위기가 되어야 한다.

② 기획에서 파악된 내용을 통해 레스토랑의 규모, 메뉴와 음식의 맛과 가격, 서비스 정도, 좌석의 배치 유형 등을 고려하여, 레스토랑의 성격과 경영방침에 맞추어서 디자인하여야 한다.

③ 실내의 청결, 음식의 신선감 등 위생적인 면도 고려하여 사인, 메뉴, 식기 등과 기타 서비스 품목도 같이 코디네이션을 꾀하여 시각적 조화를 이루어야 한다.

④ 고객이 먹고 마시는 데 편리하고 안락한 식음 시설과 함께 종업원의 피로가 절감되어 효과적인 서비스가 될 수 있도록 서비스 시설을 계획한다.

⑤ 높은 수준의 실내디자인과 아울러 친절하고 신속한 서비스, 주목을 끌 수 있는 홍보계획, 철저한 위생시설 등이 실내디자인에 종합적으로 반영되도록 한다.

외식업소의 공간 구성

레스토랑의 공간 구성은 영업부분, 조리부분, 관리부분으로 구성된다.

① **영업부분**은 식당, 라운지, 로비, 현관입구, 화장실 등으로 고객이 머무르는 공간이며, 최종 수익이 창출되는 부분이다.

② **조리부분**은 주방을 포함한 식자재 매입실, 배선실, 세척실, 식품저장고 등으로 능률적인 작업환경 조건이 우선이다.

③ **관리부분**은 식당을 경영하기 위한 제반관리시설이다. 사무실, 지배인실, 준비실, 기계실, 라커룸, 종업원 화장실 등이 이에 속한다.

(1) 영업부분

점포의 디자인은 그 자체가 목적이 아니라 수단임을 명심해야 한다. 점포의 목적인 매출 확대와 이윤의 극대화를 실현하기 위한 수단으로서 점포를 디자인해야 한다.

점포 콘셉트, 취급 메뉴 등에 부합되도록 디자인하여 고객이 많이 방문하도록 하는 것이 디자인의 목적이다. 따라서 고급화, 예술성, 작품성을 따지기 전에 편안하고 쾌적하면서 독특한 분위기를 연출하여 고객들의 기억에 남게 하는 것이 중요하다.

건물의 외관(facade)

건물의 외관은 고객에게는 첫인상이며, 점포 전체의 이미지에 심대한 영향을 미친다. 멀리서도 눈에 잘 띌 수 있도록 하며, 레스토랑의 종류, 성격에 따라 특색 있는 인테리어로 고객을 유도한다.

① 1층에 위치할 경우, 현관을 통하여 직접 내부가 보이지 않도록 처리해야 하는데, 입구에 홀을 두거나 이중문을 설치하면 방풍실의 역할도 하여 효과적이다.

② 지하층에 위치할 경우, 계단에서 넘어지지 않도록 계단에 손잡이를 설치하고 어둡지 않도록 조명을 설치한다. 내려가는 길이 짧게 느껴지도록 입구와 마주한 벽면을 강한 시각적인 요소로 처리하면 효과적이다.

③ 전문적인 일품요리를 취급하는 음식점의 경우, 쇼윈도를 입구 부분에 마련하여 일품요리를 진열한다. 간이음식점의 경우, 서비스 카운터의 상부를 취급하는 음식 사진이나 와이드 칼라 필름으로 처리하면 시각적으로 고객의 미각을 돋울 수 있을 뿐더러 음식의 선택에도 도움을 준다.

식사 공간(dining area)

식사 공간은 식음의 형태에 따라 그 분위기를 달리해야 한다. 식사를 위주로 하는 경우, 밝고 활기있는 분위기로 즐겁게 먹을 수 있도록 하며, 주류를 위주로 하는 경우, 아늑하고 편히 쉴 수 있는 분위기로 계획한다.

또한 식사 공간은 고객이 지루함을 느끼지 않도록 액자 및 조각 등의 조형적 액세서리를 이용하여 실내를 풍요롭고 매력적으로 돋보이도록 한다. 고객은 일반적으로 중앙 테이블보다는 주변부의 테이블을 선호하므로 칸막이, 스크린, 단의 차이, 식물 등으로 변화있는 공간을 유도한다.

계산대(counter)

계산대는 일반적으로 주 출입구 근처의 객석과 배선실과의 중간에 위치하며, 매장 어디에서나 객석이 잘 보이는 곳에 위치되도록 한다.

① 계산서의 처리방법에 따라 주 출입구 근처에 독립하여 위치되도록 한다.

② 계산대 주위에 입장객과 계산하고자 하는 고객의 동선이 혼잡하지 않도록 한다.

화장실(toilet)

최근에는 상업공간에서 화장실의 중요성이 강조되고 있다. 청결을 생명으로 하는 점포에서의 화장실은 효율적인 공간 활용을 고려하면서 보다 많은 관심을 가져야 한다.

화장실은 점포의 규모, 영업내용, 영업의 성격 등에 따라 화장실의 규모 및 형태가 다를 수 있지만, 일반적으로 상업공간에서의 화장실 설치기준은 다음과 같다.

① 고객들이 쉽게 화장실을 찾을 수 있게 신호 또는 표시판이 있어야 한다.
② 남자 화장실과 여자 화장실은 분리함이 원칙이며, 고객의 화장실은 종업원이 사용하지 않도록 한다.
③ 화장실 위치 선정 시에는 설비시설이 용이한 곳을 선정하여 급배수 및 환기시설에 문제가 없도록 한다.
④ 화장실 내부에 청소 지원시설(mop sink)을 만들어 종업원들이 객장 및 화장실 청소를 하는 데 용이하도록 한다.
⑤ 유동고객이 많은 음식점일수록 화장실 내부 마감재는 내구성이 있는 자재를 사용하는 것이 좋다(바닥 : 세라믹 타일, 벽체 : 세라믹 타일, 플라스틱 패널, 천장 : 석고 보드 및 F. R. P.타일).
⑥ 물을 많이 사용하는 관계로 배관 및 방수에 신경을 써야 한다.

그 밖에도 화장실의 대 · 소변기의 설치 개수의 기준은 정해져 있지는 않지만, 대체적으로 중 · 대규모점(200~250m^2)에서는 여자용 화장실은 변기 두 대와 세면기 두 대를 설치하고, 남자화장실은 대변기 한 대, 소변기 두 대, 세면기 한 대를 설치하고, 대규모(300~500m^2)점 일 경우에는 고객의 수요를 고려하여 소변기를 한 대씩 늘려 가면 된다.

(2) 조리부분

배선실(pantry service room)

배선실은 대체적으로 규모가 크고, 전문 음식점일 경우는 주방과 별도로 마련되며, 주방과 객석의 중간 연락 장소이다.

배선실의 기능 *Check Point*

① 식기, 유리잔, 테이블보와 냅킨 등의 보관과 조미료나 메뉴 등이 비치된다.
② 음료수의 서비스 스테이션(service station)을 설치하며 간단한 세척도 할 수 있게 한다.
③ 당일 사용할 식재료 및 필요 용품을 놓을 수 있는 모든 설비와 유리그릇, 나이프, 포크, 스푼 등을 넣어 두는 수납장이 벽면에 설치된다.
④ 규모가 대형일 경우 음료수의 서비스 스테이션은 배선실과 별도로 설치하는 것이 바람직하다.

주방(kitchen area)

① 주방이란

외식업소는 고객에게 음식물을 제공하는 객장과 식재료를 이용하여 음식을 조리하는 주방으로 크게 나눌 수 있다. 주방은 실질적으로 눈에 쉽게 띄지는 않지만, 그 기능과 중요성은 업소의 심장부와도 같은 곳이다.

주방에서는 다양한 식품 조리 과정을 합리적으로 수행하기 위하여 조건에 따라서 고도로 특수화된 기기로 음식을 조리한다. 그 시설과 기기의 종류는 매우 복잡하고 다양하다. 그러므로 주방시설은 가장 효율적인 기능을 수행할 수 있도록 설비를 배치하여야 하며, 작업자의 능력을 향상시킬 수 있는 설계가 요구된다.

② 주방의 설계

주방 설계는 점포의 효율성과 안전관리, 고객 서비스 개선, 음식의 질적 향상 등과 밀접한 관계가 있으며, 전기배선 및 상 · 하수도, 환기 및 공기조절장치 등과도 상호 연계하여 설계된다. 또한 청결, 위생상태, 개성적인 조리장소로 고객으로 하여금 안전함과 접대의 분위기를 느낄 수 있도록 설계되어야 한다.

주방설계 시 핵심 포인트는 기능성, 위생, 안전성을 갖추는 것이다. 사람과 물건의 동선을 최대한 짧게 설계하여 주방 내에서의 물류 효율성을 최대화하여 인건비 절감 등을 꾀해야 하며 바닥에서 천정까지 쾌적한 작업환경이 되도록 공기순환, 세균번식 억제, 작업 능률 향상을 고려하여 설계하고 화재예방과 미끄럼 방지 등을 고려하여 안전하게 설계해야 한다.

주방설계 시 *Check Point*

① 핵심 메뉴와 연관되어 가장 빈번하게 활용하는 설비 배치 문제
② 설치비용과 운용상 비용 문제
③ 고객의 요구와 기대 수용 문제
④ 개 · 보수 용이성의 문제
⑤ 유용성 문제
⑥ 사후 관리체계의 용이성 문제

주방의 설계는 정해진 조건 아래 식자재의 반입에서부터 음식물의 생산, 고객에 대한 서비스까지 모든 과정을 고려하여 음식물의 질적 향상과 주방의 효율성을 증대시키기 위한 일련의 계획이라고 말할 수 있다.

주방의 규모와 레이아웃은 객석수와 회전율, 메뉴의 내용, 영업의 성격 등에 따라 많이 달라진다. 오늘날의 주방설계는 무엇보다도 표준화, 능률화, 간소화의 기준에 맞추어 설계되고 있다.

주방설계의 일반적인 설계기준 *Check Point*

① 각종 설비를 설치하기에 적합한 위치에 주방을 설치
② 작업 동선을 감안한 레이아웃
③ 조리방법에 따른 작업 공간의 분리
④ 쾌적하고 위생적인 작업 공간
⑤ 식자재 반입의 용이성(손님의 출입구와 분리하여야 한다.)

주방을 설계할 때에 위와 같은 조건들이 유기적으로 잘 연결되어 있어야 주방의 본질적인 기능이 제대로 발휘된다. 또한 고객에 대한 서비스 역시 원활하게 이루어질 수 있다.

주방의 위치

외식업소에서 주방의 위치는 업소의 운영에 매우 많은 영향을 미친다. 새 건물의 경우, 자칫 주방의 위치에 대하여 충분한 고려를 하지 못하는 경우가 있는데, 음식을 만들어서 손님에게 제공할 때까지의 합리적인 흐름을 위해 위치는 신중하게 선정해야 한다.

① 음식물의 전달과 쓰레기의 반출 및 청소에 적합한 창구가 필요하며, 고객의 출입구와는 구분되어야 한다.

② 제반 설비시설이 용이한 곳에 설치해야 한다.

③ 저장 창고와 주방은 북쪽 혹은 북동쪽을 향하는 업소의 가장 서늘한 부분이 적당하며, 햇빛이 잘 드는 장소여야 한다. 창문은 반드시 있어야 하며, 눈부심이나 직사열을 피해야 한다.

주방의 내부 마감재

① **주방 바닥** : 주방 내에서 바닥은 가장 중요한 만큼, 시공하기가 힘들고 복잡하다. 바닥에는 배수관과 전기 등의 배수관을 매설하여야 하고, 여러 가지 주방기구를 설치해야 하므로 하중을 이겨낼 수 있게 시공되어야 한다.

- **재질의 유공성** : 유공성이란 수분을 흡수하는 정도를 말한다. 바닥재로 수분이 흡수되면 바닥재 자체에 손상이 올 뿐만 아니라, 미생물과 세균 번식의 온상이 되고, 제거하기 힘들어진다. 따라서 주방과 창고의 바닥재는 유공성이 적은 재질을 써야 한다.
- **재질의 탄성** : 충격에 잘 견딜 수 있는 재질의 자재를 쓴다.

② **주방 벽** : 바닥재와 마찬가지로 벽도 장식성뿐만 아니라, 위생에 좋은 재질이어야 하고, 유공성 · 흡수성 · 탄성을 고려하여야 한다.

- 벽은 쉽게 청소할 수 있어야 하고, 소음을 최대한 흡수할 수 있어야 한다.
- 가능한 한 밝은 색을 사용하여 조명의 반사도를 높이고, 때와 먼지가 잘 보이게 해야 한다.
- 세라믹 타일은 가장 인기있는 벽 재료로써, 표면이 매끄럽고 방수가 되어야 하며, 각 타일 사이에 틈새가 벌어지지 않아야 한다. 타일 사이에 구멍이나 틈새가 있으면, 때와 먼지가 끼고 세균과 해충이 번식한다.
- 스테인리스 스틸은 수분에 강하고 내구성이 뛰어나서 조리대 주변과 같이 습도가 높고 더러움이 쉽게 타는 곳에 사용하기에 훌륭한 재료이다.
- 도장은 주로 습도가 낮은 곳에 사용할 만한 벽 마감재이다. 그러나 조리대 주변 등의 조리 지역에는 사용하지 않는 것이 좋다. 납 성분이 들어 있는 유독성 페인트는 외식업소 내부에 절대 사용을 금한다. 유독성 페인트는 음식물에 들어가서 음식물을 오염시킬 위험 소지가 있으므로 사용하지 않는다.

③ **주방 천장** : 천장은 기름 종류의 증기와 조명기구 등이 부착되어 있어 화재의 위험성이 높으므로 석면계통의 재료를 쓰며, 비닐계통의 동장으로 마무리하는 것이 일반적이다. 천장은 너무 높을 필요가 없는데, 이는 환기장치 등을 통해서 충분히 통기성을 유지할 수 있기 때문이다. 그러나 너무 낮은 천장은 공기순환과 심리적 관점에서 좋지 않으므로 피한다.

주방 조명

조명은 보다 효율적인 서비스 제공을 위한 보조 역할을 하며, 청결함을 더욱 돋보이게 하고 작업능률을 향상시킨다. 조도뿐만 아니라 조명의 방향(눈부심 방지), 조명의 색깔(음식의 원래 색상 유지) 또한 중요하다.

형광등을 일정하게 배열하여 전기 소모를 줄이고 그림자도 최소화하며 통일된 분위기를 만든다. 주방은 습기가 많은 곳이므로 조명기구의 설치는 천장이나 벽에 매입하고, 뚜껑을 설치하는 것이 바람직하다.

주방 환기장치

환기란 주방과 객장 내에서 조리과정 중에 발생한 증기, 기름기, 열 등을 외부로 배출하는 것을 말한다. 이렇게 안의 공기를 밖으로 배출함으로써 고객과 직원 모두를 안전하고 건강하게 한다.

환기장치는 다음의 다섯 가지 기능을 한다.

① 축적된 기름때로 인한 화재를 예방한다.

② 천장이나 벽에 붙어 있는 응축물이나 공기 중에 포함되어 있는 오염물질 등을 제거한다.

③ 조리시설 내에 먼지가 쌓이는 것을 방지한다.

④ 조리기구로 인해 발행하는 가스나 음식 냄새를 줄인다.

⑤ 습기를 제거함으로써 곰팡이 발생을 방지한다.

창문이나 문을 열어 놓는 것만으로는 충분히 위와 같은 기능을 적절히 수행한다고 할 수 없다. 문을 열어 둠으로써 외부의 해충이나 먼지가 들어올 수 있기 때문이다. 음식물을 가열하거나 튀기고 볶는 모든 조리기구 주변에는 특히 환기시설이 잘 갖추어져 있어야 한다.

(3) 관리부분

사무실

점포의 관리를 위해 사용하는 사무실은 점포의 뒤편, 주방 부근이나 종업원이 쉽게 다닐 수 있는 통로에 위치하되 고객들의 위치가 보이는 곳에 설치하는 것이 좋다. 소규모 점포에는 없는 경우가 많고, 있더라도 종업원실과 함께 사용하는 경우가 많다. 사무공간에는 전화기, 팩스, 음향설비 등을 설치한다.

창 고

창고에는 식품창고(냉동 · 냉장창고) 및 일반창고가 있는데, 점포의 규모와 성격에 따라 다르다. 소규모 점포에서는 간이 창고를 만들어 사용할 수도 있지만, 규모가 큰 점포나 식자재 공급이 많은 점포에서는 반드시 필요한 공간이다.

종업원 복지시설

종업원을 위하여 탈의실, 휴게실, 식당, 화장실, 세면실 외에 샤워 설비를 갖추어야 한다. 규모나 내용은 점포의 상황에 따라서 다르며, 종업원의 휴게실과 식당을 같이 쓰는 경우가 많다.

① 남녀 종업원의 탈의실은 별개로 두는 것이 원칙이다.

② 탈의실 내에는 종업원을 위한 옷장과 개인 사물함이 필요하다.

③ 샤워시설은 종업원 화장실 내부에 설치하여 공간의 효율성을 높이는 것이 좋다.

(4) 동선 계획

동선은 고객 동선, 종업원 동선, 식품반입 동선으로 분류된다.

① **고객 동선** : 업소에 고객이 입장하여 주문을 하고, 식사를 한 후에 퇴장하기까지의 과정에 서로 간의 교차를 최소화하도록 하여야 한다.

② **종업원 동선** : 주문을 받고 고객에게 음식이 전달되기까지 원활한 동선을 고려하여야 한다.

③ **식자재 창고** : 식품반입이 용이한 곳에 위치하며, 고객의 불편을 없애고 주방이나 창고로의 식품반입이 원활하도록 출입구를 별도로 설치하여야 한다.

동선 계획의 기본은 동선의 시작에부터 목적지점에 이르는 끝까지 원활하고 자연스러운 흐름이 되도록 한다. 동선 계획은 주 동선과 부 동선으로 나누어 설계되어야 하며, 동선 사용의 빈도가 높은 공간은 주 동선을 중심으로 배치하며, 조닝(zoning : 공간을 사용 용도와 법적 규제에 따라 기능별로 나누어 배치하는 일)에 의해 구분된 구역 사이에 주 동선이 위치한다.

이 주 동선은 동선의 빈도나 하중을 고려하여 충분한 통로 공간을 만들며, 외부와 직접 연결되어야 한다. 또한 가능한 한 간단하고, 직선적이며, 쉽게 인지될 수 있도록 동선을 처리한다. 부 동선은 주 동선에서 연결된 동선으로, 마치 줄기에서 뻗어 나온 가지와 같다. 따라서 하나의 구역에서 다시 세분화되어 각 공간에 이르는 동선으로, 가구배치와 출입구의 위치, 크기에 영향을 미친다.

한편 소규모의 실내공간일 경우에는 홀 · 복도 · 통로와 같은 연결공간을 생략하고, 개방형으로 설계하면 한 공간에 통로 공간을 같이 두어 공간을 절약하고, 효율적으로 사용할 수 있다.

그러나 동선이 너무 복잡하면 안정감이 상실되므로 일정한 규모 이상일 경우, 통로 공간을 별도로 두어 동선을 독립시키는 것이 바람직하다.

그리고 동선이 길 경우 다양한 공간의 변화를 만들어 심리적으로 가깝게 느껴지도록 계획한다. 즉 마감재료, 색채, 채광을 비롯하여 천장이나 조명을 이용하여 방법을 모색한다.

동선계획

① 손님의 동선

- 입구 → 휴대품 보관소 → 손님 대기, 라운지, 바 → 객석
- 객석 ↔ 화장실
- 객석 → 계산대 → 출입구의 통로

② 서비스와 관리부분의 동선

- 식기 반입구(주방 출입구) → 검수 → 창고 → 주방
- 주방 → 식기실 → 객석
- 주방 출입구 → 탈의실 → 종업원 식당 → 종업원 화장실

동선의 폭

Check Point

- 주 동선 폭 : 1,200mm 이상
- 부 동선 폭 : 900mm
- 서빙에 필요한 폭 : 500 ~ 600mm
- 테이블 간의 폭: 300mm 정도

(5) 실내디자인의 주요 요소

가구

레스토랑은 고급 · 대중 · 간이음식점 등으로 그 규모에 따라, 한식당 · 양식당 · 중식당 · 일식당 등은 요리의 형태에 따라, 그리고 전문요리 · 일품요리 · 패스트푸드 등은 요리의 종류에 따라 가구의 종류, 크기, 그리고 형태에 따라 실내디자인에 영향을 미친다.

가구의 크기, 형태, 안락성, 스타일 등 가구계획은 이와 같은 요건에 따라 설계 · 배치되어야 한다. 즉 식사 · 다과 · 술 등 중에서 주력 상품의 종류, 시간대, 회전율이나 특정 그룹 · 커플 · 가족 등의 고객층과 고객의 이용형태 등에 따라 의자와 테이블의 크기, 높이, 형태, 배치와 밀착 정도 등이 결정된다.

① 가구는 공간에 변화를 주고 분위기와 리듬을 조성하므로 전체 디자인과 가구의 색깔 형태, 양식 등이 조화를 이루어야 한다.

② 가구는 공간을 이용하므로 공간의 사용 목적과 부합되어야 한다.

③ 인간공학적 측면에서 안정되고 기능적인 가구이어야 한다.

④ 기능적인 면과 심리적인 면에서 앉는 방식을 고려해야 한다. 편안히 장시간 앉거나 활동적으로 단시간 앉거나 좌석 상호 간의 프라이버시를 확보하기 위해 폐쇄적인 좌석에 앉거나 또는 개방적이고 자유스러운 좌석에 타인과 어울려 앉거나 하는 점은 가구계획을 할 때 중요한 요소이다.

⑤ 가구는 인체를 지탱하고 음식을 편히 먹을 수 있도록 해주는 역할 외에도, 공간에 작용하여 사람들의 관계를 결정짓고 공간 전체에서 시각적 청량제로서 역할을 하기도 한다.

⑥ 의자의 배치와 디자인은 시선 높이를 결정하고, 테이블의 높이, 칸막이 높이 등도 아울러 결정하며, 천장의 높이에도 영향을 미친다.

⑦ 외부의 전망이 좋은 경우, 가구는 창에 기대어 배치하는 것보다 시선이 자연스럽게 밖을 향하도록 배치한다.

좌석의 배치

좌석의 배치 유형에는 세로 배치형, 가로 배치형, 가로와 세로 배치형의 조합, 부스(booth)형, 점재형으로 구분된다. 이러한 배치 방법에는 저마다의 특성이 있다. 각 특성들을 정확히 파악하고 매장의 형태와 잘 조화되도록 배치하는 것이 중요하다.

① 세로 배치형

배치 형태 중 가장 기본적인 형태로, 테이블을 가운데 두고 의자를 배치하는 직사각형의 평면이다. 내측의 긴 벽을 따라서 배치한 좌석의 구성은, 단순하고 명쾌하여 가벼운 음식을 제공하는 업소에 적합한 배치이다. 고객의 입장에서는 좌석을 선택하기 쉽고, 시선의 흐름도 자연스럽다. 아울러 종업원이 서비스하기에도 쉽기 때문에 서비스 효율도 크다. 그러나 구성이 단순하여 열차 실내와 같은 거북한 느낌과 딱딱한 이미지를 주기 쉬우므로 그래픽에 의한 벽면 처리나 펜던트 설치와 같은 보완책이 강구되어야 한다.

② 가로 배치형

벽 또는 주요 통로에 직각으로 배치된 형태로, 벽 부분 의자를 벤치시트(bench seat)로 한 것이 많다. 일반적으로 다른 유형과 복합시켜 사용하며, 스크린이나 칸막이를 병렬하여 좌석을 구분한다. 단체손님이 왔을 경우에는 쉽게 좌석을 만들 수 있으나 통로를 지나가는 종업원과 고객의 시선이 마주쳐서 자칫 산만해지기 쉽다.

③ 가로와 세로 배치의 조화형

정사각형 평면 형상에 어울리는 배치로, 좌석 구성을 다채롭게 변화시킬 수 있다. 실제로 배치효율이 높아 공간의 낭비가 없다. 그러나 객석 통로가 복잡하고 서비스 동선이 길어져서 고객이 응대에 자칫 불쾌감을 가질 수 있다.

고객끼리의 시선이 서로 부딪치지 않게 시선높이를 고려하여 좌석을 구분하거나 칸막이 및 스크린 등으로 처리하는 것이 좋다.

④ 부스(booth)형

곡선, 원, 예각, 둔각, 코너 등을 이용하여 자유로이 변형시킨 부스 형태의 좌석이다. 변화가 풍부한 좌석 구성이 될 수 있고 칸막이를 조합하여 개성적인 공간을 연출할 수 있으며, 차지하는 면적이 크고 단체석에 적합한 형태이다. 칸막이를 하지 않기 때문에 좌석 형태로 인한 자연스러운 공간을 구분할 수 있다.

⑤ 점재형

식사를 전문으로 하는 레스토랑에 많이 사용되는 배치로, 비교적 대형 홀을 확보해야 가능하다. 자유로이 배치하는 방법과 일정한 간격으로 배치하는 방법이 있다. 독립된 형식으로 여유있고 차분한 객석 구성이 가능하나, 다른 배치 유형과 비교해서 면적당 좌석수가 적어진다.

테이블의 필요치수

테이블과 의자의 크기는 계획대상의 조건, 즉 공간의 규모, 형태 및 업종, 고객층, 입지 등에 따라 차이가 있다. 음료수가 중심일 경우 최소의 치수로 하지만 식사가 중심일 경우의 테이블 크기는 메뉴의 내용과 사용하는 식기를 고려해야 한다.

4인용 테이블은 850cm×850cm 크기의 정사각형, 좀 더 정식적인 레스토랑이라면 960cm×960cm의 크기까지 사용하며, 직사각형은 1,000~1,200cm×700~800cm 정도가 표준 크기이다. 일반적으로 직사각형 테이블이 사용되며, 정사각형은 서비스에 편리한 장점이 있다. 특히 4인용 테이블의 경우 2인용 테이블의 2조를 맞붙인 상태로 레이아웃하면, 경우에 따라 분리할 수 있으며, 좌석 배치에도 변화를 줄 수 있다.

2인용 테이블은 4인용의 1/2이 아닌 좀 더 넓은 600~750cm 정도의 치수가 필요하다. 6인용 테이블은 1,350~1,800cm ×650~800cm 정도의 크기로 가벼운 분위기나 합석에 별로 구애를 받지 않는 레스토랑이나 그룹 손님이 많은 곳에 유리하다. 한국인의 경우는 4인용 테이블보다는 2인용 테이블 2개가 훨씬 효과적이다.

업종별 의자와 테이블

업종에 따라 의자와 테이블의 크기, 형태, 안락성 등은 다음과 같은 차이가 있다.

① 대중음식점이나 간이음식점은 짧은 시간 동안 가볍게 식사하므로 소형의 의자와 테이블로 많은 수용인원을 확보하며, 이용 회전율이 크다. 박리다매의 판매형태로 영업신장을 추구하여 사용빈도가 높으므로 구조와 재질면에서 내구성이 높고 유지 · 관리하기 쉬워야 한다.

② 고급음식점은 장시간 동안 앉아서 음식의 맛을 즐기며 자유스럽게 대화를 나누는 장소이므로, 안락하고 여유있는 분위기로 배치하여야 한다. 따라서 한 좌석당 점유면적이 비교적 크게, 의자와 테이블은 충분히 크고 편안해야 한다.

③ 불고기나 갈비요리를 제공하는 한식당이나 스테이크 하우스와 같이 테이블 위에서 조리하는 음식점의 경우는 보고 즐기면서 맛을 보므로 미각과 함께 시각이 중요하다. 테이블에 열원기구 장치가 있으므로, 조리 시에 발생하는 열, 연기, 냄새 등의 배기를 위한 좌석 당 환기시스템도 고려해야 한다. 한식은 다른 요리보다 반찬 가짓수가 많아 상차림이 크다. 따라서 테이블의 상판크기도 다른 요리에 비해 다소 커지기 때문에 4인용 테이블의 경우 1,200 ~1,350cm ×800cm 정도의 치수를 요한다.

조명

공간지각의 개체 중 조명은 색채 및 마감 재료와 함께 사물을 인식하는 데 있어서 가장 중요하며, 공간의 분위기를 이끌어 가는 역할을 한다. 실내조명은 그 분위기를 좌우하므로 각 실내의 성격에 따라 조명방법, 조도, 조명기구 등을 선택해야 한다. 조명은 식음의 형태에 따라 계획한다.

① 식사 위주 : 음식을 돋보이게 하여 미각을 자극하는 조명

② 음료나 주류 위주 : 차분하고 편안한 분위기의 조명

조명은 맑은 연색성이 좋으며, 광량이 풍부한 메탈 하이라이트 계통의 전구를 사용하여 밝고 시원한 분위기를 연출하는 것이 좋다.

고급 레스토랑일 경우는 백열등을 위주로 한 조명이 아늑한 분위기를 주므로 고객에게 안락감을 줄 수 있어 좋다.

음식점의 조명 방식은 매입형과 펜던트형이 주로 사용되며, 조명기구의 의장, 배광방식, 실내 분위기, 디자인 스타일 등이 조화를 이루어야 한다. 특히 테이블 위에 떨어지는 펜던트는 조명기구 자체가 장식적이며, 빛을 집중하여 발산하므로 테이블을 중심으로 영역을 한정하고, 조명 아래 독특한 대화 분위기가 형성되도록 한다. 펜던트는 테이블에 앉은 사람의 눈에 빛이 들어가지 않아야 하며, 테이블에 앉고 일어설 때 머리가 부딪치지 않는 위치에 설치하여야 하는데, 그 높이는 테이블 위로 600mm 전후가 적절하다.

백열등은 발열량이 크기 때문에 식사 시에 온도가 올라가서 불쾌감을 유발할 수 있으므로 펜던트와 매입형을 겸용하며, 좌석은 펜던트로 조명하고 통로는 매입형 등으로 하는 것이 바람직하다. 매입형으로 할 경우는 배광방식이나 조도를 달리하여 조명의 음양을 만들어 단조롭고 지루하지 않도록 계획한다.

또한 규칙적이거나 불규칙하게 배치할 수도 있는데, 규칙적인 배치는 정적인 느낌을 주며, 연속적인 빛과 음영으로 시각적 흐름을 주어 동선을 유도할 수 있다. 이에 비해 불규칙적인 배치는 격식이나 허물이 없는 안정감을 주나, 조명기구 자체가 클 경우는 자칫 혼란스러워지기 쉬우므로 유의해야 한다.

색채

식욕을 증진시키는 색과 감퇴시키는 색으로 구분할 수 있다.

따뜻한 색상은 식욕을 돋우는 역할을 하는데, 빨강이나 주황의 중간 채도색이 대표적이다. 그러나 차가운 색상인 청록색도 빨강이나 주황과 보색관계에 있으므로 음식의 채도를 강하게 만들어서 음식을 맛있게 보이도록 한다. 그러나 청색이 너무 강하면 찬 느낌을 줄 수 있으므로 주의한다.

한편, 어두운 빨강이나 자주색은 고기의 부패를 연상시켜 식욕을 감퇴시키므로 단색을 사용할 경우에는 어두운 색은 피한다.

노랑-연두의 어두운 색은 야채류가 시들거나 한색으로 느껴지게 하므로 밝은 색을 사용한다. 파랑-남보라를 많이 포함한 한색은 고기류가 부패한 것처럼 보이므로 피한다. 따라서 음식점의 배색은 따뜻한 색을 중심으로 하여 즐겁고 편안하며 활기있고 밝은 분위기가 되도록 한다. 테이블 색깔은 음식에 영향을 주지 않아야 하므로 노랑-연두, 남보라-보라는 피하는 것이 좋다.

또한 실내조명은 색상과 함께 분위기를 좌우하는 중요한 요소인데, 광원의 색을 고려해야 한다. 즉, 푸른 색깔을 띤 형광등은 적절치 못하므로 백열등을 중심으로 조명한다.

음식점의 요소별 색채 계획

① **바닥** : 내수성이 있는 재료를 사용해야 하며, 기능을 고려한 재료와 적합한 색상의 선택이 필요한데, 일반적으로 중간 정도의 색상이 무난하다.

② **벽** : 대체적으로 부드러운 느낌을 주는 밝은 색이 좋으며, 고객의 시선이 접하는 부분이므로 시각적으로 미감을 높이는 색이어야 한다. 온색계통의 색상이 효과적이며, 지나치게 높거나 낮은 명도의 색상은 실내의 조화나 분위기를 해칠 수 있다.

③ **천장** : 비교적 가벼운 느낌을 주는 온색계통의 색이 바람직하며, 중후한 색상은 고객에게 심리적 압박감을 주게 되므로 피하는 것이 좋다. 천장은 채광과 조명효과가 크므로 벽색과 동일한 계통의 색을 채택함이 이상적이지만, 조명 효과를 위해 벽보다 보편적으로 높은 명도를 적용한다.

④ **조리실** : 지나치게 따뜻한 느낌의 색상이나 혼란스러운 무늬는 보기에 좋지 않으므로 피해야 하며, 아늑하고 조용한 분위기를 나타낼 수 있는 중간 정도의 색채가 무난하다.

⑤ 기타 : 액세서리, 메뉴, 표지판 등은 음식점의 이미지를 고객에게 직 · 간접적으로 보여주는 도구이므로 색채의 사용시 신중한 고려가 필요하다.

사인

일반적으로 사인을 개발하는 경우, 주의해야 할 점은 다음과 같다.

① 디자인 시스템으로서의 일관성

사인은 하나하나가 단독적으로 기능하는 동시에, 사인 전체가 통합된 이미지 속에서 종합적인 기능도 발휘하지 않으면 안 된다. 이를 위해 사인 전체에 일관성이 필요하다. 여기서 일관성이란 의미(정보 내용)와 감성적인 측면(디자인의 심미성)의 양면에 있어서의 일관성을 말한다.

② 알기 쉽고 눈에 띄는 사인

눈에 띄는 사인이라고 단순히 강렬한 사인을 의미하는 것은 아니다. 눈에 띄는 사인을 만들기 위해서는 항상 바탕(배경이나 환경)과의 관계 조화를 생각하여야만 한다.

③ 모든 면에서 업소의 개성을 표현

사인의 형태, 재료나 시공방법 등도 독자적인 스타일을 개발하면 고객의 눈길을 사로잡을 수 있는 업소 환경을 창조할 수 있다

④ 표준화, 매뉴얼화의 필요성

개발된 디자인 요소나 재료 및 시공방법 등은 일정한 기준과 규칙에 따라 표준화를 행하고 매뉴얼로 만드는 것이 필요하다. 이렇게 하면 일정 수준 이상의 사인 디자인을 재현할 수 있으며, 대량의 사인을 제작하는 경우에는 시공이나 유지관리의 효율화를 꾀하는 동시에 비용절감의 효과도 추구할 수 있다.

5. 상권조사

상권조사기법은 업종 · 업태에 따라 다소 차이가 있으며, 상권조사는 날씨와 계절 및 요일에 따라 많은 차이가 있으므로 유념해야 한다.

이를테면, 비 또는 눈이 오는 날씨에는 통행량에 많은 제한이 있기 때문에 피해야 한다. 반드시 주중의 월요일~금요일 중에서 선택하고, 주말은 별도로 조사해야 한다. 최근에는 주 5일 근무에 따라 상권에도 많은 변화가 따르기 때문에 월요일과 금요일을 별도로 구분하여 조사하는 것이 바람직하다.

참고로 〈중소기업청 소상공인진흥원(http://sg.smba.go.kr/sbdc/)〉을 검색하면 창업 점포 주변에 대한 상세한 상권조사가 되어 있다. 이를 참고하여 상권조사를 한다면 쉽게 좋은 성과를 거둘 수 있다.

※ 아래 자료는 실제로 패스트푸드 업체 상권 조사에 사용하였던 자료이다.

(1) 상권조사의 목적 및 방법

조사의 목적

한국의 외식 사업은 급속도로 발전하고 있으며, 현재는 다양한 업종 · 업태의 외식 업체가 치열한 경쟁 상태에 돌입해 있다.

심화되는 외식 업체의 경쟁 속에서 성공하는 외식업소를 만들기 위해서는 입지 및 상권의 정확한 조사 · 분석을 통하여 고객욕구 파악 및 주변 환경 요인에 적합한 점포를 출점해야 창업을 성공할 수 있다.

본 조사서는 대상 상권의 입지와 주변 환경, 그리고 고객의 집객형태 등을 파악하여 출점 전략을 수립하고, 이에 따른 영업 전략과 마케팅 전략을 수립하기 위한 기초자료로 활용할 수 있게 작성되었다.

조사방법

① 걸어 다니며 후보 점포 주변 관찰조사(반경 300m 내외)

② 경쟁 점포 주변의 상점가 조사

③ 후보 점포 전면의 보행자 통행량 조사(3일 동안 36시간)

④ 잠재 고객의 동선 파악

⑤ 관공서 발행자료 및 기타 정보수집

⑥ 경쟁 점포의 전면 및 주변지역 사진촬영

⑦ 기타 관련사항 조사

조사 시기

요일과 시간 및 계절에 따라서 유동인구는 변화가 많다. 그러므로 통행량 조사는 요일별로 시기를 택해서 실시해야 한다.

• 요일 : ① 화 · 수 · 목 중 택일

② 월 · 금요일

③ 토요일

④ 일요일

(2) 상권조사 점포의 개요

본 상권조사는 안양시 동안구에 입점 예정인 패스트푸드 업체의 사례를 예로 들어서 조사한 것이다. 그 당시에 이 지역은 미개발된 지역으로 성장성과 발전 가능성이 그 어느 곳보다도 높았기 때문에 좋은 입지조건을 갖추고 있었다.

표 5-1 외식점포 건물현황

구분		내 용
소 재 지		안양시 동안구 ㅇㅇ동 000번지
건 물 형 태		주차장 복합 건물
층 · 수		지하 2층, 지상 8층
층별 업종구성	지상 1 ~ 2층	후보점 외 대형 할인 쇼핑센터(킴스클럽)
	기 타	주 차 장

표 5-2 입점예정 점포현황

구분	내용
위치	평촌 범계역 주변 뉴코아백화점 주차장 예정지
점포 전면길이	15m
전용면적	68평
건축선	독립부지로 주변 건물과 유사
층별위치	지상 1층 ~ 2층

(3) 조사 내용

표 5-3 조사내용 개요

환경	특기할 상황
입지환경	• 대상 건물은 범계역과 연계되는 뉴코아백화점에서 운영하는 킴스클럽(할인매장) 건물이며, 선경 · 우성 아파트와 4차선 도로로 접해 있음. • 뉴코아백화점 부근 건물은 대부분 완공되어 상가가 형성되어 있으며, 실제로 상권 형성이 잘 되어 있음.

(4) 입지환경 조사

표 5-4 입지환경

환경	특기할 상황
입지환경	• 대상 건물은 범계역과 연계되는 뉴코아백화점에서 운영하는 킴스클럽(할인매장) 건물이며, 선경 · 우성 아파트와 4차선 도로로 접해 있음. • 뉴코아백화점 부근 건물은 대부분 완공되어 상가가 형성되어 있으며, 실제로 상권 형성이 잘 되어 있음.
교통지리	• 지하철 3호선 ㅇㅇ역이 위치하고 있고, 서울, 일산 방면으로 가는 버스가 많은 상태임. • 아파트 단지 내에 수시로 ㅇㅇ역으로 이동할 수 있는 마을버스가 운행되고 있음.

(계속)

환경	특기할 상황
통행동선	• 인접한 아파트 단지의 잠재고객의 동선은 주로 ○○역이나 ○○백화점, ○○마트를 이용하기 위하여 주로 아파트 단지 내 아파트 후문을 이용하며(상권 위치가 후문 쪽임), 후보지 전면의 통행 인구 동선은 거의 형성되어 있지 않음.
시계성	• 아파트 단지에서의 시계성과 후보점 정면부의 시계성은 없으나, 기타 3면은 곧 다른 상가가 건설될 계획이므로, 즉 후면 시계성이 매우 불량해질 것으로 조사됨. • 건물 우측면에 파출소가 위치, 특히 시계성의 감소 요인으로 작용될 소지가 있음. • 아파트 후문과 횡단보도가 연결되어 있어, 건물 정면의 시계성이 극히 우량하여 이곳 통과자의 인지도에 많은 영향을 끼칠 수 있음. • 시계성에 있어 전철과는 거의 연결이 안 되는 위치에 있다는 단점을 가지고 있음.
접근성	• 후보점은 아파트 주민들의 도보 및 마을버스를 통해 접근하기 매우 용이함. • 100M 이내에 ○○역이 위치하고 있고, 버스정류장과도 인접하여 대중교통을 통한 접근성이 용이함. • 점포의 입구에 있는 도로는 일방통행이고, 본 점포를 이용하기 위한 주차장 시설은 없는 상황이라 개인차량에 의한 접근성은 좋지 못함.
지리적 위치도	• 상세한 지도책을 참고로 해야 함.

입지의 기능적 위치

후보점이 위치하고 있는 지역은 범계역을 이용하는 전철이용자와 각종 관공서의 진출로 종합적인 상가 지역으로 자리를 잡으면, 금융, 증권, 백화점과 대규모 농산물 유통거래시장, 무역센터 등이 함께 조화를 이루며 성장할 수 있는 기능이 있다.

표 5-5 입지의 기능적 위치

기능적 위치	예 상 환 경
교통 기능	• 전철과 안양 시내를 잇는 버스의 노선 증가가 예상됨. • 인접한 군포, 의왕, 과천과 연계될 수 있는 시간(20분)대에 위치 • 주변상권 흡수가 가능한 지정학적 조건 구비
교육 기능	• 주변에 평촌고교, 범계초등교, 범계중교, 귀인중교, 신기초등교, 관악고교, 화성초등교, 백영고교, 동안초등교, 달안초등교, 부흥 초 · 중 · 고교 등이 위치하고 있으며, 여성문화회관 등이 건설될 예정임.
관공서	• 시청, 구청, 전화국, 경찰서 등 안양 내 관공서의 평촌 이전 후에 관공서 관련 중 · 소 사무실의 진출로 소비의 가속이 예상됨.
공 원	• 후보지 동쪽에 대규모 야외공원 조성

기능적 위치도	범 례
입점예정지를 중심으로 원을 그려서 그 곳에 밀집상권지역, 주거지역, 교육시설, 공원시설, 관공서 등의 위치를 반드시 확인하여야 한다. (지도 참조:네이버 맵) 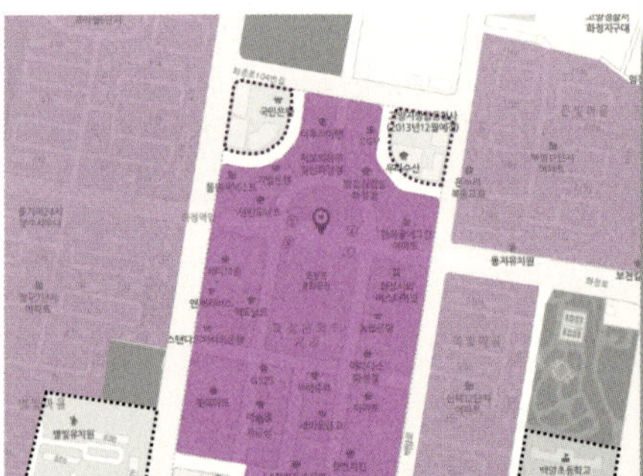	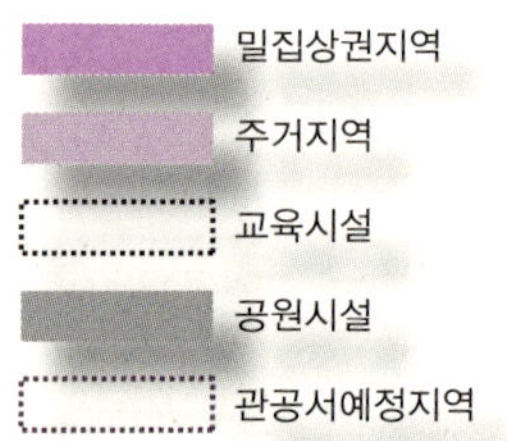

입지환경

① 입지환경의 개요

• 후보점은 주차장 및 할인매장의 단위 건물이며, 향후 평일에는 주부를 중심으로 하는 인근 아파트 주민의 유입과 주말의 가족 쇼핑객이 잠재고객으로 예상되는 장소에 입점 예정임.

- 후보점은 상권 입지상 통행인구가 매우 부족하고, 특히 인근 상권형성 미비로 출점에 따르는 큰 위험부담이 예상됨.
- 다만 '킴스클럽'이라는 할인매장의 활성화는 최근 서울에서 개점, 성황을 이루는 사업으로 전개되고 있는 '프라이스 클럽', '2001 아울렛', 기타 백화점에서 운영하는 'E마트', '뉴코아 아울렛'과 같은 기업의 성장 방향에 따라 점포의 성패가 좌우됨.
- 배후지역은 아파트 단지로 비교적 다양하고 폭넓은 평수(18~45평)로 조성되어 있는 바, 이들 고객의 생활수준을 고려할 때 점포의 활성화는 매우 긍정적으로 예상되어 패스트푸드 신규점 진출은 성공 가능성이 높음.

② 지역 개발

- 현 후보점 주위는 대부분 건물이 신축 중이어서 실제로 건물에 입점한 후에도 이들 건물로 인해 다소 영업 장해는 예상되나, 지역 개발이 완료되는 0000년 6월 이후에 시장형성과 함께 고정고객 확보전략을 구사하면 충분한 승산이 있는 지역으로 판단됨.
- 0000년 6월 안양 시청, 시의회, 구청, 보건소 개청과 0000년 9월 농수산물 도매시장 개설이 예정되어 있으므로, 관공서를 중심으로 한 사무실 입점과 유동인구 발생으로 향후 대단한 상권 발달이 예상됨.

③ 교통 환경

- 도로 : 서쪽 50m 거리에 25m 도로(비산동 ↔ 군포사거리), 남쪽 중앙공원으로 통하는 20m 도로
- 버스 정류장 : 신한은행 앞
- 지하철 역 : 북쪽 80m거리 범계역(지하철 4호선)

(5) 통행량 조사

조사방법

항 목	내 용
조사일자 · 시간	일자 : 12월 2일 ~ 4일(토, 일, 월요일) 시간 : 매일 오전 10시부터 ~ 오후 10시까지(12시간) 날씨 : 3일 동안 맑음, 다소 쌀쌀함
조사지역 범위	후보점의 정문 남 · 북 주 통행로 보행도로의 통행인 집계 · 분석
조사대상 범위	도보 통행자 위주로 조사 차량, 공사관계자, 부동산 소개업자는 대상에서 제외
조사대상 분류	시간대별 : 매 1시간 단위 남녀별 : 남 · 여 구분 연령대별 : 어린이, 중고생, 미혼남녀, 기혼남녀, 주부
조사자 및 방법	계수기를 사용하여 통행인구 전수 조사 수원 대학생 2명(1년생)

조사위치 및 통행방향

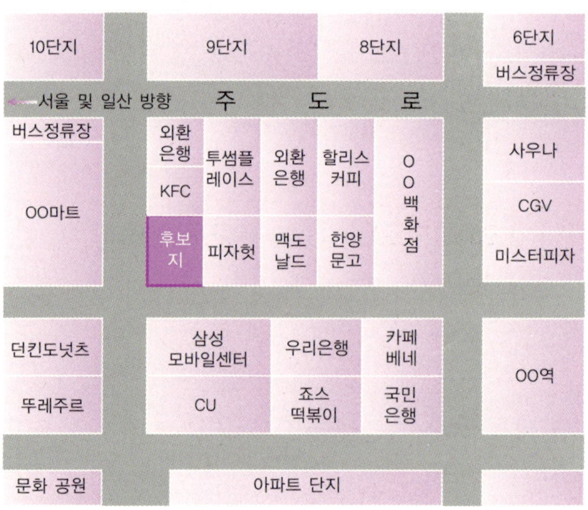

□동 : OO역 방향
□서 : OO마트 및 공원
□남 : 아파트 단지
□북 : 아파트 단지

조사내용의 개요

<table>
<tr><th>항 목</th><th colspan="3">내 용</th></tr>
<tr><td rowspan="5">전체
통행량</td><td rowspan="2">요일별</td><td colspan="2">통 행 인 수(명)</td></tr>
<tr><td>12시간</td><td>시간당 평균</td></tr>
<tr><td>토요일</td><td>589명</td><td>49명</td></tr>
<tr><td>일요일</td><td>815명</td><td>68명</td></tr>
<tr><td>월요일</td><td>655명</td><td>54명</td></tr>
<tr><td>시간 그룹별
통행량</td><td colspan="3">• 토요일 : 14시 이후의 통행량이 83%로 상당히 높은 비율을 나타내고 있으며, 야간에는 8.3%로 급감하고 있다.
• 일요일 : 오전과 오후는 81.3%로 높은 통행량을 보이고 있으나, 16시 이후는 급속히 감소하고 있다.
• 월요일 : 시간대별로 비교적 고른 통행량을 보이고 있으나, 전반적으로 통행량이 적은 편이다.</td></tr>
<tr><td>시간 그룹별
통행량</td><td colspan="3">• 종합 : 전체적으로 통행량은 적으며, 야간을 제외하고는 시간대별로 크게 차이는 없다.</td></tr>
<tr><td>통행
성분비율
특성</td><td colspan="3">• 기혼남녀 비율이 64%로 통행인의 주류를 이루고 있다.
• 기혼남성의 비율은 48.5%로 높게 나타나고 있다.
• 중 · 고생 및 어린이의 비율은 10% 미만으로 거의 통행이 없다.
• 토요일, 일요일, 평일에 관계없이 주요 타깃 고객층인 미혼남녀, 중고생의 비율은 30% 정도로 고객형태는 그다지 좋지 않다.
• 시간대에 구분없이 젊은층 유동인구는 거의 없다.</td></tr>
<tr><td>통행인의
특성</td><td colspan="3">• 주로 남성(기혼)의 통행이 많고, 어린이나 중고생 비율이 적다.
• 기혼남성의 경우도 거의 저녁시간 이후의 통행량이 많은 것으로 보아서 퇴근하는 인근 아파트 주민이 대부분이다.
• 신도시의 특성을 반영하듯 젊은 30~40대 부부가 주를 이루고 있다.
• 20m 양쪽 차선의 진행차량이 거의 없다.
• 18시 이후, 즉 저녁 7~10시까지는 주변이 대부분 공사 중이라 너무 어두워서 통행인 분간이 어려웠다.</td></tr>
</table>

매 시간별 통행량

(단위:명, %)

시간 \ 통행량	토요일		일요일		월요일	
	통행인 수	구성비	통행인 수	구성비	통행인 수	구성비
10:00~11:00	23	3.9%	17	2.1%	20	3.0%
11:00~12:00	17	2.9%	88	10.8%	43	6.5%
12:00~13:00	56	9.5%	107	13.1%	73	11.1%
13:00~14:00	73	12.4%	221	27.1%	70	10.4%
14:00~15:00	54	9.1%	156	19.1%	69	10.5%
15:00~16:00	87	14.7%	74	9.1%	93	14.2%
16:00~17:00	105	17.8%	52	6.4%	69	10.5%
17:00~18:00	73	12.4%	65	7.9%	77	11.7%
18:00~19:00	52	8.8%	22	2.7%	61	9.3%
19:00~20:00	30	5.1%	123	1.6%	44	6.7%
20:00~21:00	17	2.9%	0	0%	27	4.1%
21:00~22:00	2	0.3%	0	0%	9	1.4%
합 계	589	100.%	815	100.%	655	100.%

시간대별 통행량

(단위:명, %)

시간 \ 통행량	토요일		일요일		월요일	
	통행인수	구성비	통행인수	구성비	통행인수	구성비
점심 (10시~13시)	96	16.3%	212	26.0%	136	20.8%
오후 (13시~16시)	214	36.3%	451	55.3%	232	35.4%
저녁 (16시~19시)	230	39.0%	139	17.1%	207	31.6%
야간 (19시~22시)	49	8.3%	13	1.6%	80	12.2%
합 계	589	100.%	815	100.%	655	100.%

(6) 경쟁점 분석

경쟁점에 대해서는 신규점포 진출 시에 반드시 비교분석을 해서 경쟁점을 능가할 수 있는 조건이 갖추어져 있는지, 또는 비슷한 조건인지를 확인하고 입점해야 성공할 수 있다. 때로는 경쟁점 신규점포와 시너지 효과도 기대할 수 있다.

경합여건의 개요

① 주 경쟁점은 L업체와 H업체 : 상권과 대상고객의 특성, 업종 · 업태, 주요 상품 아이템 등을 종합적으로 경쟁요인을 분석해 볼 때 후보지와는 거리가 충분히 있으며, 두 경쟁점은 뉴코아백화점 인근상권에 위치하므로 직접적인 영향은 없다.

② 지도와 같이 킴스클럽과는 직접 경쟁이 예상되는 외식 업체는 없고, 특히 건물 내 입점이 될 경우에, 고객층은 이원화되어 다른 두 점포가 영업에 미치는 영향은 적을 것으로 판단되며, 아파트단지 내 주민의 유인이 향후 마케팅 전략상 주요 관건이 되는데, 전략이 성공될 때 아파트에서 두 점포로 진출하는 고객의 차단효과가 매우 클 것으로 예상됨(킴스클럽이 회원제일 경우, 차단효과는 감소됨).

③ 치킨, 햄버거, 돈까스 등의 패스트푸드점은 L업체, H업체, N업체 외에는 경쟁점이 없고, 호프집, 아이스크림, 베이커리, 그 밖에 대중음식점이 성격상 후보점과 경쟁점으로 조사되었으나, 실제 상권은 분리되어 있다.

주요 경합점 개요

① 주요 경쟁점 사진

M업체

K업체

② 경합점별 현황

주경합점 분석

경 합 점	환 경 조 건
H업체	• 지역 내 위치상 상업용 건물을 주축으로 하는 중앙로상의 지하철 출구와 직접 연계되어 있음. • 후보점의 동측 80m, 범계전철역에서 50m 거리의 뉴코아백화점 옆 20m 보행자 도로면에 위치함. • 영풍문고 빌딩의 지하에 위치하여 시계성은 불량하나, 상권밀집의 중심역할을 하는 뉴코아백화점과 영풍문고의 고객을 흡인함으로써 기능적 입지조건이 양호하여, 전체적으로 후보점이나 또한 같은 경합점인 L업체보다 비교우위의 입지조건을 가지고 있음. • 출입구는 엘리베이터와 계단이 만나는 곳, 그 한 곳에 설치되어 있다. 2대의 금전등록기(Resgiter)가 있으나, 평상시에 1대만 가동되고 있으며, 현재 영업은 그리 양호하다고 판단되지 않음. • 유동상권에 대한 경합성은 안쪽에 있는 L업체보다 뛰어나며, 고정상권인 배후의 아파트 주민과 뉴코아백화점과 영풍문고를 중심으로 모여드는 주변의 부흥중 · 고등학교, 백영고등학교, 평촌고등학교, 동안고등학교 학생들을 부상권 대상으로 흡인하고 있음.
M업체	• 지역 내 위치상 상업용 건물을 주축으로 하는 중앙로 상의 지하철 출구와 직접 연계되어 있음. • 후보점의 우측 50m, ㅇㅇ역에서 20m 거리의 ㅇㅇ백화점 옆 10m 보행자 도로면에 위치함. • 후보점보다 ㅇㅇ역이 가까워 접근성과 시계성은 보다 뛰어나고 ㅇㅇ백화점 바로 옆에 위치하여 기능적 입지조건이 양호하여, 전체적으로 후보점보다, 또한 같은 경합점인 K 업체보다도 비교우위의 입지조건을 가지고 있음. • 유동상권에 대한 경합성은 안쪽에 있는 L업체보다 뛰어나며, 고정상권인 배후의 아파트 주민과 ㅇㅇ백화점과 ㅇㅇ마트를 중심으로 모여드는 주변의 중, 고등학교 학생들을 부상권 대상으로 흡인하고 있음.
K업체	• 후보점의 좌측 10m, ㅇㅇ역에서 약 130m 거리의 M업체와 같은 보행자 전용도로면에 위치 • 위치 면에서는 H업체보다 안쪽에 있어서 다소 불리하나, 주도로에 직접적으로 노출되는 코너에 위치하여 주도로에서 보는 시계성은 타경쟁 점포보다 양호 • 상권밀집의 중심역할을 하는 ㅇㅇ백화점과 ㅇㅇ마트를 중심으로 모이는 손님을 경쟁업체와 분산하여 흡인하고 있음. • 그 밖에는 경쟁업체와 여건이 거의 동일하다. 그러나 위치나 영업성 면에서 경쟁업체와 비교해 보았을 때 약간 떨어진다고 판단됨.

M업체 분석

M업체		메뉴 및 가격(단위 : 원)			
직선거리(m)	50m	불고기버거	3,500	〈사이드메뉴〉	
매장면적(평)	50평	빅맥	4,100	맥플러리	2,300
층 별 위 치	1층	치킨버거	4,300	후렌치후라이	1,500
좌석 수(석)	128	불고기버거세트	5,300	피치후룻컵	1,700
영 업 시 간	24시간				
영 업 성	상	빅맥 세트	5,900	셰이크	1,900
경 합 성	비교 우위	치킨버거세트	6,100	오렌지주스	2,000
		프렌치프라이	1,500	커피/핫초코	1,500
		맥너겟	3,200	아이스크림	1,500
		스낵랩	2,000		

※ SET화된 상품이 매출의 대부분을 차지한다.

K업체 분석

K업체		메뉴 및 가격(단위 : 원)			
직선거리(m)	10m	오리지널치킨	3,500	〈사이드메뉴〉	
매장면적(평)	30평	치킨징거라이스	4,900	후렌치후라이	1,600
층 별 위 치	1층	핫크리스피치킨	4,300	콘샐러드	1,700
좌석 수(석)		하프치킨버켓	5,300	에그타르트	1,600
영 업 시 간	10:00~23:00				
영 업 성	중, 하	점보치킨버켓	5,900	비스켓	1,600
경 합 성	약	스마트초이스	6,100	음료수	1,700
		핫크리스피버거	1,500	주스	2,000
		징거버거세트	3,200	아메리카노	2,000
		타워버거세트	2,000	에이드	2,000
		치킨&타워팩			
		치킨&징거팩			

부경합점

점 포 명	직선거리(m)	특기할 만한 정보
던킨도너츠	50m	• 매장면적 20~25평의 점포로 도넛을 주 메뉴로 주스, 커피류를 판매하는 디저트 성향의 점포
닭갈비전문점 새마을식당 화이트엔젤 강남분식 죠스떡볶이	100m 이 내	• 식사위주의 영업 • 후보점과의 경합성은 거의 없으나, 죠스떡볶이나 강남분식은 다소 경합의 가능성이 있음. • 시설수준은 중간 수준 • 중심상권으로 유입하는 고객들과 학생들이 주 고객임.

(7) 상권분석

상권범위의 개요

① 1차 상권의 지역범위는 후보점 규모 및 입점되는 장소의 고객흡인력, 주민생활동선, 후보점의 위치, 도로시설, 교통시설, 상권규모 및 수준 등을 고려할 때 패스트푸드점이 입점하기에 적합한 위치이다. 경쟁점포와의 거리가 가깝고 백화점의 주차장 건물 내 할인점이 위치함으로써 주차장 이용고객이나 할인점이라는 특별한 목적을 가지고 유입되는 고객을 대상으로 할 때의 잠재상권의 가능성은 상당함.

② 본 후보지는 실제로 1차 상권 면에서 매우 불리한 입지조건을 갖고 있는 것은 확실히 관측이 된 사실이지만, 향후에 일산지역의 1급 상권지로서의 자격을 갖추고 있고, 또한 할인점의 흡인력을 고려할 때 3차 상권의 범위는 고양시 전 지역으로의 파급 가능성이 있으며, 특히 인근지역(일산, 행신, 원당) 일부 고객의 내점 가능성이 상존함에 따른 상권 설정은 다소 모호한 면이 있음.

③ 본 지역은 덕양구권의 광역화에 대비하여 구 시가지에 있는 주요 공공기관들, 즉 시청 및 구청, 법원, 경찰서 등이 2차 상권 내에 차례로 완공 · 이전함에 따라 본 지역은 향후 고양시의 역할을 분담하게 되며, 이로 인한 상권의 확대는 고양시 전역으로 확대할 가능성이 있음.

④ 대형백화점이 1차 상권 내에 입점하여 상권 발전 및 잠재 상권 확대에 크게 기여할 것임.

상권의 설정

구 분	상권의 구성 형태
1차상권	• 후보점을 중심으로 한 500m 내의 상권 • ㅇㅇ역, ㅇㅇ백화점이 위치하여 지역 내 유동인구가 가장 많은 상권 • 모든 금융기관을 포함한 지역 내의 중심상업 밀집지역
2차상권	• 후보점을 중심으로 한 1km 내의 상권 • 아파트 단지 및 주택단지가 포함되어 집객력이 강할 것으로 예상
3차상권	• 1, 2차 상권 내 백화점 및 대형마트 등의 대형상권이 집중됨으로써, 인근 지역에서 고객의 유입이 예상되므로 인근지역(일산, 원당, 행신)을 포함한 고양시 전역을 대상으로 할 수 있음.

각 아파트별 세대수

동 명	아파트명	세대수(가구)
고양시 ㅇㅇ동	달빛 1단지	1338
	달빛 2단지	2781
	은빛 5단지	1596
	은빛 6단지	1481
	별빛 7단지	1704
	별빛 10단지	1684

2차 상권 내의 아파트별 세대수임.

집객시설 현황

시설명	거리(m)	개요
중 · 고교	1,000	중학교 : 34학급, 1,830명 / 고등학교 : 39학급, 1,408명
백양중학교	800	30학급, 1,516명
화정고	970	18학급, 875명
백영고교	850	12학급, 620명
범계중학교	500	36학급, 1,975명
덕양구청	500	완공
백화점	100	상권을 이루는 곳으로 인근지역으로부터 고객유입의 중심
롯데마트	10	고객유입의 중심적 역할을 담당할 것임.

(8) 입지 및 상권조사결과 종합의견

기회요인

① 할인판매점의 이미지 정착에 따른 잠재고객이 매우 다양할 수 있으며, 이 잠재고객은 고양시내 전역과 인근 도시(일산, 행신, 원당)의 일부 소비자 유입에까지 영향을 끼칠 수 있다.

② 유동인구 중 주 고객 타깃(Target)이 되는 중 · 고, 청소년층과 미혼남 · 여 구성 비율이 낮은 것은 아직 상권이 형성되지 못한 탓으로 보이며, 아파트를 중심으로 한 판촉 전략에 성공하면 충분한 시장 가능성이 있다.

③ 롯데리아 등 주로 햄버거 위주의 패스트푸드 업체 정도가 진출되어 있을 뿐, 치킨 시장의 블루 오션으로 조사되고 있으며, 객단가가 햄버거보다 높은 장점을 감안하면 출점 시에 매출은 해마다 증가될 것이 예상된다.

위험요인

① 대형 할인매장에 국한된 영업활동으로 매출의 영향이 전적으로 고객의 유입에 의존된다.

② 점포 시계성은 전철역으로부터 이격되어 인지면에 있어서 불리하며, 주차장 시설로만 이용될 위험성이 내포되어 있다.

③ 전철역 역세권에서 다소 벗어나 있다. 향후에 건설될 하이마트, 농수산유통단지, 기존의 세이브존으로 고객이탈이 예상된다.

결 론

상권조사는 언제나 기회요인과 위험요인이 따르기 마련이다. 두말할 나위 없이 기회요인이 많을수록 좋은 입지조건이다. 그러나 그런 지역일수록 분양가 및 임대가격은 비싼 편이다.

① 조사된 후보점은 인근 경합점포 과다로 인해 다소간의 경영상 어려움은 예상된다.

② ㅇㅇ역을 중심으로 한 중심상권은 향후에 인근지역을 포함하여 큰 상권발달이 예상되는 최고의 상권 형성 지역이므로 해당 후보지로서는 상당히 우수하다.

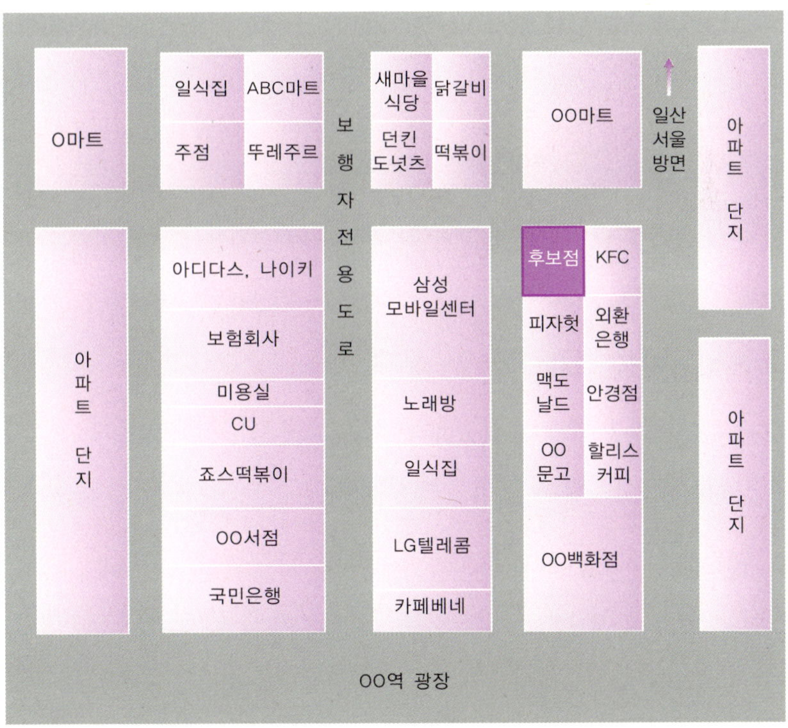

그림 5-1 ○○역 주변상가 형성도

6. 원가관리

(1) 원가관리의 중요성

재료비와 인건비는 외식업에 있어서 중요한 2대 원가 요소이다. 특히 원재료비의 단가 비율에 따라 총이익이 결정되기 때문에, 원재료의 적정 관리에 따라 최종 이익이 좌우된다고 할 수 있다.

(2) 상품의 기준원가율

구분 원가율		시장 점유율	교차치
요리 원가율	36.5%	93%	33.95
음료 원가율	40.0%	7%	2.8
		합 계	36.75%

음식점의 원가비율은 36.5%이다. 지역에 따라 메뉴 출하수가 다르거나 또는 여름과 겨울에 따라 메뉴가 다르므로 반드시 매월 같다고 할 수 없다.

(3) 당월 원가율 산출방법

$$\frac{\text{초기재고} + \text{당월매입} - \text{기말재고}}{\text{매}\quad\text{상}}$$

(4) 재고조사의 필요성

매월 정확한 원재료 비율을 산출하기 위해, 매월 말일에 정확하게 재고조사를 해야 한다(필요한 경우에 매주 또는 매일 할 수도 있다).

(5) 매입률

주방장은 매일 구입내용을 기록하여 일별 매입률을 파악해야 한다. 1개월이 지난 후, '지난 달 원가율이 40%나 되었잖아.'라고 하면 안 된다.

10일, 15일, 20일마다 매입률을 체크한다. 이를 통해 당월 원가율이 몇 %가 되는지 추측할 수 있으므로 그 원인을 찾아서 처리할 필요가 있다.

(6) 원가율이 높아지는 원인

① 식재 분량 조절의 문제
② 식재의 손실(loss)
③ 구입단가 상승
④ 상품 구성비율의 문제
⑤ 기타

원가율이 높을 때는, 하나의 원인뿐만이 아니라 여러 요소가 복잡하게 얽혀 있는 경우가 대부분이다. 따라서 주방장은 그 원인을 찾을 수 있도록 다음 사항을 언제나 주의해야 한다.

① 상품 커트 수 체크
② 상품별 그램 수 체크
③ 담기 양의 체크
④ 로스의 기록
⑤ 구입단가의 파악
⑥ ABC분석표에 의한 상품 구성 등

(7) 대 처

식재 분량 조절의 문제

당월 원재료 비율 = { 조리기준의 엄수, 포션 커트, 그램 수, 담기 양 } 의 기준치 철저 준수

로 스(식재의 손실)

① **예측 로스** : 매상 예측에 준한 구입을 한다.

② **발주 시 로스** : 여분의 재고를 갖고 있지 않는다.

③ **납품 시 로스** : 검품을 확실하게 한다.

④ **보관 시 로스** : 선입선출의 철저, 냉장 · 냉동고 온도 · 시간관리

⑤ **조리 시 로스** : 조리 트레이닝 강화(너무 익히거나, 너무 굽지 않는다), 처리의 실수 방지

⑥ **판매, 제공 시 로스** : 서비스 트레이닝 강화(주문실수, 제공 실수, 전표작성 실수, 종업원 실수)

- **매입단가 상승** : 납품 가격의 교섭, 대체 재료 구입
- **상품 구성비율의 문제** : 낮은 원가율 상품의 권장
- **기타** : 재고조사 작업의 실수, 계산 착오

표 5-6 인건비가 높은 상황 분석

원 인	대 처
① 매상목표와 실적에 차이가 있다. ② 적정인원을 파악하지 않고 있다. ③ 개개인의 능력부족 ④ P.B의 시간급 설정의 문제 ⑤ 최대한의 능력을 발휘시키고 있지 않다.	① 매일의 목표매상의 재검토, 워크 스케줄표의 재고 ② 워크스케줄표의 재검토 / 인원배치의 재검토 ③ 교육훈련에 의한 개개인의 능력을 배양하여 최대한으로 발휘시킨다. ④ P.B 시간급 설정의 재고 ⑤ 작업할당의 재검토, 작업의 로테이션화

원 인	대 처
① 식재 분량 조절의 문제 ② 로스 • 예측 로스 • 발주 시 로스 • 납품 시 로스 • 보관 시 로스 • 조리 시 로스 (너무 굽거나, 너무 조린 것) • 판매, 제공시의 로스 ③ 구입 단가상승 ④ 상품 구성비율의 문제 (일부 상품에 치우침) ⑤ 기 타 • 재고조사 작업의 실수 • 대체 재료를 모를 경우	① 조리기준서 준수 크기, 그램 수, 담는 양 등의 기준치 준수 ② 매상예측에 준해 적절히 준비한다. • 매상예측에 따른 적정한 재고량을 유지한다. • 검품, 검량을 확실히 한다. • 선입, 서출, 온도, 시간, 상태관리, 냉장 냉동고 관리 엄수 • 조리 트레이닝 강화 • 관리상 실수의 방지 • 서비스 트레이닝의 철저 ③ 납품가격의 교섭 메뉴 개정은 1년마다, 채소 등은 대체상품 검토 ④ 저 원가 상품의 권장 강화 「○○○○○」「○○○○○」

표 5-7 제경비가 높은 상황 분석

	원 인	대 처
전기·가스·수도	① 켜진 전등 방치 ② 효율의 악화	① 유휴 시간(15 : 00 ~ 17 : 00) • 사용하지 않는 방은 반드시 소등한다. (전등, 에어컨 등) • 계량기 체크를 교대로 시켜 관심을 갖게 한다. • 냉동, 냉장고 온도를 철저히 파악 • 화장실 변기에 세제 등을 넣는다. ② 필터 등의 청소 • 냉동, 냉장고의 성에 제거 • 효율이 좋은 기기를 연구
자 재	① 그릇의 파손 ② 낭비	① 재질이 다른(철과 유리, 도기) 그릇을 함께 세척하지 않는다. ② 상세하게 집계한다. 하루 얼마만큼 사용하는가 — 랩, 쓰레기 봉지 ③ 전화…개인전화 금지 ④ 물수건…객수와 비교한다(개인 사용금지) ⑤ 성냥…개인사용 금지 ⑥ 수선비…매일 청결 유지 지식의 강화

표 5-8 매상고를 올리는 포인트

매상고 = 객수×객단가

객 수 = ①이용자수 × ②내점빈도 × ③동반자수

객단가 = ④일품 평균단가 × ⑤매상개수

인지요인 (존재 , 이용 동기) → ①

설정요인 (점포, 상품, 가격) → ④

운영요인 (QSC 레벨) → ② ③ ⑤

Chapter 6

마케팅 전략

- 판매촉진
- 판매촉진 기획 만들기
- 고객에게 판매 촉진 어필방법
- 연간 판매촉진 계획
- 판매촉진 계획에 있어 경쟁 점포에 대한 대책의 필요성
- 목적별 판매촉진 방법
- 고객관리
- 불황기의 외식업 판촉전략

6.

마케팅 전략

1. 판매촉진

(1) 지금 왜 판매촉진이 필요한가

옛날에는 대부분의 음식점이 '판매촉진 따위를 하지 않아도 고객은 온다.'라고 생각했다. 그 이유는 '경쟁이 없는, 파는 사람 주체(판매자)의 시장'이었기 때문이다. 점포 존재 자체에 사회적 의의가 있었고, 존재 자체가 판매촉진이었던 시대였다. 점포가 많지 않아 경합이 없었던 시대에는 개점만 하면 이익이 발생하면서 성공을 거두었다. 그러나 이제는 경합의 시대이다. 동일한 업종의 점포가 속출하면서 문만 열어 두면 고객이 와 주었던 옛날의 '좋은 시대'는 끝났다. 점포가 고객을 선택하던 '판매자의 시장'에서 고객이 스스로 점포를 선택하는 '사는 사람 주체(구매자)의 시장'으로 변한 것이다.

'구매자 시장의 시대'로 변하면서 음식점 경영자가 가장 먼저 생각한 것은 차별화였다. 다양한 업종과 업태 속에서 번성한 점포 만들기의 기본이 되는 'Q S C' 레벨을 균형있게 올리는 것에서부터 시작하여 자신들의 점포 지위를 정확하게 구축하여 조금이라도 많은 고객에게 선택되도록 하기 위하여 차별화의 길을 걷게 되었다.

이러한 차별화된 영업도 완전하게 정비해야 하며, 더욱 적극적으로 점포의 매력이나 독특한 콘셉트를 고객에게 어필하기 위한 연구를 하지 않으면 안 되게 되었다. 다시 말해서, '판매촉진의 시대'가 온 것이다. 그러나 오해를 피하고자 하는 의미에서 감히 언급하자면, 판매촉진이 곧 매출과 연결되어 순익 상승으로 이어지는 것은 아니다.

판매촉진은 가치 있는 '상품'의 서비스를 제공할 수 있는 '인간의 능력과 점포의 숨겨진 힘' 등이 갖추어져야 비로소 효과를 올릴 수가 있다는 사실이다.

판매촉진이란 문자 그대로 해석하면 '판매를 촉진하기 위한 연구 활동', 즉 매출을 올리기 위한 여러 가지 활동을 말한다. 고객의 방문을 촉진하는 활동이므로 방문 시의 "어서 오십시오."라고 하는 목소리부터 요리 제공에 이르기까지의 일련의 영업활동 전부가 판매촉진에 해당한다. 그러나 이러한 개념의 정의는 결코 틀리지는 않지만, 너무나 막연해서 이해하기 어렵다.

그러면 가장 대표적인 '판매촉진활동'을 점검해 보자.

① 내점 촉진

고객에게 점포의 존재나 '어떠한 점포인가'라는 콘셉트를 알려서 내점을 촉진하는 활동이다. 길거리에서 전단지를 부착한다거나 집집마다 방문하여 전단지를 나누어 주는 행위 등 일상생활 속에서도 많이 목격되는 판촉활동이다.

② 구매 촉진

실제로 내점한 고객들에게 구매를 유도하기 위한 작업이다. 고객이 구매 욕구가 생기도록 권유의 말을 한다거나 매력적인 이벤트 상품을 도입하는 등의 연구 · 노력이 필요하다.

이 두 가지 판매촉진 활동은, 실시되는 장소에 따라 '점포 내 판촉'과 '점포 외 판촉'으로 크게 구분할 수 있다. 판촉 활동을 할 때에는 보통 점포 외 판촉(내점 촉진)과 점포 내 판촉(구매 촉진)을 병행하여 행하는 경우가 많다. 또한 그렇게 할 때 비로소 효과적인 판매촉진이 이루어진다.

계절 메뉴를 만들어 훌륭한 페스티벌을 기획했음에도 불구하고 그것을 전단지 등을 이용해서 밖으로 어필하지 못했기 때문에 실패해 버린 경우가 많은데, 이는 내점 촉진이 효과적으로 행하여지지 않았기 때문에 구매 촉진을 실시하기

이전에 이미 승부가 결정되어 버린 예다.

그 반대로, 점포가 개장하였다고 대대적으로 전단지를 돌렸는데 상품이 준비되어 있지 않았다거나 점포에서 고객에게 잘못 대응했기 때문에 고객을 화나게 한 경우가 있다. 이는 내점 촉진에만 주의를 기울이고 구매 촉진을 소홀히 했기 때문에 실패한 예이다.

(2) 판매촉진 과정

판매촉진을 성공시키기 위해서는 어떠한 과정을 거쳐야 하는가? 판매촉진을 성공시키기 위한 필요작업은 아래와 같다.

① 판매촉진의 기획

② 종업원들을 대상으로 철저한 교육

③ 판매촉진을 위한 현장 단계에서의 준비

④ 고객에게 예고

⑤ 판매촉진의 실시

⑥ 판매촉진 결과의 집계와 피드백

당연히 이러한 작업 속에는 점포 내 판촉도 있고 점포 외 판촉도 있다. 이 작업을 함께 하지 않으면 성공적인 판매촉진을 할 수 없다.

판매촉진의 기획

판매촉진의 성공여부는 기획에 달려 있다. 어떤 부류의 고객이 대상이며 목적은 무엇인지 등을 확실하게 정해야 한다.

종업원들을 대상으로 철저한 교육

판매촉진 기획이 완성되었다면 그 판매촉진의 목적이나 방법 등을 종업원에게 정확하게 전달할 필요가 있다. 이 과정을 건너뛰어 버리면 판매촉진의 효과는 반감된다.

전단지나 가가호호 방문을 통한 판촉 활동으로 고객층을 개척하여 비약적으로 내점 고객수를 늘렸다고 하면 당연히 점포는 바빠지고 그 작업의 영향이 현장에서 일하는 종업원에게 미치게 된다. 이렇게 바쁘다 보면, 종업원들은 왜 이렇게 힘들고 바빠야만 하는지 모르겠다는 생각을 할 경우가 발생한다.

또 이러한 예도 있다. 판매촉진 기간 중에 막대한 자금과 노력의 결실로 특별한 상품을 도입했다. 그러나 종업원에게 상품 설명을 정확하게 하지 않아서 종업원이 그 상품 판매에 적극적이지 않았다면, 개발비용도 판매촉진 비용도 모두 허사가 되어 버린다. 이런 일은 너무나 흔히 발생한다.

'앞으로 행하게 될 판매촉진을 어떻게 진행시킬 것인가?' 라는 오리엔테이션(orientation)이 사전에 완벽하게 이루어져 있다면 이런 일이 없을 것이다.

기획 완성 단계에서는 다음 항목을 종업원 전원에게 알려 주어야 한다.

① 이번 판매촉진활동의 목적

② 대상 고객

③ 판촉 기간

④ 판매촉진을 위한 구체적인 방법

⑤ 특별한 도구나 기기 사용 방법

⑥ 판촉활동의 책임자

⑦ 문제점이나 질문 발생 시 문의할 책임자

이러한 오리엔테이션을 함으로써 판매촉진에 대한 종업원의 참가의식과 책임의식을 높일 수 있다. 이것이 바로 성공의 지름길이다.

또한 참가의식을 높이기 위해서 비교적 빠른 기획 단계에서부터 현장에서 일하는 종업원의 의견을 듣거나 기획안 자체를 모집하는 방법도 있다.

판매촉진을 위한 현장 단계에서의 준비

기획과 오리엔테이션이 끝났다면, 판매촉진 개시를 위하여 현장 단계에서의 준비를 시작해야 한다. 판촉기간 중 특별한 접객 용어를 사용할 필요가 있으면 접객에 관한 교육을 해야 할 것이고, 또한 기간 중에 특별한 상품을 제공하려면 주방 내의 종업원에게 그 조리방법을 철저하게 교육할 필요가 있다.

또한, 확실한 권장 판매를 하기 위해서 종업원에게 해당 상품을 시식하게 할 필요도 있다. 이러한 준비를 게을리 하면, 고객이 갖고 있는 판매촉진에 대한 정보나 기대감과 현장의 종업원들에 의해 제공되는 실제 서비스와의 사이에 격차가 생김으로써, 결과적으로는 고객은 불만족을 느끼게 된다.

고객에게 예고

현장 단계에서 준비가 끝나고 판매촉진에 대한 준비가 다 되었다면, 고객에게 적극적으로 예고를 해야 한다.

그 방법에는 여러 가지가 있다. 포스터나 전단지라는 비교적 제한적인 것에서부터 텔레비전이나 신문 광고라는 광범위한 것까지 있다. 이러한 예고 방법은 예산 규모나 판매촉진 자체의 목적에 따라서 적절하게 선택하여 손님에게 다가가도록 한다.

판매촉진의 실시

이렇게 정성을 다한 준비를 마친 후에 비로소 판매촉진을 시작한다. 이제까지 준비한 성과를 발휘하는 마지막 단계이다.

판매촉진 기간 중 서비스나 상품의 질이 떨어지지 않도록 하고, 이 기간에는 바쁘기 때문에 클레임이 발생하거나 고객의 불만을 사는 일이 많아지므로 주의해야 한다. '바쁘기 때문에'는 변명이 되지 않는다. 바쁜 원인은 점포 측에서 만든 것이며, 바쁠 것은 처음부터 예상할 수 있었기 때문이다. 바쁘더라도 고객이 최대한 만족할 수 있도록 노력을 기울여야 한다.

판매촉진 결과의 집계와 피드백

판매촉진 활동과 직접적인 관계는 없지만, 이 과정도 매우 중요하다. 판매촉진 활동으로 어느 정도 고객이 증가하였으며, 그 결과, 어느 정도 매출이 향상되었는지, 당초 판매촉진 활동의 목적은 충분히 달성했는지, 그리고 고객에게 어느 정도 만족을 주었는지 등 확인해야 할 사항이 많다.

이러한 것을 수치자료나 설문 조사, 현장의 목소리 등을 이용하여 분석해야 한다. 이것은 다음 판매촉진 계획을 세울 때 좋은 자료가 되며 똑같은 잘못을 반복하지 않고, 보다 효과적인 판매촉진을 하기 위하여 필요하다.

판매촉진의 의의

판매촉진의 의의는 고객의 구매 의욕을 촉진시키고 외식 업소의 유효성을 높이기 위한 마케팅 활동이자 모든 촉진활동으로 상품 전시나 진열 등 일상적인 노력에서 찾을 수 있다.

2. 판매촉진 기획 만들기

판매촉진은 매출효과가 광고보다도 높으며, 방법에 따라서는 장기적으로 볼 때 광고효과보다도 기업 이미지의 상승과 매출 증가 효과가 높다.

판매촉진 기획 입안 시의 플로차트 *Check Point*

① 기획의 명칭을 가장 먼저 붙인다.
② 기획은 반드시 명문화한다.
③ 기획의 내용이나 목적을 확실히 주지시킨다.
④ 기획의 주지와 영업 콘셉트가 일치하는가를 확인한다.
⑤ 기획 대상을 명확하게 한다.
⑥ 기획 실시기간을 명확하게 설정한다.
⑦ 기획 내용을 상세하게 결정한다.
⑧ 예산 계획을 세운다.

판매촉진의 여러 형태 *Check Point*

〈할인〉 시식권, 할인권 등

〈메뉴 소개와 고객과의 접촉〉 시연회, 다양한 메뉴 선택권리 부여, 직접 요리에 참여하는 프로그램

〈분위기〉 패션쇼, 점포의 내장, 포장지 등

〈선물〉 경품, 스탬프, 퀴즈 등

〈서비스〉 와인 서비스, 음료쿠폰, 주차권

판매촉진의 백업

▲

〈광고매체〉 포스터, DM, 애드벌룬, 팸플릿, 광고물 등

〈거래처 원조〉 깃발, 풍선, 띠 등

기획의 명칭을 가장 먼저 붙인다.

'이름 따위는 없어도 되겠지'라고 생각할지도 모르겠다. 하지만 관계자의 동의를 얻거나 고객들에게 판촉 활동에 관하여 알리는 데에도, 명칭이 결정되어 있지 않으면 곤란한 경우가 많다. 전단지를 만들려고 해도 만들 수 없다. 고객이 그 판촉 내용에 관해서 문의를 해도 답변이 불가능하다. 상품이나 점포에도 이름이 필요하듯 판매촉진에도 이름이 필요하다.

기획은 반드시 명문화한다.

판매촉진을 하고자 할 때 기획은 세웠지만, 그것을 명문화하는 일에 주의를 기울이지 않은 경우가 실제로 많다. 특히 작고 특별하지 않은 이벤트, 예를 들면 계절상품 축제인 경우에는 관계자들의 묵언의 양해만으로 판매촉진 기획을 시작하는 경우가 많은데, 아무리 하찮은 이벤트라도 '문서화된 기획서'를 만들어야 한다.

언제 어떠한 판매촉진을 하는가 하는 기록이 없다면, 다음에 어떤 것을 해야 할지 모르게 된다. 이것은 앞에서도 설명한 '판매촉진의 결과를 반드시 피드백 한다.'라는 사항을 준수하기 위해서라도 꼭 지켜야 한다.

기획의 내용이나 목적을 확실히 주지시킨다.

기획의 목적을 확실히 하지 않으면 판매촉진은 성공하기 어렵다. 판매촉진에 실패한 대부분은 주지의 내용이 희박하거나 너무 많은 목적을 한꺼번에 주지시켰기 때문에, 오히려 인상이 희박해진 결과를 초래한 경우들이다.

판매촉진을 위한 주목적 *Check Point*

- 보다 많은 새로운 고객의 내점을 촉진한다.
- 현재의 고객들이 한층 더 만족할 수 있도록 연출한다.
- 내점빈도를 높이는 연구를 한다.
- 객단가를 높이는 연구를 한다.
- 성수기에 한층 더 매출증대를 꾀한다.
- 비수기의 매출저하를 막는다.
- 업태 등의 콘셉트 변화를 고객에게 어필(appeal)한다.

판매촉진은 목적에 따라 이미지나 구체적인 수법이 크게 달라진다. 그러므로 최초 단계에서 판매촉진의 내용과 목적을 주지시켜 두지 않으면 당초 계획과는 다른 결과를 낳는 경우가 자주 발생한다.

예를 들어 여름의 판매촉진 계획을 생각해 보자. 이 시기는 그렇지 않아도 바쁘기 때문에 보다 효율적으로 매출을 올릴 수 있는 판매촉진 방법을 찾아야 된다. 그래서 여름맞이 신상품을 도입하여 상품구성의 변화로 객단가를 상승시키려는 노력을 하면 객석 회전율은 같더라도 많은 매출을 기대할 수 있다. 이러한 방안이 '성수기에 더 많은 매출 증대를 꾀한다.'는 것이다.

만일 잘못 생각하여 이 시기에 현재 고객에게 더 많은 만족을 드리고자 판매촉진 기획을 세웠다고 하자. 예컨대, '여름 풀코스와 디저트 일품 서비스'라는 기획이 있다면 분명히 고객들은 이러한 서비스를 환영하겠지만, 풀코스는 제공 시간이 길어진다. 더구나 디저트 일품을 서비스함으로써 고객의 식사 시간은 대폭 길어진다. 객석 회전율이 떨어지는 것은 당연한 일이고, 매출에 대한 고민뿐만 아니라, 자리가 없는 고객의 불만을 사게 된다.

결과적으로 일부러 기획에 맞추어 찾아와 준 종래의 고객들 일부는 만족을 할지 모르겠지만, 대부분의 고객으로부터 불만을 더 많이 사게 되어, 목적과는 명확하게 반대되는 효과를 초래할 것이라는 예상을 할 수 있다.

기획의 주지와 영업 콘셉트가 일치하는가를 확인한다.

잊기 쉽지만 굉장히 중요한 요소이다. 번성한 점포를 만들려면 영업 콘셉트가 정확하게 책정되어 있어야 한다는 것은 지금까지 여러 항목에서 설명했다.

이 영업 콘셉트는 점포 만들기의 초기 단계에서만 중요하다고 생각하기 쉽지만, 사실은 점포를 관리 · 유지해가는 과정에서 매우 중요하다.

서비스 · 신상품 만들기 등 여러 가지 일상적인 점포 운영 속에서 당초의 영업 콘셉트를 지키는 것이 진정 번성한 점포를 이루는 데 중요한 역할을 하고 있다. 따라서 판매촉진 방법도 이 영업 콘셉트에 따라야 한다. 물론, 영업 콘셉트보다 강렬하게 고객에게 어필하는 것이 판매촉진의 커다란 역할이라고 생각할 수 있다.

이런 예를 생각해 보자. 어느 도시락 점포가 굉장히 '싸게 파는' 이벤트를 기획하여 전단지를 신문에 끼워서 판촉 활동을 했다. 전단지의 내용도 좋고 이벤트도 훌륭해서 많은 손님들의 호응으로 크게 성공했다. 이 소식을 접한 이웃 마을 스테이크 하우스 경영자가 그 전단지를 그대로 흉내 내어 똑같은 방법으로 판매촉진을 실시했다. "싸요. 싸! 매우 싸게 팝니다!"라고 하는 식의 판매촉진 방법이었다.

과연, 이렇게 해서 성공할 수 있으리라 생각하는가? 결과는 당연히 실패다. 왜냐하면 도시락 점포의 콘셉트와 스테이크 하우스의 콘셉트는 근본적으로 다르기 때문에, 점포의 콘셉트를 무시한 판매촉진은 성공할 수 없다.

고객이 그의 점포에 어떠한 기대감을 가지고 오는가를 철저하게 연구하고, 그 기대감을 만족시키도록 판매촉진을 해야만 한다. 적어도 자신의 점포 이미지를 깨는 판매촉진은 하지 말아야 한다. 이는 판매촉진이 아니라 판매 방해가 된다.

기획 대상을 명확히 한다.

점포 콘셉트를 만들거나 신상품을 개발할 때 '누구'를 타깃으로 하는가가 중요하듯이 판매촉진 기획에서도 어느 층을 대상으로 하는가가 중요하다.

판매촉진 대상자를 설정하기 전에 우선 우리 점포가 어떤 층의 고객에게 지지받고 있는가를 충분히 파악할 필요가 있다. 판매촉진의 더욱 놀라운 효과를 위해서는 점포를 이용하는 고객층 중에서도 가장 영향력이 있는 층을 노리라는 것이다.

예를 들어, 자신의 점포가 가족층의 지지를 받고 있는 전형적인 패밀리 레스토랑이라면, 가족 외식동기의 중심인 아이들을 대상으로 판매촉진을 하라는 것이다. 그러나 젊은층을 대상으로 한 점포에서 이러한 판매촉진 방법을 사용한다면, 생각만큼의 효과를 올릴 수는 없게 된다.

판매촉진의 목적에 따라서는 현재 최대 고객층 이외의 고객을 타깃으로 한 이벤트를 계획할 필요도 있다. 현재는 최대 고객층은 아니지만, 장래 유망한 고객층으로서 지금부터 연결해 두고 싶은 고객층, 이러한 계층을 대상으로 기획할 때에는 눈에 띄는 성과를 기대하거나 평가하는 것은 피해야 한다. 장기적인 안목으로 한 판매촉진 활동이라면 그것으로 충분하다.

기획 실시기간을 명확하게 설정한다.

'이 기획은 언제부터 언제까지 실시됩니다.'라는 기간 설정은 매우 중요하다. 특히 어느 정도 비용을 들여서 광고를 하는 경우에는 고객이 '지금 가지 않아도 언제까지만 가면 된다.'라고 안도하도록 하는 연출을 위해서도 필요하다.

이때 주의해야 할 점은 이벤트에도 적당한 기간이 있다는 것이다. 너무 짧으면 판매촉진 기간 따위는 정하지 않은 것과 마찬가지다. 특별한 경우를 제외하고는 음식점의 판매촉진은 2~3일이라는 단기간에는 효과를 내지 못한다.

물건을 사는 것이 최대이자 유일한 목적인 일반 상점에 대한 이용 동기와는 달리, 외식업체의 이용 동기는 목적의식이 대부분 희박하고 기분에 좌우되는 경우가 많다. 그래서 어느 정도의 긴 판촉기간을 설정해야만 한다.

그렇다면 일반적으로 어느 정도의 사이클이 가장 효과적이겠는가? 이것은 업종 · 업태에 따라서 약간 다르다. 왜냐하면 판매촉진의 적절한 기간은 점포의 고객 내점 빈도와 밀접한 관계가 있기 때문이다.

일반적으로 업태별 내점빈도는 패스트푸드점이 주 1회, 패밀리 레스토랑이 월 1회 정도이다. 따라서 패스트푸드 점포에서는 적어도 1주간 단위, 패밀리 레스토랑에서는 그보다 긴 3주에서 1개월 정도를 최소 단위로 해야 한다. 이 단위를 기본으로 하면서 최대 2개월 정도의 기간으로 기획을 세워 가는 것이 무난하다.

기간을 설정한 다음으로 생각해야 할 것은 '언제부터 시작할 것인가'이다. 특히 '무슨 요일부터'라는 개념이 중요하다. 번잡한 순서나 인원이 요구되는 판매촉진에서는 일요일이나 축제일 등의 바쁜 요일부터 시작하는 것을 피해야 한다. 가능하면 피크일 며칠 전에 실시하여 시스템을 충분히 이해하고 익숙하게 하는 연구도 필요하다.

또한 특별한 경우를 제외하고는 일요일 전에 기획이 딱 끝나 버리는 것도 피해야 한다. 고객이 모처럼의 기회를 잃을 수 있기 때문이다. 개시일과 완료일을 잡는 방법에 따라 그 사이에 낀 휴일의 일수(고객의 내점 빈도가 높은 날)가 달라진다. 이는 직접적으로 판매촉진 기간 중 매출이라는 결과가 되어 돌아온다.

기획내용을 상세하게 결정한다.

이상의 과정을 거쳐 결정된 '목적'을 달성하기 위한 구체적인 방법을 면밀하게 결정하는데 검토되어야 할 사항은 다음과 같다.

① 판매촉진 기간 중에 이용하는 고객들에게 제공되는 메리트는 무엇인가?

판매촉진 기획의 중심이 되는 것으로, 말하자면 '판촉 매물'이라는 것이다. '고객에게 제공되는 메리트가 없으면 판매촉진이 존재하지 않는다.'라고 해도 과언이 아니다. 매력적인 메리트 기획이 판매촉진의 성패를 쥐고 있다.

그 메리트의 종류에는 다음과 같은 것이 있다.

• 선물을 준다.

가장 힘이 있고 고객의 주시도가 높은 것이 '뭔가 선물을 주는 방법'이다. 이 방법도 주는 것이 '점포 내 상품'과 '점포 외 상품'으로 나뉜다.

점포 내 상품이란 점포에서 팔리는 상품으로, 음식점의 경우는 당연히 '요리'이다. '이 요리를 어떻게 하면 고객이 사서 먹을까?'라는 것이 점포 내 상품을 이용한 판촉이다. 한편 점포 외 상품이란, 특별한 업자로부터 일부러 이 판매촉진을 위해 매입한 상품, 즉 경품이다. 이러한 경품도 판매촉진의 목적이나 영업 콘셉트와 일치해야 하고, 시대감과 감성을 반영시킨 것이어야 한다.

10여 년 전에는 그다지 비싸지 않더라도 경품을 그냥 받을 수 있는 것만으로도 충분히 매력이 있는 이벤트가 되었지만, 최근에는 과잉소비 시대를 반영하듯 정말로 좋은 경품을 찾기가 힘들다. 그럼에도 불구하고 고객의 감성이나 요구에 딱 들어맞는 상품을 경품으로 한 경우에는 판매촉진의 성공 확률은 비약적으로 높아진다.

이러한 상품을 어떤 식으로 고객에게 제공하는가에 관한 검토도 해야 한다.

- 기간 중 고객에게는 무조건 제공한다.
- 기간 중 고객 1조에 하나씩 무조건 제공한다.

• 추첨해서 제공한다.

• 스탬프 등을 이용하여 일정한 득점을 획득한 사람에게 제공한다.

위의 방법은 값싼 상품이 아니면 대응할 수 없다. 고객이 사용할 수 있는 커피 티켓 등 점내 상품으로 공급하는 것이 가장 무난하고 더욱 효과적일 것이다. 이 방법을 그 밖의 방법과 조합하여 실시하면 상승효과도 얻을 수 있다. 추첨은 게임성이 높고 또한 당첨되는 제비수를 잘 설정함으로써 비교적 고액의 상품을 제공할 수 있기 때문에, 가장 매력 있는 이벤트 기획으로 이용된다.

그러나 잘못하면 '꽝'이라는 느낌이 많이 들기 때문에 고객 모두에게 제공하는 최저 보장 시스템을 도입하지 않으면 안 된다.

고객의 내점빈도를 높이는 것을 목적으로 한 판매촉진으로는 가장 적당한 방법이다. 그러나 그것만으로는 기간 설정에 어려움이 따른다. 너무 짧으면 횟수를 채워서 경품을 받는 것이 어렵기 때문에 판매촉진으로써의 매력이 줄어든다.

설정된 판촉기간 중에 고객들이 몇 번 이용할 수 있으며, 이용횟수 중에서 판촉 상품을 획득할 수 있는 확률 등을 구체적으로 시뮬레이션하고 나서 설정하는 것을 잊어서는 안 된다.

• 가격 할인을 한다.

판촉기간 중 전부 또는 일부 상품가격을 인하하여, 고객을 유인하는 방법이다. 이것은 실제 가격의 할인을 강조하는 '하드 디스카운트'와 할인권 등을 이용하여 실질적으로 가격을 할인하는 '소프트 디스카운트'로 크게 구분할 수 있다.

미국에서는 '오늘 전 상품 30% OFF' 등의 매우 직접적이고 강렬한 디스카운트 세일을 하는 음식업자가 있다. 그러나 디스카운트라는 습관에 대하여 보다 민감한 일본에서는 이 방법에 의문을 가지고 있다. 특히 품질에 대한 강한 신뢰감을 매물로 내놓지 않으면 안 된다.

음식점에서는 '하드 디스카운트'만은 피해야 한다.

더구나 서투르게 디스카운트를 하면 잠시 판매촉진의 성과로 고객의 수는 늘어나지만 매출은 반대로 내려가게 됨으로써, 판매촉진이 역효과를 가져올 수 있다. 또한 단품 가격을 과감히 내린 경우, 판매촉진 기간이 끝나고 원래의 가격으로 되돌려졌을 때, 상품에 대한 가치감이 무너져 고객으로부터의 신뢰를 잃게 될 것도 생각해야 한다.

한편, 소프트 디스카운트는 적극적으로 활용해야 한다. 커피 할인권이나 10%, 20% 할인 상품권은, 직접 "오늘 계산에서 10%를 깎아 드리겠습니다."라는 것보다 스마트해서 고객도 값을 깎아 지불한다는 부담감에서 벗어날 수 있는 등 미처 예상하지 못한 메리트가 있다. 또한 보다 세련된 디스카운트의 방법으로 '증량'이라는 방법이 있다. 가격을 내리는 것이 아니라, 가격은 그대로 두고 대신에 평소보다 많은 양의 상품을 제공하는 방법이다.

이 방법은 흔히 패스트푸드 점포 등에서 사용하는 방법으로, 객단가를 내리지 않고 고객의 만족감을 연출할 수가 있다. 또한 단순히 양을 늘리는 것만으로 대응하기 어려운 패밀리 레스토랑 같은 업태에서는, 단품가격세트를 제공하든가 세트를 업그레이드하여 제공하는 등의 연구를 할 수 있을 것이다.

효과적으로 디스카운트 세일을 하기 위해서는 '고객이 싼 것을 먹었다'라는 느낌이 들지 않도록 해야 한다. 따라서 서비스 티켓도 아무렇게나 종이에 복사한 것 같은 조잡한 것이 아니라, 정확하게 디자인했다는 것을 고객이 느낄 수 있게 해야 한다.

• 부가가치 정보나 엔터테인먼트 등을 제공한다.

앞의 두 가지 판매촉진이 '선물을 받는다.'라든가 '싸게 산다.'라는 것처럼 직접적인 메리트를 실현하고 있는 것에 비하여, 이 메리트는 간접적이고 추상적인 점이 특징이다.

예를 들면, 판매촉진기간중에 점포에서 재즈 라이브 공연이나 연주회 등을 개최하는 것이다. 엔터테인먼트를 제공함으로써 축제 분위기를 점포 안에 만들어 내어 점포의 이미지를 상승시키는 것이다. 소비의 소프트화에 대한 욕구가 확산되고 있는 물질 풍요의 시대에서는 이러한 새로운 판매촉진의 형태가 점점 주목받고 있다.

이러한 형태의 판촉을 기획할 때에는 특히 영업 콘셉트와 기획 대상자의 요구가 일치하는가를 신중하게 검토해야 한다. 개최자의 취미만으로 이러한 기획이 이루어지면 혼자만 즐기는 것이 되기 때문에, 좋은 결과를 낳을 수 없다.

• 기간 중에만 특별상품이나 신상품을 시식시킨다.

판촉활동 중에서 점포 측의 영업의도를 가장 짙게 느낄 수 있는 방법이다. 판촉기간 중에만 계절상품이나 기획상품을 제공하여 소비를 부추기는 목적을 갖는다. 또한 신상품을 도입하거나 메뉴 북을 개정한 경우에 고객에게 알리는 것을 최대 목적으로 하며 일상적인 영업 활동을 지원하는 의미를 갖는다. 당연히 고객의 입장에서는 메리트가 낮아지기 때문에 다른 메리트와 조합되어 기획되는 예가 많다.

• 실패하지 않는 판매촉진 기획 예산 만들기

아무리 훌륭한 판매촉진 기획이라도 그것이 예산을 초과하여 이익발생의 여지가 없다면 실행할 가치가 없다. 그렇다고 너무나 적은 예산으로는 매력적인 경품을 사거나 광고 선전을 위한 전단지 작성을 할 수 없다. 그러므로 '판매촉진 기간 중 매출과의 밸런스'를 생각해야 한다.

예산계획의 하나로 '매출목표에서 생각한 비용계산'이 있다. 이는 기간 중에 예상되는 '매출액 상승분×매출이익률=판매촉진 비용의 최대 한계'라는 것이다.

즉, 판매촉진 기간 중 만일,

- 영업시간을 연장하지 않는다.
- 종업원의 인원을 늘리지 않는다.

• 행사에 판매증가에 따르는 원 재료비 이외의 경비는 일체 변하지 않는다.

라는 조건을 기본으로 판매촉진을 하였다면, 매출이 증가하는 데 필요한 조건은 원료비, 즉 순이익 부분이다.

그래서 만약 판매촉진의 비용이 판매촉진으로 인해 초래된 매출증가분에 필적하면 점포의 예산 면에서 악영향을 주지 않고 실행할 수 있다. 그러나 매출액 증가분 전부를 판매촉진 예산으로 사용할 수는 없고, 위의 조건을 기본으로 여분의 상품을 파는 데 필요한 원료비만은 확보한 후에 그 밖의 매출은 예산으로 계상할 수 있다.

예를 들면, 매출 증가 목표가 500만 원이라 하고, 이 점포의 원가율이 30%, 즉 매출이익이 70%였다고 하면, 판매촉진 비용으로 최대 '500만 원×0.7=350만 원'을 투자할 수 있다.

그러나 이 매출액 목표를 기본으로 한 계획은 막연하기 때문에 어려워하는 독자도 있을 것이다. 또한 매출촉진의 성질에 따라서는 판매촉진 기간 중의 매출액 증가분을 예상하기 어려운 점도 있다. 이런 경우에는 '점포의 연간 매출실적'을 기본으로 한 예산을 세우는 방법이 있다.

음식점의 판매촉진 연간 예산은 일반적으로 일본의 경우, 매출액의 3% 정도라고 한다. 즉, 연 매출이 1억 원이라면 300만 원을 판매촉진 예산으로 하여 계산할 수 있는 셈이다. 이렇게 하면 자신의 점포 매출액을 모르는 경영자(혹은 기획자)는 없을 것이기 때문에 비교적 간단하게 예산을 세울 수가 있다. 그러나 한편으로 이 예산은 어디까지나 연간을 기본으로 구성되어 있기 때문에 할당을 어떻게 하는가가 기본적인 문제이다. 따라서 연간계획이 필요하다.

이 예산 범위 내에서 조달해야 하는 것은 다음과 같은 품목이 있다.

• DM이나 전단지 등

• 경품이 필요하다면 경품 가격

• 점포 내 포스터나 판매촉진 기간 중의 점포 내 데커레이션 도구

원료비나 그 기간 중의 인건비 등은 고려할 필요가 없다.

3. 고객에게 판매촉진 어필 방법

아무리 좋은 판매촉진 기획을 세우더라도 그것이 고객에게 알려지지 않으면 소용없다. 효과적인 '광고 홍보'에는 다음과 같은 방법이 있다.

(1) 점포 내에서 알리는 경우

기존 고객층의 만족을 목적으로 한 판매촉진에서만 유효한 광고 홍보방법이다. 신문, 전단지나 매체 광고 등의 대외적인 광고 선전 활동은 하지 않고, 점포 안에 포스터를 붙이거나 전단지를 두어서 알린다. 비교적 낮은 예산으로 할 수 있는 광고 선전으로, 이미 점포의 존재나 위치를 알고 있는 사람만을 대상으로 하기 때문에 효과도 크다.

이 점내 광고를 제작할 때는 세 단계를 거친다.

- STEP-1 **예고광고** : '언제부터 이러한 판매촉진을 합니다.'라는 광고를 한다. 대체로 판매촉진 스타트 1주일 전부터 1개월 전까지 고시하는 것이 보통이다.
- STEP-2 **실행광고** : '현재 이 점포에서는 이러한 판매촉진을 하고 있습니다.'라는 것이다. 사전에 대대적인 광고를 하지 않았기 때문에 개최기간 중이 되어서야, 비로소 판매촉진의 존재를 아는 고객도 많다.
- STEP-3 **종료광고** : '이러한 판매촉진은 성공리에 종료했습니다.'라는 식의 카피를 사용한 종료 광고도 필요하다. 추첨 등을 통하여 경품을 주는 경우에는 당선자의 명단을 게시하여 고객들의 호응을 이끌어 낼 필요가 있다.

연간 단위의 판매촉진 계획이 있을 경우에는, 다음 번 판촉 예고광고도 겸하여 하는 것이 보다 효과적이다.

점내 광고를 하기 위하여 필요한 물품 *Check Point*

- 포스터
- 테이블 POP, 테이블 매트
- 점포 내에 거는 작은 현수막
- 점포 외용 현수막
- 점포 내 방송용 판매촉진 테이프

마지막에 소개한 점내 방송이라는 광고 수단도 수수하면서 효과가 있다. 고객의 체재시간에 맞추어 반드시 올 고객이 한 번 정도는 들을 수 있도록 시간을 설정한 후에 테이프나 육성으로 판매촉진의 내용을 알린다. 가장 표준적인 패턴으로, 30분마다 육성으로 하는 경우에는 종업원이 돌아가며 한다. 그렇게 하면 종업원의 참가의식도 높이고, 판매촉진 효과도 높일 수 있다.

(2) 점포 내외 광고를 병행하여 실시하는 방법

판매촉진의 대부분은 불특정 다수의 고객을 대상으로 하는 경우가 많다. 따라서 광고 홍보도 외부에서 행하는 것이 대부분이다.

① 신문에 끼워 넣는 전단지

가장 친숙한 점포 외 광고는 '신문에 끼워 넣는 전단지'일 것이다. 신문이라는 가장 보편적인 미디어 매체를 사용하기 때문에 배부받는 층이 넓다는 점에서는 가장 좋다. 또한 전단지만 잘 만들면 나머지는 전문 업자가 해주기 때문에 별로 수고가 들지 않는 것이 특징이다.

그러나 한편으로는 비교적 많은 예산이 든다는 것, 또한 일요일같이 전단지가 많은 요일에 배부되면 그냥 버려지므로 모처럼의 광고 홍보의 효과가 없어질 가능성이 높다는 단점도 있다.

따라서 이러한 전단지를 배부할 때는 가능한 한 눈에 잘 띄고, 효과가 강한 디자인으로 만들어서 평일 석간 등 끼워 넣는 전단지 수가 비교적 적은 날을 선택하여 실행하는 것이 가장 중요하다.

② 직접 나누어 주는 광고

'나누어 준다'라고 하면 '길거리에서 나누어 준다.', '우편함에 던져 넣는다.', '직접 가정까지 찾아가 건네준다.' 등의 세 가지 방법이 있다. 협력업체에 의뢰할 수도 있지만, 동기부여를 한다는 의미에서 적절한 보수를 지급하고 점포의 직원이 직접 하는 것이 좋다. 쉬는 날이나 시간을 이용하여 교대로 실시하면 좋다.

이 중에서도 가장 효과가 높은 것은 '방문하여 나눠 주기'이다. 이때 주의해야 할 점은 청결한 유니폼의 착용은 물론이려니와, 자신의 명함도 준비해서 방문해야 한다. 신뢰감과 청결함은 고객 내점 유인 조건으로써 가장 중요하다.

또한 점포의 콘셉트에 따라서는 방문보다도 거리에서 나누어 주는 편이 효과적일 수도 있다. 불특정 다수의 고객이나, 역으로 특정 소수의 고객층을 대상으로 한 점포의 경우에 해당된다. 패스트푸드 점포처럼 친근성이 강한 업태의 광고 대부분이 이러한 방법을 사용하고 있다. 이 경우도 예외 없이 유니폼을 입고 실시하는 것이 원칙이다.

③ 다이렉트 메일

고객 명부를 기준으로 엽서 또는 편지로 직접 타깃 고객에게 판매촉진 내용을 알리는 방법이다. 전단지가 불특정 다수의 사람들에게 배부되기 때문에 불확실한 방법임에 비해, DM(Direct Mail)은 소수라고 하더라도 확실하게 정보가 전달된다. 또한 그 내용이 이해되기 쉽다는 특색을 갖고 있다. 다만 컴퓨터 이메일이 아닌 인쇄물의 직접 배송은 우편 요금 등의 비용이 드므로, 상당히 매력적인 기획이 아니고서는 비용만 낭비될 가능성이 있으므로 주의해야 한다.

성공적인 인쇄물 DM작전의 구체적인 방법의 하나로 엽서 자체를 상품할인 티켓으로 한다거나 편지에 동봉하는 따위를 생각할 수도 있다. 이 수단을 사용하고자 할 때는 확실한 고객 명부를 가지고 있어야 한다는 것은 당연하다.

④ 매스미디어를 사용한 광고

텔레비전이나 라디오, 인터넷 등의 전파매체를 사용하는 방법과 지방지나 전국지의 신문 등의 인쇄매체를 사용하는 방법 등으로 크게 구분할 수 있다.

전파매체는 현재의 광고매체 중에서도 가장 화려한 것으로, 불특정 다수의 사람들에게 호소할 수 있는 미디어로 강한 인상을 심어 준다는 점에서 효과는 최고이다. 그러나 막대한 비용이 드는 점과 불특정한 사람들에게 무작위로 광고하므로 타깃 고객을 확정짓기 어렵다는 단점이 있다.

큰 체인점이라든가 지역에서 제일 활발한 점포가 아니고서는 대응하기 어렵고, 무리하게 이러한 매체를 이용하여 광고를 하더라도 생각처럼 좋은 효과는 얻지 못한 채로 끝나게 되는 경우도 허다하다.

한편 인쇄매체는 각각의 매체 자체가 독자 대상을 응축하는 경향이 있기 때문에 매체의 성격과 점포의 영업 콘셉트가 일치된 경우에는 효과가 크게 나타날 수 있다. 그러나 이것도 전국적인 체인망을 가진 업체에서 비로소 대응할 수 있고, 소규모 점포에서 이러한 대응을 하고자 하는 것은 위험하다고 할 수 있다.

판매촉진 과정에서 가장 필요로 하는 품목 *Check Point*

- 점내용 포스터
- 전단지
- 점내 방송용 테이프
- 응모용지
- 경품전시용 선반, 보드
- 테이블 POP
- 대형 현수막
- 추첨용구 일체
- 당선 발표용 포스터
- DM 엽서 등
- 점재 현수막
- 간판
- 인터넷 이메일

(3) 판매촉진 기간 중에 고객에게 제공되는 부가서비스

판매촉진 기간 중 이른바 '축제 기분'을 높이기 위해서도 갖가지 연구를 해야 한다. 예를 들면 새봄맞이 판매촉진으로 '딸기 페스티벌'을 한다고 하자. 완벽한 준비를 했다고 할지라도 판매촉진의 완전한 성공을 위해서는 이것만으로 충분치 않다.

페스티벌 기간을 일부러 맞춰서 오신 고객에게 감사의 뜻을 어떻게 표현해야 하는가? 또한 내점 때까지 판매촉진 기간임을 몰랐던 고객들에게 어떻게 그 취지를 전달하면 좋은가? 부가서비스를 어떻게 해야 하는가? 등을 충분히 검토해 두지 않으면 안 된다. 당연히 그 대처방법에 관한 매뉴얼 등도 작성하고 교육도 염두에 두어야 한다.

(4) 판매촉진과 함께 필요한 관리 작업

고객에게 직접 행하는 방법을 다 하였다고 '판매촉진 계획이 성공했다'고 할 수 없다. 고객에게 행한 결과나 또한 진행상황을 끊임없이 파악하는 것을 잊어서는 안 된다.

특히 DM이나 추첨권 등 회수가 필요한 도구를 사용한 판매촉진의 경우에는 회수된 티켓이나 DM엽서가 다음 번 판매촉진의 열쇠가 되는 중요한 자료이다. 또한 그러한 자료 이외에도 설문 조사처럼 고객들의 반응을 직접 듣는 자료 등도 유효한 경영판단의 재료가 된다. 이러한 자료를 누가 어떻게 회수하여 보관하는가? 또한 어떻게 판단하면 좋은가? 등에 관한 결정도 확정해 두지 않으면 안 된다.

4. 연간 판매촉진 계획

(1) 연간 계획의 필요성

'예산을 편성할 때 연간 계획이 없으면 계획을 완벽하게 짤 수 없다'라는 점은 앞에서 언급했다. 그러나 예산 편성 이외의 목적으로도 연간 계획을 세워야 할 여러 가지 이유가 있다.

● 계절감 연출은 최대의 판매촉진이다.

계절감 있는 판매촉진 기획은 고객에게 가장 강렬하게 어필할 수 있는 유효한 수단이다. 계절에 맞는 독자성이 있으며, 또한 여러 시즌에 걸쳐 어느 정도 공통적인 주제를 갖는 기획을 할 필요가 있다.

즉, 각각의 계절에 당면하여 계획을 하는 것이 아니라, 예를 들면 '건강'을 테마로 하면서,

- 봄 건강 → 피크닉 축제
- 여름 건강 → 스태미나 축제
- 가을 건강 → 스포츠 축제
- 겨울 건강 → 따뜻한 축제

라는 각각의 계절별 축제를 계획할 수 있고, 더불어 판매기획과의 연동이 가능해져서 보다 충실한 이벤트를 할 수 있다.

장기간에 걸친 기획 준비가 가능하다.

계절상품 도입에 의한 판매촉진 등, 비교적 장기간에 걸친 준비가 필요한 판촉이 있다. 더구나 이러한 판촉 중에는 고객의 호응도가 높고 효과가 큰 것이 많다. 연간 계획을 세움으로써 체계적인 준비를 할 수 있다.

고객에게 사전에 어필할 수 있다.

연간 계획을 팸플릿과 같은 형태로 인쇄하여 고객에게 나누어 주어 사전에 기획 내용을 고시함으로써 판촉 효과를 거둘 수가 있다. 가장 효과적인 판매촉진 고시방법으로는 판매촉진 기간 중에 다음 번의 판매촉진 기간을 예고하는 것이다.

'판매촉진을 언제부터 합니다.'라는 고시는 실제로 고객수가 증가하는 시기에 실시하기 때문에 더욱 효과를 거둘 수 있다. 더구나 광고나 선전 매체를 이용하지 않으므로 예산도 적게 들고, 고정 고객의 확보가 가능하다는 점에서 상당히 메리트가 높은 방법이다.

(부록1 303쪽 '홍보, 마케팅 방안 제시' 참조)

● 종업원에게 판매촉진 지식을 철저하게 주지시킨다.

언제 판매촉진을 하는가를 종업원이 알고 있음으로 해서 구인 모집이나 종업원의 교육면에서 편의를 꾀할 수 있다. 판촉시기가 결정되고 나서 인원을 모집한다거나 또한 기획한 시기가 지방 행사와 겹치게 되면, 모처럼의 고객 증가를 매출증가와 연결할 수 없게 되기 때문에 주의가 필요하다.

(2) 연간 판매촉진 계획을 세우는 방법

● 연간 판매촉진 예산을 정한다.

다음 연도의 연간 판매 계획을 입안함과 동시에 판매촉진 계획을 세우는 것이 가장 이상적이다. 연차계획에서 예상 매출액의 3% 내에서 예산을 세우는 것이 가장 기본적인 방법임은 앞에서 기술한 바 있다.

● 연간 스케줄 표를 작성한다.

스케줄 입안 작업의 기본을 이루는 것이 스케줄 표이다. 판매촉진 시기뿐만 아니라, 지역사회의 행사나 회사 스케줄까지 포함한 종합적인 스케줄 표를 만들면 좋다.

이러한 종합 스케줄 표에서부터 각각의 판촉 기획의 상세한 내용을 설명하는 도표를 작성하는 일련의 작업을 행할 때, 비로소 판매촉진 기획이 이루어지고 있다고 할 수 있다. 구체적인 포맷 작성은 다음과 같이 한다.

● 구체적인 포맷 설명

① 연도를 나누는 법은 기업에 따라서 다르겠지만, 판매촉진 계획의 작성은 대개 '1개월 구획'이라든가 '4개월 구획'으로 하는 것이 일반적이다.

② 일자 기입은 물론, 요일을 기입하는 것도 잊지 않는다. 판매촉진을 어느 요일에 시작하느냐에 따라서 판매촉진의 효과가 다르다.

③ 지역사회의 행사는 반드시 써 넣는다. 전국적인 축제나 행사 등에는 못 미치더라도 우리 점포가 속해 있는 사회 속에서 무엇이 행하여지고 있는가를

정확하게 알고 있는 것은 성공적인 판매촉진 기획에 필수불가결하다. 지역 축제 등과 협찬, 혹은 거기에 타이밍을 맞춘 이벤트 등은 생각지도 못한 효과를 거둘 수 있다. 그러나 아파트 단지의 야유회 등, 마을 자체 인구가 현저하게 감소되는 시기에는 판매촉진을 피해야 한다.

④ 판매촉진 기획과 사내 행사는 언뜻 보면 관계가 없다고 생각할지 모르겠다. 하지만 회사 입사식을 하는 날에 판매촉진 기획을 개시한다고 하면 어떻게 되겠는가? 인원부족 때문에 혼란이 생긴다는 것을 쉽게 예상할 수 있다. 대규모적인 판매촉진은 회사 단위(혹은 점포단계)의 큰 행사를 피하여 기획되어야 한다. 그러나 메뉴 개정 등의 기획이 사전에 예정되어 있으면, 같은 의미에서 상당히 유리한 이벤트 타이밍으로써 이용할 수 있다.

5. 판매촉진 계획에 있어 경쟁 점포에 대한 대책의 필요성

상품을 개발할 때나 출점계획을 세울 때에는 당연히 우리 점포와 경쟁할 것이라 생각되는 대상을 철저하게 연구하여, 차별화 수단을 강구해야 한다. 이러한 경쟁 점포에 대한 대책이 판매촉진 기획을 입안할 때에도 필요한가? 간단하게 대답한다면 'YES'이다.

전국적 규모의 대형 체인점이라면 구체적인 경쟁 점포를 설정하는 것 자체가 난센스이다. 경쟁 점포에 대한 대책을 세우기보다는 매력적인 판매촉진 기획을 입안하는 것이 중요하다. 그러나 지역단위에서 활동하는 체인점이나 단독점포인 경우에는 당연히 주변에 위치한 경합 점포의 판매촉진 계획에 신경을 써야 한다.

첫째, 판촉 시기가 겹치지 않도록 해야 한다. 적당한 판매촉진 시기가 연 중 몇 번밖에 없고, 더구나 그 시기도 비교적 집중되어 있다. 그러나 똑같은 기획을 똑같은 시기에 시작하면 당연히 지역 고객은 여러 개의 판매촉진 기획 중에서 선택하게 되므로 극적인 효과를 거두기가 어렵다.

둘째, 시기가 겹치지 않더라도 똑같은 내용의 이벤트를 실시하면 매력은 반감된다.

연간으로 판매촉진 계획을 세워서 고객에게 사전에 어필할 필요성 중의 하나가 바로 이 경쟁 대책이다. 하나의 이벤트가 끝날 때 '다음 이벤트는 이러한 것을 하겠습니다.'라는 예고를 할 수 있고, 그러한 준비만 되어 있으면 경쟁 점포와의 분쟁이나 도발을 막을 수가 있기 때문이다.

6. 목적별 판매촉진 방법

판매촉진의 목적과 실현방법에 대해서는 앞에서 설명했다. 여기서는 목적에 따라 실시해야 할 판매촉진 실현 방법을 알아보자.

판매촉진을 하는 중요한 목적에는 다음과 같은 것이 있다.

(1) 보다 많은 새로운 고객들의 내점을 촉진한다.

이 목적을 달성하기 위해서는 '점포 외 광고'를 하는 것이 전제가 된다. 앞에서 다룬 바와 같이 현재 점포를 모르는 사람들에게 점포의 존재를 알리는 것이 최대의 목적이다. 이러한 목적달성을 위해서는 다음과 같은 수단을 취하는 것이 효과적이다.

① 전단지를 길거리에서 배부한다.

② 텔레비전이나 신문, 인터넷 등의 매스미디어를 이용해서 광고한다.

③ 기존 고객의 재 내점 및 동반자 유도를 이끌어 낸다.

위의 ①과 ②의 방법은 매우 일반적이며, 여러 점포에서도 시도하고 있다. 그러나 이러한 방법은 불특정 다수를 대상으로 행하므로, 상당한 예산과 매력적인 부가가치를 붙여야 하기 때문에 적은 예산으로 효과적으로 고객을 유인하는 방법으로는 ③이 좋다.

기존 고객이 신규 고객을 소개하는 경우 어떠한 메리트를 줄 것인가를 구체적으로 생각해야 한다. 이 방법을 취하기 위해서는 완벽한 고객관리 시스템을 갖추는 것이 전제가 되고, 점포가 높은 매력적인 업체임이 전제되어야 한다는 점에 주의해야 한다. 또한 구체적인 목적 달성을 위해서는 상당히 매력적인 부가가치를 고객에게 제공하지 않으면 안 된다. 무엇보다도 지금까지 가 본 적이 없는 장소로 고객을 무리하게 데려와야 하기 때문에 판촉내용으로는 다음과 같은 것을 생각할 수 있다

① 전단지에 가장 잘 팔리는 상품의 시식권을 첨부한다.

② 세일 등을 한다.

또한 점포의 첫 인상을 좋게 하기 위해서 판매상품 중에서도 가장 낮은 가격의 상품을 중심으로 한 호소가 필요하다. 전단지를 만들 때에도 그 의도가 반영되어야 한다.

(2) 현재 고객에게 더 많은 만족을 연출한다.

현재 자신의 점포를 지지해 주고 있는 고객들의 만족도를 높이는 것이 목적이므로 점포 외 판촉을 거의 할 필요가 없는 것이 특징이다. 이 판매촉진은 보다 높은 만족도 제공을 담보로 하여 종래 고객들의 내점 빈도를 높여서 객단가를 높이는 효과를 얻을 수 있다.

이런 식의 판매촉진을 고객에게 어필하는 방법으로는, 앞에서와 같이

① 점포 내에 포스터, 테이블 POP, 테이블매트 등의 점내 미디어를 활용하여 고객들에게 알린다.

② DM(온 • 오프라인)을 사용하여 특정한 고객들에게 사전에 알린다.

등을 생각할 수 있다.

(3) 내점 빈도를 높인다.

한정된 시장에서 한 명의 고객이라도 내점 빈도를 높이는 것이 고객 확보 경쟁 시대에 중요한 판매촉진의 목적이 된다. 그러나 이 방법은 객단가가 낮은 업태에서 유효한 수단이지만, 한정된 고객을 가진 디너 하우스와 같이 내점 빈도가 높지 않은 업태에는 적합하지 않다.

이 방법의 성공을 위해서는 판매촉진 기간 중에 내점을 하면 어떠한 메리트를 줄 것인가를 연구해야 한다.

① **스탬프 방식** : 고객이 내점할 때마다 한 장의 티켓에 스탬프를 찍어 규정된 수의 스탬프가 찍히면 해당 경품으로 바꾸어 준다.

② **프리티켓 방식** : 판매촉진 기간 중, 몇 번을 오더라도 커피를 무료로 마실 수 있는 티켓을 판매하는 방식이다. 일부 패스트푸드 체인점에서 실시하고 있으며, 추첨 발표를 반드시 점내에서 하는 것도 내점을 촉진하는 좋은 방법이다.

(4) 객단가를 높인다.

내점 빈도를 높이는 방법을 적용할 수 없는 객단가가 높은 업태에서 사용할 수 있는 방법으로 판매촉진 기간 중 평상시와 같은 고객이 오더라도 객단가의 증가분만으로 매출 증대가 가능하다.

그러나 객단가를 높이지 않으면 판매촉진 기간 종료 후 오히려 매출이 감소하기 때문에, 그 실시 기획에는 세심한 주의가 필요하다. 객단가를 높이기 위한 구체적인 방법은 다음과 같다.

① 추가 주문을 적극적으로 받는다.

고객이 원하는 상품 이외에 또 하나의 일품을 추천 판매한다. 가벼운 메뉴를 주문하는 고객에게 디저트를 권한다든지 하는 영업 활동만 하기 때문에 프로모션에 필요한 비용이 적게 드는 메리트가 있다. 그러나 이러한 경우, 추가 상품으로 권유하는 상품에 어느 정도 계절감이나 소재의 진귀함으로서의 가치가 있거나 적당한 가격으로 설정되어야 고객에게 권유하기가 쉽다.

② 부가가치 상품을 조합한 세트 상품을 도입한다.

이 방법은 추천 판매에 속하지 않기 때문에 보다 부드럽게 적용할 수 있다. 이 경우에도 세트 상품에 따라서 적당한 가격을 설정해야 한다. 더구나 매출 증대를 목표로 하고 있기 때문에 세트 상품의 가격은 일반 객단가보다 약간 높아야 된다.

③ 고단가 일품 상품을 도입한다.

평상시에 잘 팔리는 상품보다 약간 비싼 주력 메뉴 등 단품 상품을 도입함으로써 객단가를 높일 수 있다. 그러나 이 방법은 상품의 가치감과 가격의 밸런스가 매력적이지 않는 한, 전술한 두 가지 방법에 비해 효과를 거둘 수 없으므로 주의가 필요하다.

(5) 성수기에 보다 많은 매출증대를 꾀한다.

대표적인 성수기인 9월은 매출이 높은 시기이기 때문에 특별한 대책이 없어도 될 것이라고 생각하겠지만 외식 동기가 높은 시기이므로 약간의 연구 · 노력만으로도 더 많은 매출을 올릴 수 있다.

성수기이므로 점포 외 판촉을 할 필요는 없으며, 점 내 판촉만으로도 충분히 효과를 볼 수 있다. 전술했듯이 객단가를 높이는 방법을 생각할 수 있다. 만일 해안 리조트 시설처럼 성수기와 비수기와의 매출차이가 매우 큰 점포인 경우에는 메뉴를 압축한 후, 성수기에 임하는 방법도 있을 것이다.

성수기 중의 특별 메뉴를 고객에게 잘 표현함으로써 같은 매장 면적에서의 판매 효율을 비약적으로 높일 수 있음을 인식해야 한다.

또한, 성수기에만 객석 수를 늘려서 매출을 향상시키는 방법도 있다. 예를 들면, 평상시 객석으로 이용하지 않는 테라스 등의 장소를 활용하여 객석을 늘려서 매출을 올리는 방법도 생각할 수 있다. 또한 보통 때에는 두 사람 자리였던 곳에 임시로 의자를 배치하여 네 사람이 앉도록 할 수도 있다.

주방 시스템을 고쳐서 작업효율을 올림으로써 실질적인 객석 회전율을 높이는 매출증가의 방법도 상당히 현실적이다.

추첨 및 경품을 주는 일이나 고객들을 부르는 것만이 판매촉진은 아니다. 보다 매출을 늘리려는 연구가 전부 판매촉진과 관련이 있다고 생각하면 여러 가지 발상의 전환을 할 수 있다.

(6) 비수기에 매출저하를 막는다.

이 항목은 앞서 서술한 성수기에 최대 매출을 추구하는 것보다 훨씬 어렵다. 비수기는 업종 및 업태에 따라서 실제로 느끼는 강도 차가 심하다. 테마성이 강한 업태일수록 비수기 대책은 절실하다. 예를 들면 냉면 전문점의 겨울 매출 저하는 경우에 따라 사활이 걸린 문제이다. 이러한 예는 극단적이지만, 어떠한 업태일지라도 비수기 대책은 골치를 앓는 문제이다.

대책 중의 하나는 이 시기를 교육의 기회, 혹은 판매촉진을 위한 귀중한 기회로 받아들여서 이용한다. 다음 성수기를 대비한 상품을 개발하든가, 종업원을 교육함으로써 간접적인 매출 향상에 도움이 되게 한다.

한편, 보다 적극적으로 이 시기를 활용하는 방법으로써 이 시기에만 업태를 과감히 변경해 보는 방법도 있다. 냉면 전문점이라면 냉면 대신에 한시적으로 칼국수나 만두 전문점으로 어필해 보는 방법 등을 생각할 수 있을 것이다.

그리고 '판매촉진=광고 선전을 포함한 프로모션'이라는 좁은 견해를 버리고 보다 큰 견지에서 매출을 올리기 위한 모든 방법을 생각하면 답을 얻을 수가 있다.

(7) 업태 등의 콘셉트 변화를 어필한다.

음식점의 판매촉진 행사 중 최대 규모는 신규 개점이다. 새로운 점포가 할 수 있는 것은 주변에 사는 주민들을 위해 최대의 축제를 벌이는 것, 그 이상의 판매촉진 활동은 없다.

개점만이 아니라, 메뉴 변경이나 점포 개장 등은 다소 차이가 있더라도 모두 중요한 이벤트이다. 이와 같은 기회를 적절하게 어필하는 것도 필요하다. 이때 점포 외 광고를 중심으로 새로운 고객 확보와 종래 고객들의 새로운 이용 동기를 환기하는 의미를 포함하여 신중하게 하지 않으면 안 된다.

7. 고객관리

자신의 점포가 어떠한 사람들에게 어떠한 동기로 이용되고 어떻게 평가받고 있는가를 아는 것은, 보다 매력적인 판매촉진을 기획하는 데 필요하다. 그 뿐만 아니라 메뉴 제작의 방향성을 정하거나 개장 및 신규점포 등을 개점할 때 고객 요구를 반영한 콘셉트를 만드는 데 필수불가결한 것이다.

우선 고객관리가 DM 발송 자료를 정리하는 것만이 아니라는 것을 알아야 한다. 그렇지 않으면 고객관리 시트 만드는 법에서 관리의 방법에 이르기까지 엉망이 되어버릴 가능성이 있기 때문이다.

(1) 고객정보 얻기

고객관리의 첫걸음은 고객에게 필요한 정보를 얻는 것부터 시작된다. 그 방법 중 가장 일반적으로 사용되고 있는 것이 점내 테이블 위에 설문조사 용지를 배치하여 기입하게 하는 방법이다.

그 밖에도 판매촉진 활동의 일환으로 배부한 서비스 티켓을 회수할 때, 필요 항목을 기입하도록 하는 등의 방법이 있는데, 어떠한 방법을 사용하더라도 정보를 제공해 준 고객에게 서비스 티켓을 제공하든가 추첨으로 경품을 제공하든 인센티브를 줄 필요가 있다.

(2) 어떠한 고객정보가 필요한가

고객관리를 목적으로 한 정보 수집에서 필요로 한 항목은 다음과 같다.

Check Point

고객관리 기본정보

① 성명 ② 주소, 전화번호 ③ 생년월일 ④ 성별

이 4항목은 수집해야 할 기본 항목이다. 특히 생년월일은 DM메일을 발송할 때 가장 중요한 자료이므로 꼭 기입해 넣게 한다. 이러한 항목은 비교적 기입란이 적은 서비스 티켓 등에 기입하도록 해서 받으면 된다.

고객관리 상세정보 *Check Point*

⑤ 내점 일시	⑥ 내점 방법(차, 도보, 전철 등)
⑦ 근무처(학교명), 주소	⑧ 취미
⑨ 이용 후의 인상	⑩ 점포에 바라고 싶은 것

이러한 항목은 설문 용지가 비교적 커다란 지면을 차지하고, 또한 조사에 응하면 경품 등이 제공되는 인센티브가 있어야 수집 가능한 정보이다.

⑧ 취 미

판매촉진 시 경품을 기획할 때 효과를 발휘하는 항목이다. 우리 점포를 이용해 주는 고객이 주로 어떤 취미를 갖고 있으며, 현재는 또 어떤 취미를 갖고 있는 사람들이 많은지 등 사람들의 흥미 트렌드를 알 수 있는 좋은 자료가 된다.

⑨ 이용 후의 인상

실제로 내점한 고객들의 점포에 대한 평가를 표본화할 수 있는 항목이다.

조사 항목에는 다음과 같은 것이 있다.

- 어떤 상품을 먹었는가?
- 제공시간은 어떠했는가?
- 맛은 어떠했는가?
- 서비스는 마음에 들었는가?
- 점포의 분위기는 좋았는가?

등을 QSC 각 항목에 따라서 고객들의 의견을 취합해야 한다.

⑩ 점포에 바라고 싶은 것

'어떠한 상품이 있었으면 하는가?'라든가 '점포의 분위기를 어떤 식으로 하면 좋겠는가?'라는 의견을 들을 수 있도록 해야 한다. 이러한 정보를 정확하게 모을 수 있는 설문 용지와 서비스 티켓 등도 준비해야 한다.

(3) 정보의 관리와 분석 및 활용

일단 수집한 정보는 결코 수집이 목적이 아니므로 잘 관리하여 활용하지 않으면 아무런 의미가 없다. 그렇기 때문에 관리법을 알아 두어야 한다.

관리를 위해서는 다음과 같은 프로세스를 지킬 필요가 있다.

데이터베이스화 1 : 개인 정보를 정리한다.

① 이름　　② 주소

③ 생년월일　　④ 취미

개인적으로 특수한 정보는 개인별로 분류한다. 일람표 등으로 작성하여 '누가, 어디서 살고 있으며, 생일은 언제이다.'라고 하는 정보를 즉시 알 수 있도록 해 두어야 한다.

데이터베이스화 2 : 분야별 정보를 분류한다.

다음의 샘플 정보 중에서 분야별로 가공하여, 분석하고 싶은 정보를 따로 분류한다.

① 내점 방법

② 점포에 바라고 싶은 것

③ 이용해 본 인상 등

이것은 '이용자 중에서 몇 명 정도가 점포에 대해 어떻게 생각하며, 몇 %의 사람이 호감을 갖고 있는지' 등의 정리방법이다. 콘셉트 만들기나 현상 판단에 도움이 되는 자료가 된다.

데이터베이스화 3 : 보존기간과 갱신기간을 설정한다.

일주일에 한 번이나 매월 일정한 날을 정하여 정리한다. 또한 이미 마음이 떠난 고객에게 DM을 발송하는 것은 헛일이라 할 수 있다. 따라서 일단 데이터 베이스화 된 고객의 정보나 그 이후 이용 상황을 피드백(feedback)하여 정리해 두어야만 한다. 일반적인 패밀리 레스토랑의 경우, 일 년에 한 번도 이용하지 않은 고객은 과감히 정보에서 빼내는 편이 좋다. 그렇지 않으면 정보의 과중에 묻힐 가능성이 상당히 높다.

8. 불황기의 외식업 판촉전략

고객은 폭발성 있는 이벤트만을 인지한다.

(1) 각종 판촉권의 내용과 실행방법

디스카운트 쿠폰

각종 디스카운트 쿠폰(할인권)은 명칭은 다르지만 내용은 비슷하다. 일정 기간 실시하는 방법, 일정 대상을 한정해서 실시하는 방법, 장기적으로 카드를 제작해서 사용하게 하는 방법 등 여러 가지가 있다.

다른 판촉방법과는 달리 할인권 발행은 다분히 현재의 위기 탈출을 목적으로 시행하든가, 또는 경쟁 점포를 의식해서 실시하는 경우가 많다.

이때 아래와 같은, 발행에 앞서 유의해야 할 사항들이 있다.

① 디스카운트 전략은 점포의 격을 떨어뜨릴 수 있는 분위기를 만들기 쉽다는 점이다.

고객은 흔히 할인권을 발행하는 점포에 대해 '품질에 문제가 있거나 영업이 부진한 점포가 아닐까?'하는 의구심을 갖기 쉽다. 백화점 등에서 정기적으로 실시하는 특별 세일 기간의 이벤트와는 차원이 다르다는 점이다.

② 이렇게 가격할인을 과감히 할 수 있다는 것은 '이제까지 우리들에게 비싼 값으로 메뉴를 판매하지 않았느냐?'라는 배신감을 불러일으킬 수 있다는 점이다.

③ 특히 우리나라의 경우, IMF 위기 이후 거의 모든 산업부분에서 '가격파괴'의 바람이 휩쓸었고, 외식 산업 분야는 15~20%의 가격할인이 어느 점포에서도 흔히 실시해 온 방법이었기 때문에 고객들의 반응은 덤덤하다는 점이다.

이 방법은 신규 점포보다 기존 점포에서 흔히 실시하는데, 앞으로는 크게 활용될 전략으로 생각되지 않는다. 다만 고정 고객 유도 전략으로, 카드 등을 제작해서 3년제 회원, 5년제 회원 등으로 구분하고, 3년제 회원에게는 15~20%, 5년제 회원에게는 20~25% 할인 가격을 적용시키는 방법을 점포의 규모나 메뉴의 일품 단가 등을 고려하여 연구해 봄직하다.

여기서 굳이 단가를 고려하라고 하는 것은 패스트푸드나 분식점 등의 저단가 메뉴 점포에서는 채택하기 어렵다는 점을 다른 말로 표현한 것이다. 그러나 어떤 결정적인 순간에(예를 들어 15~30일 동안) 50% 할인 가격 이벤트 실시는 확실히 고객을 깜짝 놀라게 할 수 있는 폭발성이 있다.

객석을 많이 보유하고 메뉴 서빙 속도에 자신이 있는 점포가 자신감에서, 또는 우리 점포가 이런 수준으로 영업하고 있다는 고지 선점 전략 차원에서, 실시한다면 대단한 성과를 올릴 수도 있을 것이다.

할인권의 종류

① 처음부터 할인금액을 기재하여 배포하는 형태

여러 가지 조건을 명기하는 것은, 필자의 견해로는 효력이 없다고 보며, 3천 원 식사든 1만 원 식사든 다같이 1천 원 할인혜택을 주도록 하는 간단한 형식이 좋다.

② 할인율을 기재한 방법

비교적 가격단위가 높은 중화요리점에서 실시한 방법으로, 어느 정도는 효과가 있을 것으로 판단된다.

③ 정상금액과 할인금액을 함께 표시하는 방법

④ 계절 이벤트의 하나로 몇 가지 내용을 함께 실시하는 방법

⑤ 특정 고객만을 대상으로 새로운 메뉴 개발 기념으로 과감히 50% 할인하는 방법이다. 이 경우는 할인율과 신제품 종류를 지정해서 실시하는 방법이다.

⑥ VIP 카드

카드 뒷면에 20% 할인 내역과 구매 단위 3만 원 이상에 적용한다는 조건 등을 기록했다. 이 경우는 자사의 점포를 이용하는 귀한 고객만 갖는 카드, 누구

나 쉽게 소유할 수 없는 카드라는 자부심을 심어주기 위한 점포의 배부 전략이 있어야 할 것이다. 누구나 쉽게 가질 수 있다면 희소성이 떨어지고 효과가 덜하며, 앞서 예시한 ②와 ③의 방법이 오히려 비용이 적게 소요될 것이기 때문이다.

(2) 스타를 활용한 구전마케팅

스타마케팅이란 TV의 극중 장면에 특정제품을 배치하여 시청자에게 노출시켜서 간접적으로 브랜드(제품)를 홍보하는 'PPL'의 개념과 의류브랜드의 이미지와 맞는 연예인에게 자사의 의류를 협찬해서 구전효과를 노리는 '연예인 의상협찬'의 개념이 합쳐지면서 파생된 것으로 보인다.

"너 어제 '환상의 커플'에서 모 연예인이 입은 옷 봤어?"

스타의 패션은 유행의 선두에 선다. 연기자의 경우, 출연 작품의 인기가 높을수록 입고 나온 의상뿐만 아니라 스타와 관련된 모든 제품이 함께 화제를 모으기 때문이다.

특히 10대나 20대의 젊은이들은 소위 '누가 어떤 드라마에 입고 나오는 옷'에 관심이 많아서 구전마케팅이 제품을 팔리게 하는 전략으로 자리 잡게 했다.

이러한 젊은층의 구전효과를 노린 홍보 전략이 주로 의류기업을 중심으로 이루어졌으나, 최근 들어서는 특정 장소 혹은 회사의 이미지 상승에 더 효과적으로 사용되고 있으며, 외식 기업에도 새로운 홍보 전략으로 부상하고 있다.

Chapter 7

프렌차이즈

- 프렌차이즈 시스템의 이해
- 프랜차이즈의 종류와 경제적 기능
- 체인 본사(franchisor)의 조건
- 프렌차이즈 본사가 하는 일
- 프랜차이즈 본사 선택시의 유의사항
- 체인본부 선별 10계
- 프랜차이즈 가맹점의 입지와 상권분석
- 프랜차이즈 분쟁의효과적 대처 요령

7. 프랜차이즈

1. 프랜차이즈 시스템의 이해

(1) 개 념

1990년대 중반 이후 급성장한 프랜차이즈 시스템은 동일한 상호 · 실내장식 · 취급상품 · 유니폼 · 가격 등을 사용함으로써 점포를 경영하는 점주만 다를 뿐, 겉으로 나타나는 모든 요소가 동일하다는 것이 특징이다.

프랜차이즈란 체인 본부가 체인점에 대하여 자기의 상호 및 상표 등 영업을 상징하는 표식을 사용하여 상품 또는 서비스를 판매하거나 그 밖의 영업을 할 수 있는 권리를 부여함과 동시에 영업에 대한 일정한 지원 · 통제를 하는 한편, 선택적으로 그 영업에 관한 노하우를 제공하거나 상품을 공급하고, 이에 대한 대가로 가맹 점주는 체인 본부에게 가입비 및 보증금 또는 로열티나 상품대금 등을 지급하는 계속적 거래관계를 말한다.

(2) 프랜차이즈의 문화적 배경

문화적 차이

서양에서 시작된 프랜차이즈 비즈니스가 국내에서 충분히 정착하지 못한 이유는 다음과 같은 문화적인 배경에서 찾을 수 있다.

서 양	동 양
① 계약개념이 확실함. ② 브랜드 보호와 노하우에 대한 가치 인정이 정립되어 있음. ③ 산업이 매뉴얼화 · 계량화되어 있음. ④ 직업에 대한 개념이 개방적이고, 자유로움.	① 계약보다는 정서와 감정의 비중이 높음. ② 브랜드 가치에 대한 관념이 희박함. ③ 노하우에 대한 가치보호가 미약함. ④ 매뉴얼화보다는 개인의 개성과 기술이 우선시 됨. ⑤ 노하우에 대한 전수가 약해, 당대에 끝나는 경우가 많음.

국내 외식 체인 사업 조건

유리한 조건	불리한 조건
① 창업에 대한 관심이 고조 ② 소자본 창업형태로는 외식업이 유리하다고 판단 ③ 가족형태의 경영에 비교적 익숙 ④ 외식 인구의 양적 · 질적 성장	① 체인 사업에 대한 일반인들의 신뢰도가 대체적으로 낮음. ② 체인 사업의 역사가 짧아서 충분한 노하우가 정립되어 있지 못함.

2. 프랜차이즈의 종류와 경제적 기능

(1) 프랜차이즈의 종류

프랜차이즈는 크게 결합관계, 업종, 제공의 내용 및 가맹 점주의 권한범위에 따라 다음과 같이 분류할 수 있다.

결합관계에 따른 분류

프랜차이즈가 그 제공자 및 이용자가 서로 상이한 유통단계에 있으면서 수직적으로 결합할 수도 있다. 반대로 동일한 유통단계에서 수평적으로 결합할 수도 있다. 그 중 수직적 결합관계는 다시 제조업자 · 도매상 · 소매상 간의 프랜차이즈로 분류할 수 있다.

업종에 따른 분류

프랜차이즈는 대상이 되는 업종에 따라 크게 외식업 프랜차이즈, 소매업 프랜차이즈 및 서비스업 프랜차이즈로 분류할 수 있다.

제공의 내용에 따른 분류

프랜차이즈는 가맹본부가 가맹 점주에게 무엇을 제공하는가에 따라 상품 · 상호형 프랜차이즈(product & name franchise)와 사업형 프랜차이즈(business format franchise)로 분류할 수 있다.

상품 · 상호형 프랜차이즈란 가맹 점주에게 상호 · 상표 등 영업을 상징하는 표지의 상용을 허락함과 동시에 상품만을 공급하고 그 영업에 관한 노하우를 제공하지 아니하는 프랜차이즈를 말한다.

사업형 프랜차이즈란 상호 · 상표 등 영업을 상징하는 표지의 상용 또는 상품의 공급은 물론이고, 점포의 선정 · 직원교육 · 사업 확장 · 광고 · 시장조사 등 영업전반에 관한 노하우를 제공받는 프랜차이즈를 말한다.

가맹 점주의 권한범위에 따른 분류

프랜차이즈는 가맹 점주의 권한범위 또는 권한의 내용에 따라 단일지역 프랜차이즈와 복수지역 프랜차이즈로 나눌 수 있다. 복수지역 프랜차이즈는 다시 지역개발 프랜차이즈와 지역분할 프랜차이즈로 분류할 수 있다.

① 단일지역 프랜차이즈 (single-unit franchising)

단일지역 프랜차이즈란 일정기간에 일정지역 내에서 어떤 개인 또는 집단에게 하나의 점포에만 가맹점 영업을 하도록 하는 가장 보편적이고 전형적인 형태의 프랜차이즈를 말한다. 단일지역 프랜차이즈는 대개의 경우 가맹 점주가 일정기간 동안 일정지역 내에서 독점적 영업권(exclusive right)을 가진다.

② 복수지역 프랜차이즈 (multiple – unit franchising)

• 지역개발 프랜차이즈 (area development franchising)

지역개발 프랜차이즈란 일정 기간, 일정 지역 내에서 어떤 개인 또는 집단에게 몇 개의 점포에 대하여 가맹점 영업을 하도록 하는 형태를 말한다. 지역개발 프랜차이즈에서는 가맹점주가 가맹본부와 지역개발 계약(area development agreement)을 체결하고 개발수수료(development fee)를 지급한 후, 일정 지역에 대한 개발권을 매입한다. 이 경우, 만일 가맹점주가 약정대로 해당지역을 개발하지 못하면, 가맹 본부는 계약을 취소하고 가맹 점주의 권리를 박탈할 수 있다.

• 지역분할 프랜차이즈(master franchising)

지역분할 프랜차이즈란 일정 기간에 일정 지역 내에서 어떤 개인 또는 집단에게 가맹본부의 권리를 부여하고, 이렇게 부여받은 분할지역 가맹본부(subfranchisor 또는 master franchisee)가 다시 최종 가맹점주(subfranchisee)에게 하나 또는 몇 개의 점포에 대하여 가맹점 영업을 하도록 하는 형태를 말한다. 이 경우에는 물론 분할지역 가맹본부 자신이 가맹 점주가 될 수도 있다.

(2) 프랜차이즈의 경제적 기능

프랜차이즈 시스템은 기존의 유통사업 운영방식과 상당한 차이가 있다. 프랜차이즈 본부와 이용자에게 미치는 장 · 단점을 살펴보면 다음과 같다.

가맹자에게 유리한 점

① 사업에 대한 아무런 경험이 없어도 가맹본부의 교육을 통하여 영업지식을 보충할 수 있다.

② 비교적 적은 자본으로 독립적인 사업주가 될 수 있다.

③ 본부의 상호나 상표 및 서비스방식 등의 영업권을 이용할 수 있다.

④ 점표의 입지선정, 내외장식, 직원교육, 자재 및 물품 구입 등을 포함하여 전반적으로 영업 향상의 도움을 받는다.

⑤ 본부가 실시하는 전국적인 광고나 판촉활동의 효과를 공유할 수 있다.

⑥ 본부의 대량 구매력이나 교섭력의 이익을 누린다.

⑦ 유능하고 경험있는 가맹 본부의 업무지도로 인해 사업 실패율이 비교적 적다.

⑧ 적절한 지역적 안배효과를 누릴 수 있다.

⑨ 본부로부터 시장정보나 경험을 얻을 수 있고, 새로운 기법이나 개발계획을 이용할 수 있다.

가맹자에게 불리한 점

① 본부에게 로열티를 지급하여야 한다.

② 본부에게 영업에 관한 통제를 받는다.

③ 처음부터 능력과 자질을 갖춘 본부를 선별하기가 어려워서 위험을 감수해야 하는 경우가 있다.

④ 본부에 대한 의존율이 높아서, 점주의 사업 개성을 살리기가 어렵다.

⑤ 프랜차이즈 영업 자체의 양도나 판매가 제한된다.

가맹본부에게 유리한 점

① 중앙조직의 힘으로 커다란 위험부담 없이 이윤을 획득할 수 있다.

② 타인의 자본을 통해 신속히 사업을 전개시킬 수 있다.

③ 전국적인 브랜드 인지도를 인용하여 신규 사업 진출이 가능하다.

④ 해당 지역의 영업에 밝은 사람을 체인 점주로 이용할 수 있으므로 영업의 효율성을 높일 수 있다.

가맹본부에게 불리한 점

① 사업유형에 맞는 체인 점주를 선별 모집해서 폐점률(failure rate)을 줄여야 하는 부담이 있다.

② 일부 가맹점의 부실경영으로 본사의 이미지가 실추될 수 있다.

③ 시설이나 자재 사용에 관하여 체인점과 의견 대립이 있을 수 있다.

④ 슈퍼바이저와 가맹점주 간에 불신이 싹틀 수 있다.

⑤ 직영점과는 달리, 당사자 간에 의사소통의 문제가 있을 수 있다.

⑥ 품질이나 서비스에 관한 기준이 준수되는지를 감시하여야 한다.

⑦ 매뉴얼의 통일성을 강조하다 보니, 지역 상권의 특수성에 대해 유연하게 적응하지 못한다.

이상의 장 · 단점을 종합적으로 검토해 볼 때, 결국 가맹본부와 가맹점주 간에는 상호 신뢰에 기초하여 긴밀한 협력관계를 유지하는 것이 공존 · 공영의 대전제가 된다고 할 것이다.

3. 체인 본사(franchisor)의 조건

(1) 체인 본사의 전제조건

중앙공급 시스템 구축

맛(품질)의 균일화를 가능하게 하는 주요제품(core products)은 반드시 본부에서 공급을 해야 하며, C.K.시스템(Central Kitchen system)이 필요하다.

조리장 없이 조리할 수 있는 시스템

프랜차이즈 전개를 위해서는 일정한 자본금을 가진 외식업 무경험자를 끌어들일 수 있어야 하는데, 그렇게 하기 위해서는 조리장 없이 조리할 수 있는 시스템을 갖추어야 한다. 즉, 초보자도 영업이 가능하도록 중앙에서 식자재를 공급하고 점포에서는 1차 가공된 것을 간단히 조리할 수 있는 시스템이 필요하다. 따라서 체인 본부는 조리에 대한 확실한 노하우를 가지고 있어야 한다.

본사의 직영 실적

체인 본부가 되기 위해서는 본부의 직영 경험이 절대적으로 필요하다. 식당경영의 노하우가 있다면 우선 본부의 실적부터 보여 주어야 하며, 직영점이 활성화된다면 체인 문의는 자연스럽게 연결될 수 있다.

(2) 체인 본부에 직영점이 필요한 이유

노하우를 체인 사업에 적용

직영점을 운영해 본 실적으로 체인 사업을 전개하는 것이니 만큼 직영점은 일종의 실험이며, 이 실험은 당연히 본사가 담당해야 한다. 직영점을 3개 정도(A, B, C급) 3~4개월씩 운영해 보아야 체인 전개의 능력이 생긴다.

시범 점포의 운영으로 개선점을 발견

직영점 및 체인점을 동시에 운영해야만 문제점을 발견할 수 있고, 그 개선안을 체인점에도 즉시 적용해 나갈 수 있다. 따라서 운영실무상 1호점을 '본점'이라고 할 필요가 없다.

체인 관리 운영의 근거 자료

설정한 메뉴의 판매동향, 분기별 매출실적, 상권별 실적 등은 쉽게 공개되지 않는 자료이므로 직영점의 산출 근거를 바탕으로 체인점에 대한 유추 해석이 가능하다.

본부의 신뢰도 증가

직영점의 활성화를 확인하고 난 후라야 예비 가맹 점주들은 체인 본사를 신뢰할 수 있다.

수익성에 기여

직영점 영업은 유통경로를 거치는 체인 사업에 비해 수익성이 높으므로 안정적인 본부를 운영해 나갈 수 있는 근간이 된다.

4. 프랜차이즈 본사가 하는 일

(1) 시스템 개발

본사의 가장 중요한 기능은 원자재 개발, 제품 및 서비스 개발, 교육훈련, 지도, 판매촉진, 금융, 정보, 경영관리 등의 개개의 기능을 유기적으로 통합하여 프랜차이즈 상품(일명 프랜차이즈 패키지라고 함)을 만들어 내는 일이다.

본사가 시스템을 개발하고 실행하기 위해서는 본사에서 갖추어야 할 여러 기능을 어떻게 배분해야 하는지, 그리고 각 기능과의 관계를 어떻게 구분할 것인지 등을 결정해야 한다. 모든 상황에 따라 각 기능이 잘 발휘될 수 있도록 본사의 조직이 정비되어야 한다.

또 본사는 시장 환경의 변화, 본사 내부의 변화 등 상황변화에 따라 시스템 전체가 어떻게 대응하고 개개의 기능은 어떻게 변화시킬 것인지를 명확히 해 두어야 한다. 본사에서는 시스템이 목표로 정한 효과를 올리고 있는지를 평가하고, 만약 효과를 못 올리고 있다면 원인을 발견해서 올바르게 개선해 나가야 한다.

(2) 원자재 개발

경쟁력 있는 제품을 소비자에게 판매하려면 가격이나 품질 등 여러 측면에서 원자재가 우수해야 하므로 본사에서는 우수한 원자재를 개발하여야 한다. 그러나 본사에서 직접 모든 원자재를 개발할 수 없으며, 본사가 제조하기에 부담이 큰 1차 원자재는 외부로부터 공급받아 가공하거나 원자재 회사와 공동으로 개발하는 방법을 선택할 수 있다.

어느 경우이든지 본사는 원자재 개발에 있어서 나름대로의 독특한 기술적 수준을 유지할 수 있어야 한다. 본사는 수시로 또 지속적으로 질 좋은 원자재를 각 가맹점에 공급해 주어야 하므로 합리적인 원자재 공급체계를 갖추어야 한다.

(3) 제품 및 서비스 개발

소비자가 선호하는 독창적인 제품과 서비스 체계를 개발하는 것은 프랜차이즈 시스템의 성공을 위한 제일의 조건이다. 경쟁업체가 없는 제품이나 서비스 체계를 갖추게 되면 우수한 가맹점을 확보할 수 있고, 가맹점 또한 많은 고객을 확보하게 됨으로써 안정된 경영이 가능하게 된다.

본사에서 개발하는 제품 및 서비스는 다음 4개 항의 내용이 갖춰져야 한다.

① 경쟁업체보다 품질이 훨씬 우수하고 차별화된 새로운 제품을 만들어야 한다.

② 새로 만든 제품을 적절한 가격과 적절한 방법으로 가맹점에 제공해야 한다.

③ 경쟁업체와 차별화되어 있는 주력 제품을 중심으로 운영하되, 주력 제품과 연관된 제품도 갖추어야 한다.

④ 소비자의 취향 및 기호 변화에 따라서 품질, 제품구성, 제공방법 등을 개선해 나가야 한다.

(4) 교육 및 훈련

프랜차이즈 시스템에 있어서 교육 및 훈련은 주로 가맹점 경영자의 경영능력 향상과 이익 증대를 목적으로 하는 것이며, 특히 가맹점 경영자가 사업의 경험이 전혀 없는 경우에 본사에서 실시하는 교육이나 훈련의 내용과 질이 매우 중요하다. 본사에서 아무리 훌륭한 프랜차이즈 상품을 개발하더라도 소비자와 직접 접촉하는 것은 가맹점이므로, 가맹점이 소비자에게 확실한 판매활동과 서비스 활동을 실시하지 않으면 아무런 의미가 없다.

본사에서 갖추어야 할 교육 및 훈련과정 *Check Point*

① 상세한 교육 훈련의 내용과 방법

② 처음으로 영업을 하는 가맹점 경영자에게 필요한 지식과 기술 등을 몸에 익히게 하는 과정

③ 이미 가맹점이 되어 영업을 하고 있는 가맹점 경영자에 대해서는 수시로 필요한 지식과 기술 등을 가르쳐 주는 과정

④ 기대한 만큼의 이익이 오르지 않는 가맹점 경영자를 대상으로 지식과 기술 등을 가르쳐 주는 과정

이러한 교육 훈련 과정에서 본사가 가맹점에 제공하는 지식과 기술은 본사의 이념, 상품 및 이에 관련된 지식, 상품의 제조기술, 고객에 대한 서비스, 상품 및 설비기계 등의 관리, 위생관리, 생산관리 및 재무관리, 점포관리, 판매촉진 이용방법, 사고대처 및 처리방법, 종업원 관리, 수요예측 등이다.

(5) 판매촉진

본사에서 지원해야 할 여러 기능 가운데 한 가지인 판매촉진 활동은 ① 가맹 조건에 포함되어 있는 판매촉진 지원활동과 ② 가맹 조건과는 관계없이 본사의 영업 전략과 가맹점의 수시 요구에 의하여 계속적으로 계획되고 실시되는 판촉 활동으로 나눌 수 있다.

전자의 판매촉진 지원활동은 점포의 형태, 점포의 레이아웃, 간판, 진열대와 광고물, 통일된 색상유지 등 가맹점 개점과 동시에 지원되는 사항이고, 후자의 판매촉진 활동은 시장의 환경변화에 대처하고 영업 이득을 높이기 위한 목표와 계획에 의하여 이루어지게 된다.

즉, 본사에서 시행하는 판매촉진 활동은 가맹점의 경영이 계획대로 이루어지게 하고, 프랜차이즈 시스템 전체의 이미지 상승을 꾀하거나 신제품을 보급시키기 위한 목적으로 전개되는 것이다.

이와 같은 목적 아래 전개되는 판매촉진 활동의 수단으로는 TV · 신문 · 라디오 · 인터넷 등 대중매체를 이용한 광고, POP 광고와 같이 점포에서 이루어지는 광고, 특별상품이나 특가상품의 제공, 지역 사회의 각종 행사와 협력, 그리고 사은행사 등을 들 수 있다.

(6) 금 융

본사가 가맹점에 대한 금융지원 기능을 갖는 것은 프랜차이즈 시스템의 원활한 운영을 위하여 매우 유용한 일이다. 가맹점이 자기 자본으로 경영을 하는 것이 원칙이라 하더라도 프랜차이즈를 확장 · 강화해 나가기 위해서는 본사의 금융지원이 필요한 경우가 많다.

본사가 할 수 있는 금융지원 *Check Point*

① 신규 가맹점의 개설에 필요한 자금 융자
② 기존 가맹점의 내부수리, 장비 · 비품의 설치 등 시설자금 융자
③ 가맹점의 운영자금 융자

프랜차이즈 본사가 가맹점에 금융지원을 하는 방법 *Check Point*

① 본사가 자기 자금으로 가맹점에 융자해 주는 방법
② 본사가 보증을 하고 금융기관으로부터 가맹점이 융자받는 방법
③ 본사가 금융기관을 알선하고 가맹점이 금융기관으로부터 직접 융자를 받는 방법

(7) 정 보

프랜차이즈 시스템 본사는 경쟁업체와의 통합을 비롯하여 가맹점의 경영과 영업 활동에 필요한 여러 가지 정보를 수집 · 처리하여 제공하여야 한다.

(8) 경영관리

가맹점은 당일의 매입과 매출집계 등 최소한의 업무만을 수행하고, 합리적인 사업 운영을 위한 기타 잡다한 업무는 본사가 일괄 처리하는 방식을 택하는 것이 바람직하다. 이렇게 함으로써 규모의 이익을 극대화하고, 프랜차이즈 시스템 전체의 효율을 높일 수 있을 뿐만 아니라, 모든 가맹점을 일관성 있게 관리할 수 있다. 본사에서 가맹점에 지원해야 할 사무관리 업무는 매출계산, 비용계산, 이익계산, 급여계산, 보험처리와 같은 업무이다.

(9) 매뉴얼 지도

슈퍼바이저(supervisor)의 임무

① 매뉴얼 관리
② 본사의 지시사항 전달
③ 메뉴 체크와 점검
④ 체인점의 경영진단
⑤ 체인점 개점 지도

슈퍼바이저의 조건

① 커뮤니케이션 능력이 뛰어난 자

② 해당 상품에 대한 지식 및 매뉴얼 교육이 숙달된 자(현장점포 경험 필수)

③ 상대의 입장을 충분히 고려하여 본사의 경영방침을 설득할 수 있는 자

④ 문제점을 확인 후 이를 개선 · 시정할 수 있는 실천력을 가진 자

⑤ 매사에 긍정적인 사고의 소유자

5. 프랜차이즈 본사 선택 시의 유의사항

프랜차이즈 업종 중에서 관심있는 업종의 가맹점 개점에 대한 투자희망자는 무엇보다도 먼저 본사를 선택하는 것이 성패의 관건이 된다.

왜냐하면 본사의 도산은 대응력이 거의 없는 가맹점의 도산으로 직접 연결될 수 있기 때문이다. 국내 프랜차이즈 본사 중에는 건실한 업체도 있지만, 부실한 업체가 의외로 많은 실정이다. 비교적 탄탄한 업체로 시작되었지만 비합리적인 사업운영, 관리능력 미비, 제품 개발전략 부재 등 부실경영 때문에 도산하는 사례가 있으므로 본사 선택에 신중하여야 한다.

체인점 창업 시에는 사전에 **체인 본사에 대한 철저한 조사**와 더불어 다음과 같은 사항에 세심한 주의를 요한다.

① 가맹 희망 본사의 각 가맹점을 돌아보면서 손님들의 반응과 인테리어를 주의 깊게 관찰하고, 기존 가맹점 경영자에게 개점에 필요한 총 투자비, 본사에서의 가맹점 경영 지원내용, 사업 초기에 어려운 점, 특별한 점포 운영방법 등 전반적인 의견을 들어보는 것이 좋다.

② 체인 본사의 신용상태를 정확히 조사해 보아야 한다. 창업 이념은 무엇이며, 대표이사의 주요경력은 어떠하고, 회사의 일반적 지명도는 어느 정도인지를 세심히 살핀다.

③ 상품 또는 원재료 공급 시스템과 조직구성이 짜임새가 있는지를 살펴보아야 한다. 상품이나 원재료를 미리 확보해 두는 것도 필요하겠지만, 때로는 예상치 못한 상황에 따라 급히 상품이나 원재료를 조달해야 하는 경우가 있는데, 이런 경우에는 어느 정도 기동성을 갖추고 있는지를 조직구성과 함께 자세히 살펴보아야 한다.

④ 경쟁 업체를 반드시 비교하여 보고 결정하되, 다른 경쟁 업체에 비해 경영 전략상 어떤 차이가 있는지, 향후 발전 전망은 어느 정도인지를 조사해 보아야 한다.

⑤ 영업 상황을 일관된 통계 자료에 의해 공개하는 회사인지를 살펴보아야 한다. 이미 영업을 하고 있는 기존 가맹점의 최근 매출실적과 가맹점주의 변동사항 등 영업상황을 숨기지 않고 공개하는 회사인지를 살펴보아야 한다.

⑥ 혹시라도 허황된 아이템이거나, 광고 내용이 지나치게 과장된 점이 없는지, 그리고 한발 더 나아가 시기적인 측면도 고려하여 여러 각도에서 살펴보고 나서, 최종적으로 체인 본사를 결정하여야 안전하다.

6. 체인 본부 선별 10계

① 거래은행이나 하청업체를 통해 본사의 재정이나 운영 상태를 자세히 알아보고, 대표자와 임원의 경력을 파악한다.

② 본사에 직영점이 있는지 알아본다. 직영점은 본사의 노하우 축적 여부와 재정 상태를 판단하는 근거다.

③ 가맹점 수가 많은 본사를 선택하는 것이 유리하다. 적어도 가맹점이 20개 이상이 되어야 본사가 경제적 규모를 갖출 수 있다.

④ 상품 제조공장이 있는지를 확인한다. 제조공장 없이 하청업체에서 납품받을 경우에는 물품 공급이 불안정하고 가격이 비싸진다.

⑤ 가맹점 지원을 위한 관리 조직이 잘 가동되는지 살핀다. 영업이나 내부 관리에만 치중하는 본사는 가맹점 지원에 소홀하다.

⑥ 광고를 지나치게 많이 하는 체인점은 피하라. 지나친 광고로 재정손실이 생겨서 도산하는 체인 본사가 많다.

⑦ 경쟁업체가 급격히 늘어나는 새 업종은 상황을 지켜본다. 취급 업종의 장래성을 파악하고, 다른 업체와의 경쟁능력도 살펴보는 것이 필요하다.

⑧ 전화방, 성인용품점 등 법적으로 제약이 있거나 관련 법률이 갖춰지지 않은 업종은 피하라.

⑨ 짧은 기간에 복수 브랜드를 출점하는 체인 본부는 일단 의심해 본다. 일정 구역에서 독점 영업권이 보장되지 않으면 실패할 염려가 크다.

⑩ 계약 전에 가맹점 몇 군데를 방문해서 본사의 설명과 일치하는지를 현장에서 살펴본다.

7. 프랜차이즈 시스템의 효과

계약에 의한 유통경로 간의 수직적 통합을 통해 상호 이득을 도모하고자 하는 프랜차이즈 시스템의 효과는 다음과 같다.

(1) 경로통합 주체자들의 효과

가맹점이 모든 것을 본부에 의지하려고만 한다면 그 본래의 의도와는 달리 오히려 유통 시스템의 효율이 떨어지게 된다.

그러므로 프랜차이즈 계약의 결과, 본부와 가맹점은 긍정적인 측면과 부정적인 측면을 동시에 가지게 된다.

본부(franchisor)의 효과

[긍정적 효과]

① 자사의 직영점 설치에 비해 자본과 노력이 절약

② 가맹점 자신의 사업이므로 적극적 영업 활동을 기대

③ 협동 광고 등으로 이익 실현 여지

④ 본부는 프랜차이즈 프로그램의 개발에 몰두

[부정적 효과]

① 계속적인 지도원조로 인한 비용과 노력 소모

② 가맹점이 본부에 대한 의존 경향

가맹점(franchisee)의 효과

[긍정적 효과]

① 본부의 교육 프로그램이나 경영지도 등에 의해 그 사업에 경험이 부족하더라도 용이하게 적응

② 처음부터 지명도가 높은 경영활동을 따르므로 실패의 위험성이 적음.

③ 본부의 일관성 있는 광고를 통해 영향력이 큰 판매촉진의 수행이 가능

④ 제품의 품질에 대한 소비자들의 신뢰도가 높아지므로 판매에 유리

⑤ 본부가 기타 활동을 수행해 주므로 판매에만 전념

[부정적 효과]

① 본부가 제공하는 서비스들은 경비항목으로서 애매한 가치를 가짐.

② 가맹점 자체의 문제 해결능력이나 경영개선의 노력을 등한시하는 경우가 발생

③ 본부는 시스템 전체를 생각해서 정책을 계획 · 실시하기 때문에 특정 가맹점의 실정에 맞지 않는 경우가 발생

(2) 소비자에 대한 효과

유통 시스템이 프랜차이즈화 될 때 소비자들에 대한 효과도 긍정적 측면과 부정적 측면으로 나눌 수 있다.

[긍정적 효과]

① 서비스 제공의 수준이 향상

② 본부에 의해 연구되고 표준화된 균질한 서비스와 상품을 언제, 어디서나 공급받을 수 있음.

③ 유통 과정에서 요구되는 비용이 낮게 산정됨으로써, 염가의 상품 서비스를 제공받을 수 있음.

[부정적 효과]

① 본부의 힘이 강력하게 작용하면 거래상 가맹점은 불리한 입장에 놓이게 되어, 결과적으로 가격 및 서비스 면에서 소비자에게 불이익을 가져다 줄 수 있음.

② 프랜차이즈 시스템을 악용하는 자가 생기면 거래상 부실이 일어나 소비자에게도 나쁜 영향을 줄 수 있음.

③ 영업상 책임의 소재가 불분명하여 소비자들이 불만을 처리할 수 있는 창구가 불명확함.

(3) 사회경제에 대한 효과

[긍정적 효과]

① 프랜차이즈 시스템은 개인으로 하여금 독립 기업인이 될 수 있는 기회를 증대시킨다.

② 프랜차이즈 본부들은 시스템 운영에서 제품뿐만 아니라 서비스 관리에 큰 관심을 가지게 될 것이므로, 서비스의 표준화와 유통 효과의 증대가 가능할 것이다.

③ 프랜차이즈 시스템은 자본에 의해 완전 통합된 수직적 체인에 비해 경제적 집중을 감소시킨다.

④ 프랜차이즈 시스템은 소비자에게 표준화된 제품을 제공해 준다.

[부정적 효과]

① 프랜차이즈 시스템은 유통경로의 경쟁적 시스템으로서 영구적인 시스템은 아니다.

② 프랜차이즈 계약은 프랜차이즈 본부의 특권을 보호하기 위해(기간, 운영, 요구, 판매권리 제한, 금지조항 등의 측면에서) 일반적으로 본부에 유리하

게 이루어지는 경우가 많다.

③ 프랜차이즈 본부가 프랜차이즈 패키지를 판매하는 데 있어 비윤리적인 수단을 동원함으로써 사회적 비판을 받는 경우가 종종 있다.

8. 프랜차이즈 가맹점의 입지와 상권분석

프랜차이즈 가맹점을 성공적으로 경영하기 위해서는 점포의 입지 선정이 매우 중요하다. 다른 소매업종과 마찬가지로 프랜차이즈 가맹점도 점포의 위치가 사업의 성공을 좌우한다. 좋은 장소에 위치한 점포는 고객 유치나 동종 업종의 다른 점포와의 경쟁 등에서 훨씬 유리한 입장에서 사업을 성공적으로 운영해 나갈 수 있다. 소매업이 입지사업이라고 불리는 이유가 바로 이 때문이다.

그러나 현실적으로는 해당 업종의 특성에 맞는 점포를 구하기란 그리 쉽지 않다. 또 좋은 장소의 점포는 당연히 높은 권리금이 붙어 있어서 소규모 자본으로 가맹점 경영을 시작하고자 하는 가맹점 경영자에게는 큰 장애요인이 된다.

프랜차이즈 가맹점 경영을 위해서는 입지 및 상권에 대한 이해가 우선 고려되어야 한다. 입지란 점포가 위치한 곳이 사업하기에 얼마나 좋은 환경에 있느냐 하는 것이며, 상권이란 그 점포에 자주 오는 고객들이 분포되어 있는 지역을 뜻한다. 그러므로 입지는 고정적인 의미를 뜻하며, 상권은 유동적인 의미를 갖는다.

상권이 좋다는 말은 그 점포에 대한 접근의 용이성, 즉 가깝고 오기 쉽기 때문에 많은 고객들을 쉽게 확보할 수 있는 지역이라는 의미이다.

일반적으로 **좋은 상권의 구비 조건**은 다음과 같다.

① 특정한 점포나 상가에 고객들이 도달하는 데 소요되는 거리와 시간, 교통편의, 주차편리 등 접근이 쉬워야 한다.

② 취급 제품의 가격이 다른 지역보다 싸다면 다소 멀지라도 고객 흡인력에 영향을 미쳐 큰 상권을 형성할 수 있다.

③ 특정한 점포나 상가에 취급 제품의 종류가 많을수록 고객 흡인력은 높아지

며, 그에 따라 상권이 형성되는 경우가 많다. 따라서 외딴 지역보다는 여러 종류의 제품을 취급하는 점포들이 인접해 있어서 그들이 취급하는 제품의 구색이 잘 갖추어진 지역이어야 한다.

④ 외식업소는 유동 차량이 많은 길목의 외딴 곳일지라도, 의외로 한적하고 고즈넉한 분위기를 즐기려는 사람들이 늘어나면서 일반적인 우수 상권과는 거리가 먼 경우도 있다.

또한, 현재는 상권이 좋은 곳도 점차로 쇠퇴하기도 하고, 반대로 현재는 활기를 띠지 못해도 얼마 후에는 상권이 아주 좋아지는 곳이 있다. 그러므로 입지를 선정할 때에는 이러한 상권의 변화 전망을 함께 고려해야 한다. 점포를 얻기 위해서는 먼저 관심 지역에 대한 상권 분석을 상세히 한 다음에, 그 지역 안에서 해당 업종의 특성을 고려하여 어느 지점이 가장 적합한 점포 위치인가를 판단하여야 한다.

성공 점포의 확보를 위해 점포 후보지에 대한 지역발전 및 제약 여건 · 부동산 관련정보 · 성장전망 · 통행량 등 지역 환경 특성을 확인하고, 지역 내에 충분한 잠재 고객들이 있는지를 판단하여야 하며, 잠재 고객들의 소득수준 · 교육 정도 · 직업 분포 · 소비 성향 등을 분석함으로써 창업 예정인 점포의 예상 매출액을 추정하여 최적 점포 위치를 설정할 수 있다.

그러나 초보 창업자에게는 이러한 상권분석은 현실적으로 어려운 일이다. 점포의 입지선정 및 상권분석은 프랜차이즈 업종의 경우, 본사에서 시장조사를 하여 가맹점 경영자에게 도움을 주고 있다. 그러나 전적으로 믿지 말고 본인이 여러 측면에서 충분히 조사하여 검토한 후에 선택 및 결정을 해야 한다.

9. 프랜차이즈 분쟁의 효과적 대처 요령

경영을 하다 보면 본사와 가맹점주 간에 분쟁이 일어나는 경우가 많다. 양자 간의 이해의 대립이나 프랜차이즈에 대한 이해의 부족이 여러 가지 분쟁 요인이 되고 있다.

프랜차이즈 분쟁을 효과적으로 해결하는 방법으로는 다음과 같은 사항이 있다.

① **계약서상의 분쟁 예방** : 계약서에 분쟁 예상 항목에 대해 구체적으로 명기하여 사전에 그 대책을 마련한다.

② **POS 시스템의 완비** : POS 시스템은 거래 물품과 반품의 여부, 운영, 마케팅의 효율적 관리를 가능하게 한다.

③ **물류 배송** : 물류 배송에 대한 시스템을 확보하여 분쟁 여지를 최소화한다.

④ **지속적 활동** : 브랜드 이미지 향상을 위해 본사는 눈에 띄는 지속적인 활동을 전개한다.

⑤ **관리프로그램의 운영** : 가맹점의 효과적 관리를 위해 각종 프로그램을 개설 · 운영한다.

⑥ **재단장 및 제2브랜드의 준비** : 정체시기에 돌입하고 있다고 판단되거나 포화상태에 직면하고 있다면 점포를 재단장한다. 그리고 제2브랜드를 출시하여 정체 국면을 정면 돌파해 나간다.

(부록1 305쪽 '본부와 가맹점 간의 갈등 사례' 참조)

Chapter 8

메뉴개발

- 메뉴 개발의 개요
- 메뉴 개발의 방법
- 메뉴 만드는 순서
- 메뉴 북 만드는 법
- 메뉴 개발의 실제

8.

메뉴 개발

1. 메뉴 개발의 개요

(1) 메뉴 개발 계획

현대는 전문화 시대이다. 외식업에 있어서도 자신있게 내세울 전문 메뉴가 필요하다. 전문 메뉴 개발에 앞서 필수 고려사항은 주 고객에 대한 파악과 객단가 책정이다.

- 메 뉴
  - 외적인면 → 메뉴 북
  - 내적인면 → 메뉴를 구성하는 3대 요소 →
    - ① 상품명
    - ② 가격
    - ③ 콘셉트 → 메뉴 북을 만드는 목적

(2) 메뉴 북의 제작 목적

① 매출을 향상시켜 번성 점포로 만들기 위하여

② 내점을 촉진하기 위하여 → 고객이 점포를 선택하기 쉽게 한다(어떠한 점포인가를 알리기 위해).

③ 고객이 상품주문(오더)을 하기 쉽게 한다. → 고객 측과 점포 측의 불안 해소를 위해

(3) 메뉴 구성상 분류

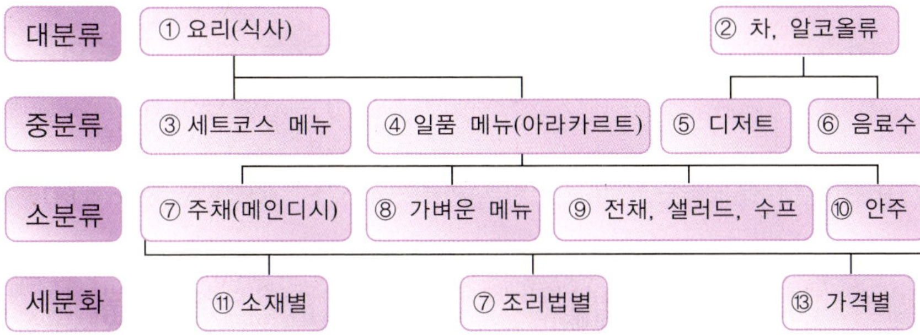

* 아라카르트 : A La Carte, 고객의 주문에 따라 제공되는 일품요리로, 코스별로 분리하여 가격을 지불한다.

(4) 메뉴판 제작상 주의사항

① 고객이 읽으며 보기에 싫증나지 않는 분량으로 구성할 것(메뉴판은 12페이지 이내로 구성하되 복잡하지 않을 것)

② 고객이 메뉴 선택을 쉽게 하도록 구성할 것(사진이 없는 경우는 음식의 가지 수를 40 아이템 이내, 사진이 있는 경우는 25 아이템 이내로 하며, 1 페이지당 10가지 상품사진 이내로 할 것)

메뉴판 작성시 고려사항 *Check Point*

① 점포의 특징이 표현되어 있을 것(콘셉트와 일관성)
② 상품을 선택하기 쉽게 할 것 ➡ 고객의 시점에서 구성
③ 고객의 이용 동기별로 구성되어 있을 것

(5) 그 밖의 사례연구

메뉴 북 총 페이지 수와 상품 단가와의 관계

① 메뉴 북 페이지 수(4~6p)가 많고 비교적 고액 상품이 많은 메뉴는 최고급 전문점에서 사용하는 경향이 있다.

② 메뉴 북 페이지 수(2~3p)가 적으며 비교적 가격이 적당한 상품이 많은 메뉴는 패밀리 레스토랑에서 사용하는 경향이 있다.

메뉴개선 제작 흐름

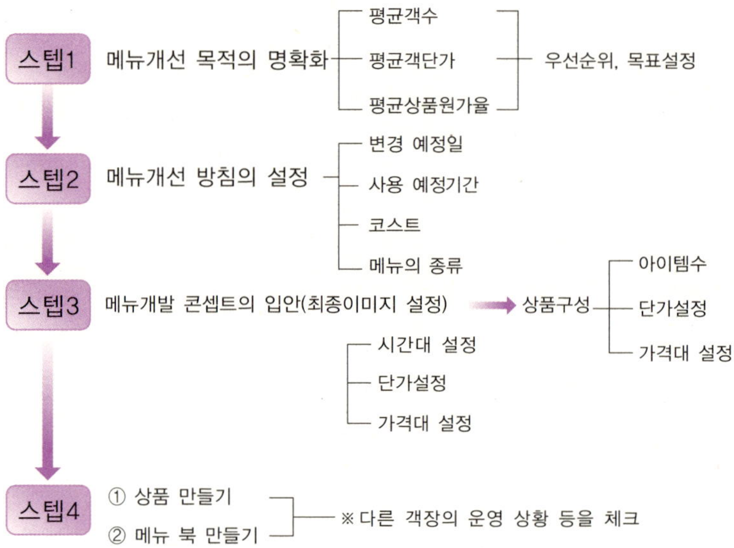

페이지 레이아웃상의 주의 사항(기본 패턴)

- 처음에 펼치는 2, 3페이지와 4, 5페이지는 그 점포의 평균 객단가를 결정하는 중요한 페이지다.

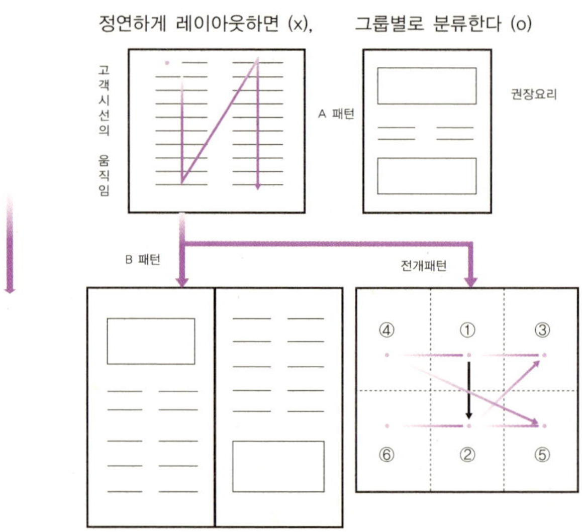

2. 메뉴 개발의 방법

(1) 메뉴 콘셉트 만들기

점포의 메뉴 콘셉트는 영업 콘셉트로부터 결정된다. 영업 콘셉트를 결정하기 위해서는 먼저, 정해진 상품에 대한 입지조사와 상권조사가 필요하다.

이 조사내용을 분석하여 점포의 방향을 결정하게 되는데, 이것을 영업 콘셉트라고 한다. 영업 콘셉트는 '어떤 상품을, 얼마에, 누구에게, 어떤 점포 분위기에서, 어떤 내점 동기를 가진 고객을 유치할 것인가' 등의 방향을 확정하는 것이다. 즉, 업종, 업태, 타깃, 내점동기, 점포분위기를 결정하는 것을 말하는데, 이러한 영업 콘셉트 안에서 메뉴 방향을 확정하는 것을 메뉴 콘셉트라 한다.

표 7-1　상품 콘셉트의 제안

(1) 고객이 본 SHOP THEME	Water Side Resort Restaurant 스트레스 속에 사는 현대인들에게 마음의 리조트 공간을 "물의 축제"라는 이미지를 메인 테마로 제공한다. 식사를 하며 심신을 편히 쉴 수 있는 레스토랑을 연출한다.	(2) 전체적인 상품이미지	• 신선한 씨푸드와 가벼운 마음으로 선택할 수 있는 비프를 식재의 중심으로 한다. • 폭넓은 고객의 지지를 얻기 위해 일식을 주체로 하여 조리한 요리를 제공한다. • '일상의 경이'를 점포 콘셉트와 함께 표현할 수 있는 상품 콘셉트를 실현한다.
(3) 분류상품의 위치분야	시설전체의 커다란 테마이다. '건강이 넘치는 일상생활'을 표현함과 동시에 한국 전체에 서서히 번저가는 [건강한 생활]을 이미지화시킨 상품분야이다. 또한 식사의 심리적인 충실을 연출하는 것을 생각할 수 있다.		

(4) 전체 상품 중 우선순위 (Priority of Product Bunch)	**상품군의 상세 분류** / **우선순위** (a) Fresh 샐러드와 수프 ········ 9 (b) 호화로운 새우와 게요리 ········ 4 (c) 초밥 & 일식의 오리지널 콤비네이션 ········ 2 (d) 비프스테이크 & 햄버거 ········ 3 (e) 일식이 주체가 된 일품요리 ········ 10 (f) 일식세트 요리 ········ 1 (g) 스파게티와 오리지널 우동 ········ 6 (h) 초밥이 주체가 된 가벼운 정식 ········ 5 (i) 오븐에서 ········ 8 (j) 라이스디시 ········ 7 (k) 소프트 드링크 ········ 11 (l) 디저트 ········ 12 (m) 알코올 ········ 13 (n) 연회관계 메뉴 사이드 상품은 상당히 중요한 위치를 차지하는 상품이다. 특히 손님에게 점포의 콘셉트를 표현할 때에 중요한 역할을 한다. 동시에 실제로 식사할 때, 코스적인 발상을 도입하기 위해서는 이러한 사이드 상품을 고객에게 잘 어필함으로써 상당한 부가가치를 올릴 수 있으리라 생각한다. 따라서 점포에서는 관리가 매우 어려운 상품이지만 과감히 도전해 볼 만하다.
(5) 시간대 : 이용동기에 따른 정합성 (Appropriacy Between Products & Hours)	오전 7~11시 ➡ 조식 수요 오전 11~오후 2시 ➡ 중식 수요 가벼운 여성적 샐러드를 앙트레식으로 오후 2~5시 ➡ 차 수요 오후 5~9시 ➡ 석식 수요 Course combination의 부가가치 오후 9시~ ➡ 외식 수요 가벼운 식사 일부 제공 매일 모든 시간대에 대응할 수 있는 상품특성을 갖고 있다.

(6) 구체적인 상품 이미지	일식 산채를 듬뿍 담은 건강 샐러드……………………4,800원 국수샐러드 ……………………………………………4,500원 텍사스콘 샐러드…………………………………………3,800원 듬뿍 담은 파티 샐러드 …………………………………8,000원 콘포타쥬 수프(컵)………………………………………1,800원 콘포타쥬 수프(볼)………………………………………3.000원 건강 수프(컵) ……………………………………………1,800원 건강 수프(볼) ……………………………………………3,000원 대체로 조리 오퍼레이션상 상당히 어렵고 만들기도 어려운 샐러드 상품을 식재로 잘 조합함으로써 무리 없이 도입하는 것을 목표로 상품을 구성하였다. 또한 신선한 야채를 맛있게 먹을 수 있는 것에 주안점을 둔 샐러드 상품의 구성의도는 충분히 전해질 수 있다고 생각된다. 한편 수프 상품에 관해서는 상당히 합리적인 오퍼레이션 도입을 꾀하였다. 홀 오퍼레이션을 간단하게 함과 동시에 세트상품의 사이드로서의 성격을 적절하게 전달하기 위한 방법이다.

표 7-1은 A 레스토랑의 메뉴 콘셉트이다. 샐러드와 수프 상품의 콘셉트표로 점포 전체에서 본 점포의 테마(영업 콘셉트의 윤곽)를 워터사이드 리조트 레스토랑이라 정하고, 다음으로 (2)에서 이 영업 콘셉트를 더욱 세분화하여 전체상품 이미지(메뉴 콘셉트의 윤곽)를 정한다.

또한 (4)에서 메뉴 전체 중에서 중요도에 따라 우선순위를 결정한다. (5)에서는 시간대별 이용 동기에 따라서 (a)의 샐러드와 수프에 대하여 어떠한 수요를 기대할 수 있는가를 생각하고 (6)에서 구체적인 상품 이미지에 맞는 판매가를 정해가는 것이다.

(2) 메뉴 가격 만드는 법

여기서 문제가 되는 곳은 (6)의 구체적인 상품 이미지 항목으로 '1품씩의 판매가를 어떻게 정하면 좋은가'라는 것이다. 업태에는 패스트푸드, 패밀리 레스토랑, 패밀리 다이닝, 디너 하우스라는 네 가지 업태가 있다.

이들 업태의 구별은 QSC(Quality, Service & Cleanliness)레벨과 거기에 연동한 객단가에 의해서 이루어지므로 QSC 레벨과 객단가를 조화롭게 하는 것이 가장 중요하다.

따라서 우리 점포의 입지분석(객층분석)에 의하여 패밀리 레스토랑의 영업 콘셉트가 가장 적합하다고 판단되면 당연히 점포의 QSC 레벨도 패밀리 레스토랑 레벨에서 추구해야 하고, 판매가도 패밀리 레스토랑 가격대인 2,500~11,500원 정도로 설정해야 한다.

패밀리 레스토랑의 경우에 고객들이 내점했을 때, 수프에서 메인디시, 디저트를 객단가 약 7,800원 이내에서 먹을 수 있도록 1품씩 상품판매가를 붙여 두어야 한다. 결코 1품의 판매가가 7,800원이 아니다. 그리고 이 가격을 정할 때, 가격대 분석표를 활용하여 1품씩 판매가를 정한다.

그림 7-1은 어느 대형 체인점의 메뉴(디저트와 드링크류를 제외한 식사만)의 가격대 분석표인데, 4,500~7,500원 사이에 산, 1,500~4,000원 사이 중간 정도의 언덕, 그리고 7,500원에서 11,500원 사이가 숲으로 되어 있다.

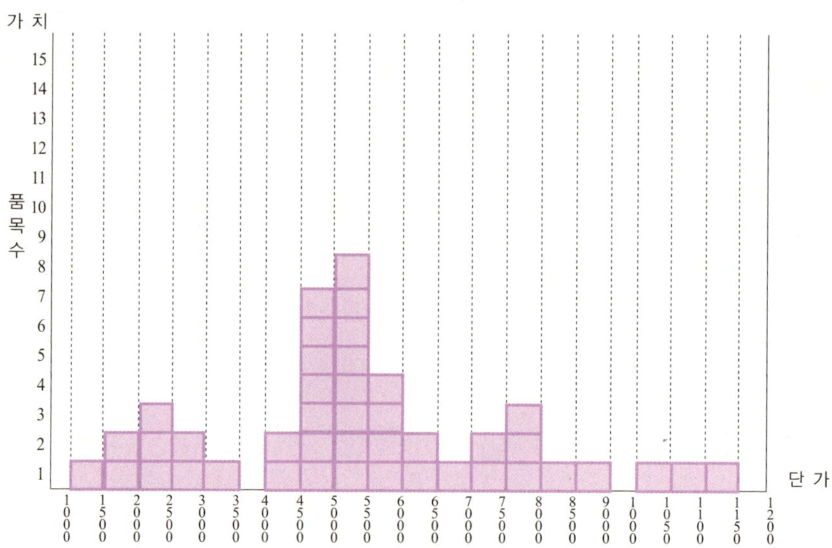

그림 7-1 어느 대형 체인점의 가격대 분석표

이러한 산, 언덕, 숲으로 분포된 메뉴 가격대는 패밀리 레스토랑 레벨의 음식점에서는 상당히 손을 내밀기 쉽고 가치를 느끼게 해주는 설득력이 있는 메뉴가 된다. 상품 한 가지씩 판매가를 정하는 경우에 결코 원가에서 판매가를 산출하는 방법을 취해서는 안 된다. 객단가를 얼마로 해야 하는가를 정하고 그 틀 속에서 상품을 만들어 내는 연구를 해야 한다.

또한 패밀리 다이닝의 메뉴 가격대는 당연히 이 산, 언덕, 숲이 고단가 쪽으로 이동해서 3,000~7,000원에 완만한 언덕이, 8,000~13,000원에 산이, 그리고 13,000~20,000원에 숲이라는 배치를 이루게 된다.

그리고 디너 하우스의 경우에는 단품보다 코스가 중심이 되기 때문에 이 가격분석표는 그다지 도움이 되지 않으며, 마찬가지로 패스트푸드의 경우도 극단적으로 메뉴를 짜 넣었기 때문에 이 분석표는 도움이 되지 않는다.

그러나 디너 하우스나 패스트푸드라 하더라도 고객에게 점포에서 돈을 얼마나 쓰게 할까를 우선 정하고, 또한 디너 하우스의 경우에는 메인 코스의 가격을 우선 정하고 음료, 서비스료를 정한다. 패스트푸드의 경우에서는 주상품의 판매가를 정하고 다음으로 주스나 커피의 가격을 정하여 1인당 몇 천 원이 되도록 조립해간다.

이렇게 메뉴 가격은 그 점포의 업태에 따라서 정하는 것이다. 업태를 무시한 상품가격 결정은 고객에게 지지를 받지 못한다. 그 때문에 업태에 대한 충분한 인식과 이해가 중요하다고 할 수 있다.

3. 메뉴 만드는 순서

① 객층을 분석하여 입지와의 적합성을 체크한다.

② 영업 콘셉트 윤곽을 정한다.

③ 메뉴 콘셉트와 점포 콘셉트의 정합성을 체크한다.

④ 상품구성을 정한다.

⑤ 객단가를 체크한다.

여기까지 작업이 진행되면, 한편으로는 그 상품구성에 맞는 주방 오퍼레이션을 디자인하게 된다. 그리고 마침내 구체적인 메뉴 작성이 시작된다.

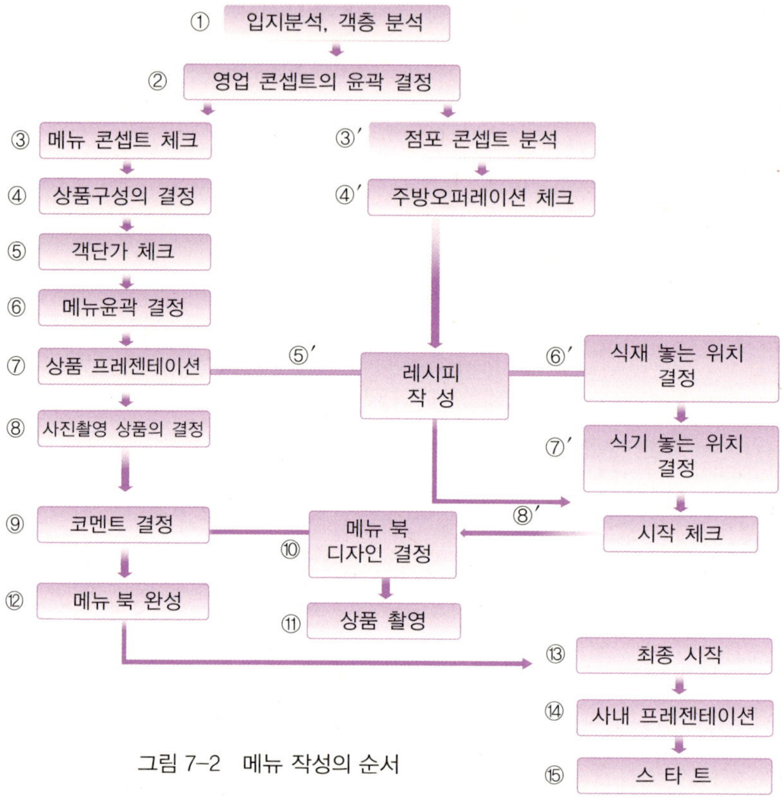

그림 7-2 메뉴 작성의 순서

그림 7-2는 메뉴작성의 순서일람표이다. ①~⑤까지에 대해서는 설명했기 때문에 여기서는 생략하고 ⑥부터 이야기를 진행하기로 한다. ⑥은 표 7-1에서 구체적으로 게시되어 있듯이 A점의 경우에는 (a)의 샐러드와 수프를 비롯하여 (n)의 연회관계 메뉴에 이르기까지 모든 부문을 표 7-1처럼 만들어간다. 이것이 완성되면 ⑦의 상품 프레젠테이션 만들기에 들어간다.

사용하는 집기를 1가지씩 정해가고, 또한 담기도 여기서 정한다. 그리고 ⑤의 레시피를 작성해 간다. 이 레시피가 완성되면 ⑥ 식재료 보관 장소, 여기서는 특히 구매를 마친 식재를 어느 냉장고 또는 서랍식 냉장고에 넣어둘 것인가를 식재마다 일일이 정해간다.

보관방법이 나쁘면 조리사의 동선 효율이 나빠져서 피크 시에 조리가 크게 늦어지거나, 그것을 커버하기 위한 인건비가 많이 든다. 식기도 이것과 똑같이 모든 식기를 어떻게 두어야 하는가를 체크하여, 그 위치를 정한다. 가능한 한, 조리사가 최소 동작으로 손이 닿을 수 있는 장소에 식재와 식기를 두어야 한다.

조리장은 이러한 체크작업을 진행해 가는 한편, ⑧ 메뉴 북에 사진을 넣는 경우에는 어떠한 상품을 촬영하여 메뉴 북에 넣을 것인가를 정한다.

최근 패밀리 레스토랑은 모든 상품을 촬영하여 메뉴 북에 넣는 경우가 많은데, 이러한 경우에는 어떤 상품을 큰 사진으로 넣을 것인가를 정한다. 여기에서 유념해야 할 점은 이익률이 높아서 자사에 유리한 상품만을 골라 큰 사진으로 눈에 띄게 하여 메뉴 북에 넣어서는 절대로 안 된다는 점이다. 고객들의 관심도가 가장 높은 상품을 전면에 넣어야 한다.

이 사진 넣기가 끝나면 다음으로 상품 하나씩의 코멘트를 만들어 간다. 상품 중에서 그다지 팔고 싶지 않은 일반적인 상품은 코멘트가 필요 없지만, 특히 주력 상품은 반드시 매력적인 코멘트를 넣는다.

'알차고 즐거운 스테이크 코스' 등의 문구로 알기 쉬운 코멘트를 붙인다. 또한 씨푸드 믹시 프라이(새우 · 오징어 · 게 크림 고로케의 버라이어티한 프라이)처럼 상품의 내용을 명확하게 설명하는 코멘트도 여기서 검토한다.

그리고 ⑩ 메뉴 북 디자인 제작에 들어간다. 한편 이 단계에서 ⑧ 조리장에서 실제로 상품의 시작(試作)을 행한다. 한 장씩 사진을 찍어 두고, 프레젠테이션 체크를 함과 동시에 식재료, 맛, 조리법 등에 대해서도 체크한다.

이 체크가 끝나면 ⑪ 상품촬영에 들어가고 ⑫ 메뉴 북을 인쇄하여 메뉴가 완성된다. 이 ⑩에서 ⑫의 3가지 순서의 내용에 대해서는 메뉴 북 만드는 방법에서 상세하게 설명하겠다.

메뉴를 실제로 점포에서 상품화하기에 이르면 다시 한 번 메뉴 레시피를 잘 맞추어 상품을 시작하고, 조리를 하는 조리사, 그리고 주문을 받고 요리를 운반하는 홀 종업원에게 한 가지씩 시식을 시켜 각각의 요리내용과 맛을 충분히 이해시키고, 또한 각 품목마다 세일즈 포인트를 가르치면 메뉴가 비로소 선보이게 된다.

4. 메뉴 북 만드는 법

음식점 영업에서 메뉴 북은 중요한 역할을 한다. 일반적인 상품판매의 경우에 그 상품을 소개하는 카탈로그가 하는 역할은 매우 크다. 자동차 회사나 가전 업체, 그리고 화장품 회사 등이 카탈로그 제작에 전력을 기울이는 이유이다.

메뉴 디자인 전략이란 감성마케팅의 일부로, 시각 이외에도 고객의 감성 즉 청각 · 후각 · 촉각 · 미각 등을 이용한 마케팅이다. 음식점의 메뉴 북은 음식점의 상품 카탈로그이다. 그럼에도 불구하고 힘을 기울여야 할 메뉴 북에 일반 음식업자들은 예산을 아끼고 그다지 돈을 들이지 않는다. 음식점 메뉴 북은 고객에게 드리는 점포의 러브레터라고 생각할 수 있다. 애인에게 주는 러브레터가 손때로 더러워진다거나 가격을 종이로 덧대어 글자를 정정하게 되면 애인의 마음은 떠나버릴 것이다.

음식점의 메뉴 북은 항상 그 점포의 주장이 명확하게 표현되고, 청결하고 정확해야 하는 것은 물론, 그 메뉴를 봄과 동시에 고객의 마음이 즐거움과 기대로 두근거리게 할 수 있어야만 한다.

따라서 메뉴 북을 만드는 데는 과감히 돈을 들이지 않으면 안 된다. 일반적으로 그 점포의 연 매상의 1%, 즉 연 매출 3억 원의 점포라면 연간 300만 원의 예산을, 연 매출 3억 원의 점포가 3곳이 있는 회사라면 연간 900만 원의 메뉴 북 예산을 책정하는 것이 타당하다.

모처럼 메뉴를 만들어 매상을 늘리고자 했는데, 메뉴 북 제작비용을 아끼려다 고객의 마음을 멀어지게 하는 경우가 많다. 그러면 고객들의 마음을 잘 잡을 수 있는 메뉴 북 만들기에 대한 구체적인 이야기를 해 보자.

업태별로 보면, 패스트푸드의 주요 메뉴 북은 카운터 위쪽에 설치된 메뉴 보드일 것이다. 지극히 일반적인 것은 사진을 넣는 것이다. 따라서 이 사진에 '얼마만큼 힘을 기울이느냐'가 관건이다. 사진의 색이 변색되어도 가격을 적은 플라스틱 보드가 떨어져도 신경 쓰지 않는다면 문제다. 항상 잘 손질하여 아름다운 메뉴 보드를 유지하여야 한다.

다음으로 패밀리 레스토랑 메뉴 북이다. 이것은 한 대형 패밀리 레스토랑이 훌륭한 사진을 넣은 8~10페이지 분량의 메뉴를 만든 것이 모범이 되어 그 스타일이 일반화되고 있다. 그러나 패밀리 다이닝 점포의 메뉴 북 구성방법은 전혀 다르다. 패밀리 레스토랑의 주력 상품은 샐러드나 가벼운 식사 종류지만 패밀리 다이닝 점포는 팔고 싶은 객단가 20,000 ~ 30,000원 정도의 상품이 전면에 나온다. 이러한 차이를 우선 이해하는 것이 중요하다.

패밀리 레스토랑에서 객단가를 올리고 싶은 마음을 메뉴에 나타내어 맨 처음 페이지에 30,000원 전후의 스테이크 종류를 게재하게 되면 객단가 15,000원 전후의 음식을 찾는 패밀리 레스토랑의 고객층은 메뉴를 펼치는 순간 '이 가게 굉장히 비싸네!'라는 기분이 들게 되어, 다음부터 오고 싶지 않게 된다.

패밀리 레스토랑에 들어와서 비싼 상품을 원하는 고객은 마지막 페이지까지 넘기며 읽는다. 따라서 패밀리 레스토랑의 메뉴 북 첫 페이지는 가벼운 상품 소개부터 시작하는 것이 바람직하다.

디너 하우스의 메뉴 북은 전문점이기 때문에 메뉴 상품 수(아이템)는 상당히 함축되어 있어 단순 명료하고, 또한 메뉴를 쓰는 법도 전채에서 주 요리, 그리고 마지막 디저트까지 그 식사순서에 따라 쓰여있기 때문에 메뉴 북은 상당히 만들기 쉽다. 그렇지만 알코올류 등은 매우 다양하여 전문지식이 필요하다.

이렇게 메뉴 북 만드는 법도 업태에 따라서 전혀 다르다. 이것을 혼동하여 패밀리 레스토랑인데도 불구하고 디너 하우스 메뉴 스타일을 취한다거나, 디너 하우스인데도 불구하고 패밀리 레스토랑 스타일로 한다면 고객들은 외면해 버리거나 실망을 하게 된다.

표 7-2를 보면 알겠지만, 패스트푸드, 패밀리 레스토랑, 패밀리 다이닝, 그리고 디너 하우스 이 4가지 업태는 각각의 업태에 따라서 명확하게 아이템 수도 다르고, 각각이 갖는 상품의 다양성도 다르다. 이러한 점을 충분히 이해한 후에 메뉴 북을 만들어 가는 것이 중요하다.

표 7-2 업태별 상품 구성의 특성

	상품 아이템 수	평 균 단 가	추정 평균객단가
패스트푸드	15~40품목	3,000~ 8,000원	4,000~ 8,000원
패밀리 레스토랑	80~150품목	10,000~15,000원	12,000~15,000원
패밀리 다이닝	50~80품목	20,000~30,000원	25,000~35,000원
디너 하우스	25~50품목	40,000~50,000원	40,000원~

지금까지는 비교적 매출이 높은 음식점의 메뉴 북에 관하여 설명하였다. 그러나 소 · 중규모 점포의 경우에는 다른 방법을 모색해야 한다.

연 매상 5,000만 원 정도인 음식점에서는 사진을 넣은 메뉴 북의 예산을 세울 수 없다. 그러므로 거의 돈을 들이지 않고 메뉴 북을 만들게 된다. 가능한 한 알기 쉽고 재미있는 메뉴 북이 되기 위해서는 글자체, 일러스트 등에도 신경을 쓰고, 디자이너에게 자신이 의도하는 점을 충분히 설명을 하여 만드는 것이 좋다. 손으로 쓰거나 워드프로세서로 작성한 메뉴는 결코 고객들이 좋아하지 않는다.

마지막으로 끼워 넣는 메뉴에 대하여 알아보자. 일반적으로 메뉴 북은 그랜드 메뉴용이며, 이것은 1년 동안 거의 변하지 않는다. 다만 계절의 변화에 따라서 계절상품을 팔고자 하거나, 계절에 맞는 요리를 팔고자 하는 경우에 끼워 넣는 메뉴를 사용한다.

5. 메뉴 개발의 실제

음식점이 번성하기 위해서는 메뉴 개발 전략이 매우 중요하다. 이를 위한 메뉴 콘셉트나 메뉴 북 만드는 방법에 관한 큰 줄기는 앞에서 설명을 했지만, 무엇보다도 상품 자체의 힘이 없어서는 아무리 메뉴 전략을 잘 짜더라도 전혀 의미가 없다.

상품 하나하나가 고객에게 어느 정도 설득력이 있는가 하는 것이 관건이고, 그러한 설득력이야말로 고객을 점포로 끌어들이는 최대 무기라고 할 수 있다.

1985년 미국의 '체인스토어'가 도입되면서, QSC의 밸런스만 좋아지면 나름대로 고객을 모을 수 있었다. 운영만 확실하게 하면 국내 기존의 음식점과의 경쟁에서 이길 수 있다는 생각에서 냉동식품이나 1, 2차 가공된 식재료만으로 상품을 구성한 패밀리 레스토랑이 급속하게 확대되었다.

한편, 점포의 규모나 디자인에만 비중을 두어 냉동식품이나 레토르트 식재료(retort pouch)로 거의 모든 요리를 해온 카페나 선술집이 1985년 말부터 우후죽순처럼 생겨나기 시작했다. 그러나 이러한 음식점은 소비자의 생활수준 향상에 따른 고품질 추구에 의하여 상품력과 경쟁력이 떨어져서 점점 소비자들의 발걸음이 뜸해지고 있다.

앞으로는 디너 하우스 레벨의 전문점만이 아니라, 패밀리 레스토랑이나 패스트푸드는 물론이고, 카페나 캐주얼 레스토랑에서도 상품력이 없으면 고객으로부터 지지를 받지 못하게 된다. 그래서 음식점의 번성을 위해서는 설득력 있는 상품 개발이 요구된다.

음식점의 상품 개발의 포인트는 다섯 항목으로 정리할 수 있다.

(1) 점포의 영업 콘셉트에 맞는 상품

앞에서 반복하여 설명하였지만 점포의 고객층과 점포의 영업 콘셉트(특히 메뉴와 점포 콘셉트)의 밸런스 체크와 그 정합성이 가장 중요하다고 하였다.

패스트푸드에는 그에 어울리는 상품이 있고, 패밀리 레스토랑에는 패밀리 레스토랑에, 그리고 디너 하우스에는 그에 맞는 상품이 있다.

패밀리 레스토랑에서 디너 하우스의 언더소스 햄버거를 제공한다거나, 작은 접시 요리로 메뉴를 구성하거나 하면, 당연히 고객이 '이거 좀 이상하다!'라며 머리를 갸우뚱거릴 것이다.

점주들은 가격은 그대로 두고 한 단계 위의 상품을 제공하는 것이 고객을 기쁘게 할 것이라고 흔히 착각한다.

그러나 패밀리 레스토랑에서 일반 고객들은 결코 디너 하우스 레벨의 상품을 요구하지는 않는다. 패밀리 레스토랑 본래의 취지인 '부담 없음'을 추구하러 점포에 오는 것이다. 그러므로 그 '부담 없음'을 고려하여 그 나름의 상품을 만드는 것이 중요하다.

다음과 같은 실패의 예도 흔히 볼 수 있다. 일식 패밀리 레스토랑에서 초밥이나 튀김 요리를 팔기 위하여 카운터를 설치하거나, 혹은 그 카운터석에 고객을 앉게 하여 영업을 한다. 이러한 점포들은 대중적인 패밀리 레스토랑 수준을 잊어버리고, 나름대로 맛있는 요리를 제공한다. 이러한 방식은 전문점의 판매방식이며, 결과적으로 고객을 멀어지게 한다.

이렇게 상품을 정할 때 어느 수준, 어떤 영업 형태의 상품인가를 명확하게 하여, 그 영업형태(업태)의 틀에서 벗어나지 않도록 하는 것이 가장 중요하다.

이것은 상품 그 자체뿐만 아니라, 식기를 정하는 방법에서도 똑같다. 패밀리 레스토랑에서는 반드시 그 수준의 식기가 요구되고, 디너 하우스에서는 그 수준의 식기가 필요하다.

패밀리 레스토랑에서 패스트푸드 점포 수준의 멜라민 접시나 발포 스티로폼 그릇으로는 고객에게 호응을 받지 못한다. 반면에 자기로 만든 고급 식기는 고객들을 오히려 주눅 들게 한다.

따라서 상품개발에 있어서 각각의 업태와 수준에 맞는 상품내용과 프레젠테이션이 중요하다.

(2) 특화된 상품과 재료에 관심 갖기

점포에서 파는 상품을 무엇으로 할 것인가? 즉, 간판 상품의 선정이다. 지금까지 패밀리 레스토랑이나 캐주얼 레스토랑, 그리고 선술집 등은 그 점포의 영업 형태에 너무 구애 받아서 메뉴 만들기에만 신경을 써온 터라 고객으로부터 '이 가게는 무엇이 맛있다!'는 대표 메뉴에 대한 이야기를 잘 듣지 못했다.

오늘날 고객들은 틀림없이 "ㅁㅁㅁ점의 △△△이 먹고 싶다."라는 식으로 점포를 선택하게 된다. 패밀리 레스토랑에서도 점포의 주장을 펼쳐야 할 때가 온 것이다. 따라서 점포의 특성을 주력 상품으로 살리는 노력을 해야 한다.

예를 들어, 햄버거를 제공하는 경우에 고객 테이블 위에서 달구어진 철판 위에 햄버거를 올려서 소스를 살짝 얹으면, 그 순간에 칙- 하고 증기가 솟아오르며 고객의 구미를 당기게 한다.

이러한 특징을 철저하게 하는 것도 그 중 하나의 특성이 될 것이다. 이와 같은 상징성을 지닌 행위는 간단해 보이지만 실제로 점포에서 실행해 보면 매우 어렵다. 이 경우에도 설비(철판 히터)를 구비해 놓지 않으면 할 수 없는 작업이다.

또한 이 햄버거를 그릴(철판)에서 구우면 아무래도 기름기가 그 위에 남아서, 햄버거를 그릴에서 제공용 철판으로 옮길 때에 맛없는 기름도 함께 묻어오게 된다. 하지만 이것을 숯불구이로 하면 햄버거에서 나오는 기름이 숯불에 떨어지고, 떨어진 기름은 숯불 속에서 타면서 연기가 피어올라 햄버거를 더욱 맛있게 만든다. 숯불의 사용은 그릴보다 수고가 좀 더 들겠지만, 이러한 배려가 상품의 경쟁력이 된다.

국수점포나 우동점포에서도 싸구려 밀가루는 결코 사용해서는 안 된다. 1등지에서 생산되는 밀가루만 사용하는 등의 차별화가 필요하다.

또한 샐러드를 제공하는 경우에도 싱싱한 양상추 · 오이 · 토마토 등을 구입하여 보관, 세척, 그리고 그릇에 담기까지 정성을 다한다. 고객들이 점포의 샐러드를 먹었을 때 양상추는 아삭아삭하고, 오이는 싱싱하며, 또한 차가운 것은 차갑게 되어 있어서 고객이 만족하여야 한다. 이러한 요리방식과 서빙방법, 그리고 식재료는 점포 매출에 직접 영향을 준다.

(3) 식재료에 대해 공부하기

식재료에 대하여도 세심한 주의를 기울여야 한다. 상품개발에 있어서 가장 중요한 결정 요소가 되는 것이 이 식재료에 대한 지식과 이해의 수준이다. 일반 대중음식점에서는 이 식재료에 대한 지식이 거의 없다. 특히 대부분의 주방 일을 주방책임자에게 맡긴 경영주들은 식재료에 대한 지식에 어둡다.

좋은 상품개발을 하려고 한다면 야채도매시장, 어시장, 고기시장 등에 직접 나가서 식재료를 하나하나 손으로 만져보고 공부해야 한다.

가능하면 직접 농가나 부두에 나가서 생산자에게 묻기도 하고, 고기의 경우에는 높은 지식과 정보를 갖고 있는 정육 회사 등을 찾아가서 공부할 수 있다. 이렇게 경영자나 상품개발 담당자가 식재료 하나하나에 대해 학습하는 것에서부터 상품개발은 시작된다.

예를 들어, 무 종류에도 열무, 총각무, 달랑무 등이 있고, 종류에 따라서 용도도 다르다. 양상추나 토마토도 산지에 따라서 맛과 질이 다르다. 생선과 고기도 부위, 계절과 생산지에 따라 굽는 방법이나 요리 방법 등이 달라진다. 낙지의 경우에도 근해에서 잡은 것과 원양에서 잡은 것이 다르다. 원양의 것은 빨판이 팥죽색 또는 핑크색이고 빨판 안은 흰색이다. 하지만 근해에서 잡은 낙지는 빨판의 겉과 안이 모두 약간 검은 팥죽색을 띠고 있다. 상품개발 담당자는 이러한 재료의 성질을 알고 요리를 구성하지 않으면 안 된다.

고기의 경우에도 소고기, 돼지고기, 양고기, 그리고 닭고기 등이 있으며 이에 대한 지식이 있어야만, 등심 · 안심 · 우둔살 · 양지 · 목살 · 사태 등을 주방에서 요리할 때 부위에 알맞은 요리를 하고 있는지 알 수 있다.

'먹어 보지 않고는 모른다.'라고 일축해서는 곤란하다.

소고기에 대해 좀 더 알아보면, 소고기는 색으로 육질의 좋고 나쁨을 판단할 수 있다. 붉은색이 너무 짙은 것은 황소이거나 나이 먹은 소 혹은 발육이 나쁜 소이다. 젖소나 젊은 소는 색이 엷다. 그러므로 붉은 색이 약간 도는 것이 좋은 육질의 소고기이다.

또한 기름 색깔로도 식별이 가능하다. 기름이 있는 부분이 윤기가 있고, 희거나 우유 빛깔을 지닌 고기가 맛이 좋다. 노란색을 띄면 새끼를 여러 번 낳은 소의 고기이므로 맛이 덜하다. 그러나 최근에는 국산 소고기보다도 수입 소고기가 많아서 고기의 분별이 더욱 어려워졌다.

일반적으로 풀만 먹이는 오스트레일리아의 소보다는 곡물로 사육을 하는 미국의 소가 좋다. 이러한 수입 소고기의 경우 포장한 팩에 따라서 고기의 질을 구별할 수 있다.

미국 소의 경우는 IBP, 스펜서, 킹미트, 에펠 회사 제품이 육질이 좋다. 그리고 오스트레일리아소의 경우에는 워커즈, 모어필드, 오키, 길버트슨 회사가 좋은 고기를 공급하고 있다고 한다.

야채 · 생선 · 고기만이 아니라, 조미료에서 양념에 이르기까지 취급법과 그 성질을 알아보고, 그 후에 상품개발에 임할 때 비로소 진정 설득력이 있는 신상품을 만들 수 있다.

(4) 주방 운영(operation)을 고려한 상품 만들기

조리에 대하여 이해도가 없는 경영자와 상품개발 담당자가 신상품 개발에서 가장 크게 범하는 오류는 주방 오퍼레이션을 무시한 채로 상품을 개발하는 것이다.

예를 들면, 우동점포에서 객단가를 올리려는 목적으로 비교적 단가가 높은 튀김을 곁들인 상품(예를 들면 새우튀김 우동)을 메뉴 속에 넣는 경우가 흔히 있다. 그렇지 않아도 바쁜데, 튀김을 곁들인 요리가 점점 늘어나면 튀김을 튀길 시간이 들게 된다. 따라서 다른 우동은 이미 만들어졌는데도 불구하고, 튀김이 튀겨지는 것을 기다리게 되어 결국은 객석회전율을 떨어뜨리는 결과를 초래하게 된다. 객단가를 올려서 매상을 늘리려고 했으나 결국 매상이 오르지 않게 되어 오히려 고객들에게 '요리가 늦게 나온다.'는 불만만 사게 된다. 신속히 제공하는 것이 상품력의 조건이라고 할 수 있으므로, 빠르게 제공하는 것을 배제한 상품개발은 생각할 수 없다.

다음과 같은 경우는 얼마든지 있다. 어느 스파게티 점포에서 다른 점포와의 차별화를 위하여 스파게티의 주문을 받고 나서 면을 삶는 경우를 보면, 확실히 바로 삶은 면은 맛있다. 그러나 스파게티를 삶는 데는 최소 10분이 걸린다. 이래서는 요리를 빨리 제공할 수 없다. 이 스파게티를 7분 정도 삶아 놓고, 주문이 있으면 4~5분 정도 다시 한 번 삶아내는 방법도 연구해 볼 필요가 있다.

일식점포에서 튀김을 비롯해서 회나 초밥 등을 첨가하는 경우는 이 오퍼레이션을 충분히 고려한 후에 새로운 메뉴를 추가해야 한다.

또한 중화요리점의 경우에는, 불판 냄비에서 만들어지는 상품만 개발하면 그 냄비동작에만 매달리게 됨으로써 아무것도 할 수 없게 된다. 게다가 양식의 경우, 주문을 받고 고기를 하나씩 잘라내면 틀림없이 일에 쫓기게 된다.

(5) 독창성(originality)이 있는 상품개발

상품개발의 최대 결정요소는 그 상품이 갖는 독창성이다. 독창성이라고 하면 곧 진귀한 것 또는 눈에 띄는 것이라고 생각하기 쉬운데, 결코 그러한 것만이 아니다. 앞에서 말한 바와 같이 점포의 영업 콘셉트에 맞추면서 식재료의 구성을 잘하여 일상적인 것이라도 창의성을 갖고 연구하여 타 점포와의 차별화에 성공하는 것을 말한다.

절대로 다른 점포의 히트 상품을 연구도 없이 무작정 자신의 점포 메뉴에 도입해서는 안 된다. 타점의 히트 상품이 히트하는 이유와 그 배경을 이해하지 않고, 단지 상품만 흉내 내어 도입해서는 고객들이 절대로 그 상품을 지지해 주지 않는다. 독창성 있는 상품을 만들기 위해서는 주위에 대한 세심한 배려와 소비자의 기호를 꾸준히 연구하고 기본적인 사항을 반복하여 노력해야 한다.

Check Point

꿈을 이루기 위한 권고

- 계획을 시각화하라. (계획표를 눈에 띄는 곳에 붙여라.)
- 세운 계획을 세분화하라. (분기별, 주간별, 일별)
- 당신이 세운 그 계획을 고정시켜라. (결코 남과 당신이 같아질 필요는 없다.)
- 실패를 너무 의식하지 마라. (그것은 실패의 시작이다.)
- 매일 일의 우선순위를 정하라.
- 자신의 약함과 결코 타협하지 마라. (그것은 실패의 시작이다.)
- 장애물을 미리 겁내지 마라. (닥치면 해결의 길은 항상 있다.)
- 끝까지 물고 늘어져라. (인내는 성공의 어머니이다.)
- 나는 해낼 수 있다고 확신하라. (늘 그렇게 스스로 격려하라.)

부록 I

1. 음식점의 업종 · 업태별 분류
2. 시설기준
3. 홍보 , 마케팅 방안 제시
4. 본부와 가맹점 간의 갈등 사례

1. 음식점의 업종·업태별 분류

업태 / 업종	패스트푸드 객단가 : 2,000~5,000원 서비스 : 셀프 및 카운터 업무 메뉴 : 한정 제공시간 : 3분 이내	패밀리 레스토랑 객단가 : 7,000 ~ 15,000원 서비스 : 정형화된 풀 서비스 메뉴 : 폭넓은 상품 구성 제공시간 : 15분 이내	패밀리 다이닝 객단가 : 15,000~ 30,000원 서비스 : 풀 서비스 메뉴 : 선택의 폭이 있는 상품 구성 제공시간 : 15분 이내	디너 하우스 객단가 : 3만 원 이상 서비스 : 풀 서비스 메뉴 : 한정된 상품 구성 제공시간 : 30분 이내
한식	우리만두 비빔밥전문점 분식집 등의 간편식 푸드코트 죽전문점	평창장터국밥 놀부보쌈, 신선설렁탕 두부마을 등의 대중 한식점	놀부상차림 벽제갈비, 평창갈비, 삼원가든, 한국관, 늘봄농원, 배나무골오리집 등의 일반 한식과 불고기브라더스 등의 대중 한정식	석란,용수산,석파랑, 미소정원 등의고급 한정식과 호텔 한식
일식	장터국수 민속마당 일본생라면집	돈카, 기소야 관서옥, 미소야	군산횟집, 부산횟집 등의 스시&씨푸드	코오라 고급 씨푸드 호텔 일식당
중식	취영루 만두 전문점	일반 대중 중식당	선궁 남경	팔선, 만리장성 연경
양식 및 이태리	K.F.C/ 롯데리아 맥도날드 파파이스	스카이락, 스파게티아, 일마레, 쏘렌토	T.G.I. 프라이데이, 시즐러, 베니건스, 마르쉐, 빕스, 아웃백스테이크하우스	호텔 양식당 안나비니 일 비로스 카후나 빌
선술집	투다리 포장마차	칸, 소주방, 하이트광장, 카스타운	기린비어 패스타 부로이 하우스	요정 호텔의 클럽

외식비 지출 조사 설문지(예)

음식점 방문시 참고정보

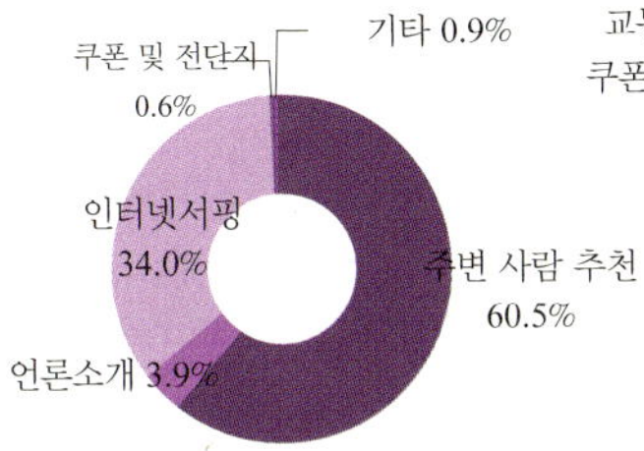

재방문 이유

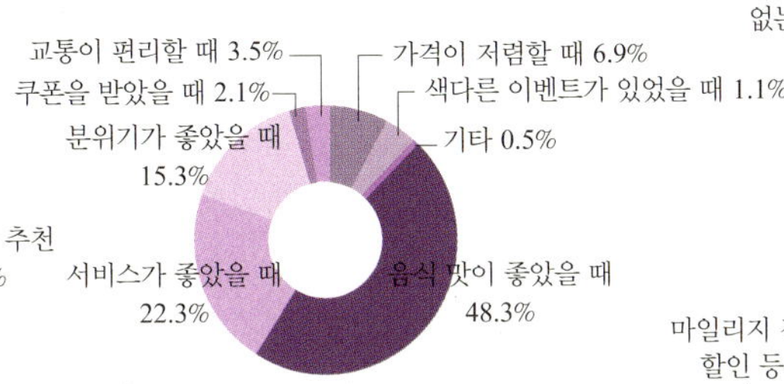

재방문하지 않는 이유

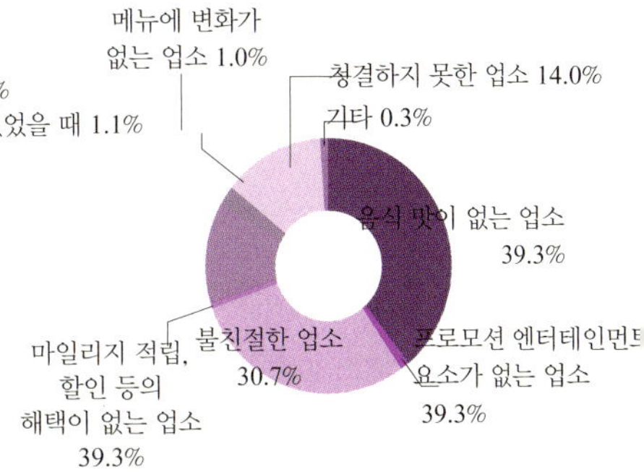

■ 외식시 주로 찾는 음식점

고깃집(갈비, 삼겹살 등) 35.3%
일식집(횟집 등) 5.8%
패밀리레스토랑 12.4%
중식당 2.6%
패스트푸드(피자, 햄버거) 2.6%
이탈리안 레스토랑 11.6%
건강음식점(유기농 등) 1.6%
요리주점 3.3%
한정식/향토음식/설렁탕, 감자탕 등 16.5%
뷔페(씨푸드 뷔페 등) 3.1%
에스닉 푸드 1.5%
기타 1.2%

■ 유망 아이템

건강 음식점(유기농 음식점 등) 26.5%
뷔페 레스토랑(씨푸드 뷔페 등) 9.8%
이색 외국음식 전문점 2.8%
와인 전문 레스토랑(와인 비스트로) 5.8%
한정식 및 향토음식 전문점 11.4%
퓨전 레스토랑 9.4%
이탈리안 레스토랑 3.8%
디저트 전문점 7.8%
요리주점 2.7%
고기구이 전문점 5.8%
분식점 2.1%
기타 2.1%

■ 선호 메뉴

쇠고기 요리 11.4%
돼지고기 요리 25.4%
닭고기 요리 13.0%
생선/해물 요리 15.4%
면류 11.6%
한정식 7.3%
국물요리(찌개, 탕류) 8.7%
유기농 등 건강요리 1.9%
에스닉푸드 2.9%
기타 2.4%

■ 외식 횟수

1주일에 1회 이상 57.2%
한 달에 2~3회 정도 36.1%
한 달에 1회 정도 4.5%
1년에 3~5회 정도 1.2%
거의 하지 않는다 0.9%

■ 외식 동반자

가족 39.8%
친구 34.0%
직장동료 6.6%
비즈니스 상대 2.1%
연인 16.9%
기타 0.6%

■ 1인당 평균 외식비용

5천 원 미만 2.4%
5천 원 이상~1만 원 미만 11.1%
1만 원 이상~2만 원 미만 38.9%
2만 원 이상~3만 원 미만 27.1%
3만 원 이상~4만 원 미만 11.4%
4만 원 이상 9.0%

■ 외식비 증가 이유

음식 가격이 올라서 61.1%
외식횟수가 늘어서 34.1%
이전보다 고단가의 메뉴를 선택해서 4.7%

■ 외식비 감소 이유

외식횟수가 줄어서 78.1%
이전보다 저단가의 메뉴를 선택해서 17.2%
할인, 쿠폰 등의 이용을 늘려서 4.7%

■ 올해 외식 횟수 계획

횟수를 줄일 것이다 41.8%
지금과 마찬가지로 유지할 것이다. 55.8%
횟수를 늘릴 것이다 2.4%

통계분석 : 서울청 인턴기자(통계프로그램) : spss 12.0

2. 시설 기준

식품접객업소의 공통시설기준

구 분	시 설 기 준
영업장	영업소의 안팎은 환경이 깨끗하고 음식물을 위생적으로 취급할 수 있어야 하며, 다른 용도로 이용되는 장소와 구별될 수 있어야 한다.
급수 시설	급수는 수돗물 또는 공중위생법 시행규칙 제49조 2의 규정에 의하여 지정된 수질검사기관에서 마시기에 적합하다고 인정한 것이어야 한다. 다만, 시 · 도지사가 지정하는 지역에서는 마시는 우물물을 사용할 수 있다.
조명 시설	조명도는 객석의 경우에 30룩스 이상(유흥주점영업의 경우 10룩스 이상), 조리장은 50룩스 이상이어야 하며, 영업장소 안에서 30룩스(유흥주점 영업의 경우 10룩스) 미만으로 낮출 수 있는 촉광 조절장치를 설치하여서는 안 된다.
조리장	① 조리장은 손님이 이용장소에서 그 내부를 볼 수 있는 구조로 되어 있어야 한다. 다만, 관광진흥법 시행령 제2조에 의한 관광호텔 조리장의 경우에는 그러하지 아니하다. ② 조리장 바닥에 배수구가 있는 경우에는 덮개를 설치하여야 한다. ③ 조리자에는 취급하는 음식을 위생적으로 조리하기 위하여 필요한 시설, 즉 세척시설, 폐기물 용기, 종업원의 손 씻는 시설을 설치하여야 하며, 폐기물 용기는 내수성 자재로 된 것으로 뚜껑이 있고 오물이나 악취 등이 누출되지 아니하도록 설비하여야 한다. ④ 1인의 영업자가 동일건물 내에 인접한 장소에서 2종 이상의 식품접객업을 하는 경우에는 하나의 조리장을 공동으로 사용할 수 있다. ⑤ 조리장에는 주방용 식기류의 살균 소독기 또는 열탕 세척 소독시설(65℃에서 30분 이상 또는 이와 동등의 살균효과가 있는 시설이어야 한다)을 설비하여야 한다. ⑥ 충분한 환기를 시킬 수 있는 시설을 갖추어야 한다. 다만, 자연 환기가 가능한 구조의 경우에는 따로 시설을 갖추지 아니할 수 있다. ⑦ 손님에게 제공하기 위한 음식기, 조리된 음식물 및 그 원료, 조리에 사용되는 기구류를 바닥으로부터 20cm 이상의 위치에 보관할 수 있는 구조여야 한다. ⑧ 내장 시설을 갖추어야 한다.
화장실	① 화장실은 남녀용으로 구분되어 사용하는 데 불편이 없는 구조로서 그 수가 충분하여야 한다. 다만, 공중화장실이 설치되어 있는 업소 및 영업장 면적이 33제곱미터 미만의 업소로서 인근에 사용이 편리한 화장실이 있는 경우에는 따로 화장실을 설치하지 아니할 수 있다.

구 분	시 설 기 준
화장실	② 화장실은 세정 및 청소가 용이한 구조로서 작업장에 영향을 미치지 아니하는 장소에 설치하여야 하며, 소독약 및 청소용구 등을 청결하게 비치하여야 한다. ③ 상하수도가 설치된 지역에서는 정화조를 갖춘 수세식이어야 하며, 수세식이 아닌 화장실에는 반드시 변기의 뚜껑과 환기시설을 갖추어야 한다. ④ 화장실은 타일 또는 콘크리트 등 내수성 자재로 시설하여야 하고, 손 씻는 시설과 시 · 도지사가 정하는 지역에서는 손을 씻은 후 말리거나 닦는 시설을 갖추어야 한다.
탈의실	영업소 내에는 종업원이 불편없이 사용할 수 있는 탈의실 또는 옷장을 갖추어야 한다. 다만, 영업장 면적이 100제곱미터 미만의 식품접객업의 경우에는 그러하지 아니하다.
공동시설	해수욕장 등에서 계절적으로 영업을 하는 음식점과 농림축산식품부 장관이 인정한 농어민 단체 등에서 농수산물의 판매촉진 및 소비홍보 등을 위하여 적용재배 일정기간(14일 이내) 동안 특정 장소에서 판매 행위를 하고자 할 때에는 이 기준에 불구하고 시장, 군수, 구청장이 따로 정할 수 있다.

식품 접객업의 업종별 시설기준

구 분	시 설 기 준
휴게 음식점 영업과 일반 음식점 영업	① 일반음식점에 객실을 두는 경우, 객실에는 촉광조절장치 및 잠금 장치를 설치할 수 없다. ② 휴게음식점에는 객실을 둘 수 없으며, 휴게음식점의 객석에 칸막이(이동식 또는 고정식)를 설치하고자 할 때에는 칸막이 밑 부분부터 0.5m 이하 부분과 1.5m 이상 윗부분은 공간으로 남겨 두어야 하고 측면은 2면 이상을 완전 차단하지 아니하며, 다른 객석 내부가 서로 보이는 구조여야 한다. ③ 기차, 자동차, 선박을 이용하는 경우는 다음 시설을 갖추어야 한다. • 1일 간 영업시간에 사용할 수 있는 충분한 양의 물을 저장할 수 있는 내구성이 있는 식수탱크 • 1일 간 영업시간에 발생할 수 있는 음식물 찌꺼기 등을 처리하기에 충분한 크기의 오물통 및 폐수 탱크
단란주점 영업	① 노랫소리 등이 영업장소의 외부로 들리지 아니하도록 생활소음기준인 45데시벨 이하를 유지할 수 있는 방음장치를 하여야 한다. ② 영업장 내에 객실이나 칸막이를 설치하여서는 안 된다. ③ 손님이 노래를 부를 수 있도록 하기 위한 음향 및 반주 시설은 다음의 것에 한한다. • 마이크 장치 • 자막용 영상장치(노래 가사와 관계없는 퇴폐, 음란화면시설을 하지 아니한 것에 한한다. • 자동 반주 장치 • 반주용 악기 ④ 우주 볼(사인볼) 등 특수 조명시설을 설치하여서는 안 되며, 객석조도는 30룩스 이상이어야 한다. ⑤ 네온사인 간판을 설치하여서는 안 된다.
유흥주점 영업	① 영업장소의 내부로부터의 노랫소리가 외부에 들리지 아니하도록 방음장치를 하여야 한다. ② 객실에는 잠금장치나 촉광조절장치를 할 수 없다. ③ 유흥주점영업의 영업장소 내에는 유흥종사자의 공연을 위한 공연장(무대)과 특수 조명 시설을 설치할 수 있다.

3. 홍보, 마케팅 방안 제시

월	행사	Key Word	홍보마케팅 실행
1	1일 – 신정	시무식, 가족모임	새해맞이 신메뉴 출시 및 신년회 유치 홍보
	14일 – Diary Day	다이어리 데이	연인, 가족, 신년모임 이벤트 개최
2	7일 – 설날	설날	설연휴 영업 및 이벤트 사전 홍보
	14일 – Valentine's Day	발렌타인데이, 초콜릿	발렌타인데이 방문 연인고객 초콜릿+와인 선물
	졸업식	졸업	졸업 시즌 특수유치(특선 메뉴)
3	1일 – 삼일절	개학, 입학, 신입사원 환영회	봄을 주제로 한 특선 메뉴
	2일–입학식	화이트데이	입학식, 환영회 등 사전 홍보(사은품 제공)
	14일 – White Day	봄, 꽃	화이트데이 방문 연인고객 사탕,와인 선물
4	5일–식목일	벚꽃, 수학여행, 만우절 등	상춘객 유치 및 만우절을 이용한 코믹 판촉
5	5일–어린이날 8일–어버이날	가족, 카네이션, 선물소풍, 축제	가정의 달 축제 및 특선 메뉴, 기념품 증정 /할인 이벤트
	12일–석가탄신일		인근 학교 선생님 초청(초대장 발송)
	15일–스승의 날, 성년의 날		성년의 날 판촉행사
	21일–부부의 날		
6	6일–현충일 25일–한국전쟁의 날	애국	국가유공자 초청 행사
	8일–단오, 21일–하지	단오, 하지, 장마	여름 특선 메뉴 실시
7	19일–초복, 29일–중복	무더위, 건강	복날 및 건강관련 반짝 이벤트메뉴 실시 : 사전 홍보
8	7일–입추, 8일–말복	여름방학, 말복	방학시즌 특별판촉, 여름 특식 메뉴 축제

월	행사	Key Word	홍보마케팅 실행
9	2일 – 구이데이	추석, 고향, 가족	추석 연휴 영업 및 진행 이벤트 사전 홍보
	14일 – 추석, 포토데이	구이데이, 포토데이	구이데이 할인 행사 및 포토데이 즉석사진 촬영 이벤트
10	1일 – 국군의 날, 21일 – 경찰의 날	체육대회, 향우회, 축제	국군, 경찰 동반 가족 등에게 가을 특선 메뉴 할인 행사
	14일 – Wine Day	와인데이, 결혼	와인데이 방문 연인고객 주문 시 와인 증정
11	7일 – 입동 22일 – 소설	첫눈, 김장, 단풍, 수능	첫눈 이벤트 실시, 수능생 가족 수고 격려 이벤트 진행
12	21일 – 동지 25일 – 크리스마스	연말, 크리스마스, 겨울	송년 사은행사 집중홍보, 연말 특선메뉴, 단체메뉴 실시
기타	개업 기념 주간 할인행사, 특선메뉴 실시(시즌별, 특정 주제별), 제휴 프로모션 실시(공동판촉, 협찬사와 제휴 홍보 마케팅 진행)		

4. 본부와 가맹점 간의 갈등 사례

	갈등의 유형	갈등의 결과
가맹점이 본부에게 느끼는 갈등	① 개점 전 시설공사의 하자	개점의 지연으로 연결되어, 가맹점주의 불만을 야기
	② 공급품목의 배달 지연	식자재의 변질 및 영업지장 초래
	③ 상권 보장의 불확실	영업부실에 대한 갈등으로 본부에게 소송을 제기하거나 부근 가맹점 간의 갈등을 야기함.
	④ 반품규정의 불확실	본부에 대한 신뢰도를 떨어뜨림.
	⑤ 초기 상권조사의 불충실로 입지선정이 잘못된 경우	영업부진이 계속되면 폐점으로 이어지며, 그 책임소재에 대한 논란이 있음.
	⑥ 본부의 재무구조가 불량한 경우	전반적인 경영지도가 어려우며, 본부의 존립을 위협함.
	⑦ 본부가 사회적인 이미지를 실추한 경우	전체적인 브랜드 이미지를 신뢰하는 고객들을 실망시켜, 그 여파가 가맹 점까지 연결됨.
	⑧ 본부의 직영실적이 미비한 경우	시행착오를 거듭하여 신뢰도하락
	⑨ 본부의 영업 노하우 축적이 취약한 경우	본부의 수명이 단축됨.
	⑩ 본부가 연계판매를 강요할 경우	합당성에 대한 논란이 있음.
	⑪ 재계약 시에 갱신을 거절할 경우	거절 사유의 합당여부를 놓고 갈등
본부가 가맹점에 느끼는 갈등	① 가맹점에서 임의로 규정 외의 메뉴를 취급할 경우	일반 고객에게 혼선을 빚게 함으로써 프랜차이즈의 통일성 붕괴
	② 메뉴가격을 임의대로 변경하는 경우	본부의 중앙통제를 위협하는 결과를 초래하여 본부의 제재를 받음.
	③ 가맹점 측에서 결제대금을 지연할 경우	상호불신의 시초를 만들며, 식자재 공급 중단 등의 사태가 발생 가능
	④ 가맹점 측에서 무리한 광고 요구 또는 영업지원을 요청할 경우	빈번하게 일어날 수 있으며, 특히 매출 부진 시에 빈출함.
	⑤ 임의대로 타인에게 양도를 하는 경우	본부의 경영이념을 재전달해야 하는 문제 발생
	⑥ 본사의 노하우를 유출하는 경우	계약해지의 사유가 될 수 있음.
	⑦ 규정된 메뉴를 변경하는 경우	슈퍼바이저의 제재를 받거나 계약 해지의 사유가 될 수 있음.

부록 Ⅱ

1. 점장의 역할
2. 점포운영의 분기별 테마
3. 주방장의 역할
4. 디지털시대 성공 외식인의 조건
5. 고객에 관한 고찰
6. 일상서비스
7. 고객 응대 수준
8. 고객 니즈를 위한 서비스

1. 점장의 역할

점장의 행동규범 31항목

	있어서는 안 되는 점장		점포에서 꼭 필요한 점장
1.	종업원을 진심으로 교육할 마음이 없는 점장	1.	종업원을 진심으로 교육하는 점장
2.	종업원의 행동을 파악할 수 없는 점장	2.	종업원의 행동을 파악할 수 있는 점장
3.	종업원의 실수를 전혀 알아채지 못하는 점장	3.	종업원의 실수를 장악할 수 있는 점장
4.	종업원의 실수를 보고도 못 본 척하는 점장	4.	실수를 발견하여 주의 및 지도할 수 있는 점장
5.	칭찬하는 방법이 서투른 점장	5.	칭찬하는 방법이 능숙한 점장
6.	종업원과 함께 회사의 험담을 하는 점장	6.	결코 푸념을 하지 않는 점장
7.	종업원을 욕하는 점장	7.	험담을 하지 않는 점장
8.	편애를 하는 점장	8.	종업원을 공평하게 다루는 점장
9	자신의 실수를 종업원에게 떠넘기는 점장	9.	실수를 솔직히 인정하는 점장
10.	단지 사람이 착하기만 한 점장	10.	실로 리더십이 강한 점장
11.	계획, 실행, 확인에 대한 일의 진행을 할 수 없는 점장	11.	계획, 실행, 확인을 할 수 있는 점장
12.	무엇이 문제점인지 파악하지 못하는 점장	12.	문제점을 파악하여 해결할 수 있는 점장
13.	곧 인원을 늘리는 것을 생각하는 점장	13.	인건비 관리를 할 수 있는 점장
14.	작업 스케줄 작성이 서투른 점장	14.	작업행정의 조립을 할 수 있는 점장
15.	문장 표현력이 없는 점장	15.	정확한 보고서, 설득력 있는 의견서를 만들 수 있는 점장
16.	수치에 신경 쓰지 않는 점장	16.	수치적 책임을 질 수 있는 점장
17.	솔선수범을 할 수 없는 점장	17.	행동력이 있는 점장
18.	어떤 일에 불평만 하고, 실행하지 않는 점장	18.	실행력이 있는 점장
19.	비판은 하나, 의견은 내지 않는 점장	19.	자신의 의견을 확실히 말하는 점장
20.	고충처리를 할 수 없는 점장	20.	침착 냉정한 판단으로 진두지휘를 할 수 있는 점장
21.	일에 쫓기는 점장	21.	사전에 문제 예측이 가능한 점장
22.	거래업자에게 금품을 요구하는 점장	22.	공명정대한 점장

있어서는 안 되는 점장		점포에서 꼭 필요한 점장	
23.	주간지, 스포츠지밖에 읽지 않는 점장	23	업계지, 경제지에도 흥미가 있는 점장
24.	유머를 전혀 이해하지 못하는 점장	24.	폭넓은 인간성을 지닌 점장
25.	시간에서 시간까지밖에 일하지 않는 점장	25.	바른 상황 판단을 할 수 있는 점장
26.	경비를 낭비하는 점장	26.	적정한 경제관리를 할 수 있는 점장
27.	단정하지 못한 점장	27.	청결감이 있는 점장
28.	공사를 구별하지 못하는 점장	28.	공사를 혼동하지 않는 점장
29.	병약하여 건강하지 못한 점장	29.	활달하고 명쾌한 점장
30.	"안 됩니다. 무리입니다. 할 수 없습니다." 라고 변명을 하는 점장	30.	플러스 발상을 할 수 있는 점장
31.	미래를 예측하지 못하는 점장	31.	미리 예측하고 사전에 준비된 점장

점장의 일 – 타임스케쥴

	출근 전	• 날씨, 신문, 전단 ⇒ 오늘의 작전, 조례 내용에 대하여 생각한다.
AM 10 : 00	출 근	• 사원에게 인사를 건다. • 본부에서 온 연락사항을 확인한다. • 오늘의 예약확인 • POP의 점검, 장식품의 체크 • 청결 체크(주차장, 입구, 샘플케이스, 의자, 화장실, 테이블, 바닥) • 냉난방 체크 • 잔돈확인(금전등록기에 넣는다.) • 비품 체크(젓가락, 성냥, 냅킨, 이쑤시개) • 각 책임자와의 회의 • 영업(종업원의 근무상황) 체크
11 : 00	조 례	• 종업원 시프트 지시 • 어제의 문제점 • 오늘의 목표 • 오늘 예약에 대한 지시 • 종업원의 건강 체크 • 몸가짐 체크 • 접객 6대 용어 • 점내 각 부분 조명 ON 음향 스위치 ON • 작업 할당 청결 체크

11 : 30	개 점	• 조리장, 홀에 개점 지시를 한다. • 진두지휘 • 냉난방 조절 • 유도, 접객(주문받는 타이밍 체크, 식후의 차 제공은 완전히 이루어지고 있는가 등의 서비스 체크)
PM 2 : 00	런치 종료, 한가한 타임	• 런치 정리 지시 • 종업원 교대 식사 지시 • 런치 매상 체크 • 비품발주 업무 (성냥, 젓가락, 소모품) • 보고서 작성 • 예약인원, 송영 등의 예약처에 전화 확인 • 사무처리(작업스케줄 〈일계인건비율표〉 전표, 보고서 정리 등) • 청결 체크 (주간 청결 지시, 필요개소 청결 지시) • 미팅, 카운슬링 • 회의(메뉴, 이벤트) 연구회 • 런치 매상정산(현금 체크) • 디너 타임에 대한 예약지시, 시프트 지시
PM 5 : 00	디너 타임	• 진두지휘 • 유도, 접객, 레지스터 • Q.S 체크(소정대로 운영되고 있는가) • 냉난방 조절 • 고객과 접촉하여 의견 수집
9 : 30	오더 스톱	• 영업종료 표지를 건다 • 샘플 케이스의 조명 OFF • 각 테이블의 오더 스톱 지시(조리장에 오더 스톱을 건다) • 각 책임자의 협의(내일의 예정 확인) • 내일의 예약기입 지시(조리장, 1층 홀, 2층 홀)
10 : 30	폐 점	• 필요개소 조명 OFF • 레지스터 잠그기, 일계매상 정산 • 영업일보 작성(FAX 작업) • 발주 작업(음료류, 조리관계는 요리장) • 청결 최종 체크 • 불씨 확인(담배꽁초 확인) • 전기, 가스, 수도 체크
11 : 00	퇴 점	• 창문 점검 • 야간 금고에 입금 • 귀가

2. 점포운영의 분기별 테마

QSC레벨의 궤도 수정

4/4분기 운영 테마	월차	운영 테마	활동내용
「품질관리 강화의 달」 (맛의 추구)	1월	상품을 확인하자	모양 · 색채 · 중량감 · 맛 · 향 · 선도 · 담기 · 배치를 확인
	2월	품질을 이해하자	계량하자. 세자. 조사하자 (균일 · 균질 · 균량)
	3월	온도관리를 철저히 하자	저장고 · 조리설비 · 식기 · 상품 · 온도계 · 시감온도 · 촉감온도 확인
「서비스 강화의 달」 (활기있고 명랑함의 추구)	4월	서비스의 기본을 되돌아보자	훈련 · 예의범절(규칙을 준수) · 태도 · 복장 · 몸가짐 · 말씨
	5월	활기 넘치는 서비스를 목표로 하자	싱글벙글, 하하하, 미소짓기 운동
	6월	눈과 마음의 배려!	상냥하게, 사랑스럽게, 주의깊게
「청결 · 위생 강화의 달」 (아름다움의 추구)	7월	고객의 시점에서 점포를 보자	입점~체재~퇴점까지의 흐름속에서 청결도 확인
	8월	청결함에 대한 체크를 관행으로 하자	1시간마다 클린패트롤을 철저하게 실시
	9월	위생관리를 철저하게 하자	손씻기 · 소독 · 세정 · 선입선출 · 납품일자 · 온도관리 확인
「노동생산성 800만 원 달성」 (수치목표 착지점)	10월	객단가 1,000원 증대 달성!	「추가 1품」을 철저히 권유
	11월	원재료, 상품-1% 로스 퇴치 달성	매출 예측과 출수 예측의 확인
	12월	노동시간 100시간 삭감 달성!	「하나 더 할 것이 없습니까?」 운동

* 도중 경과에 있어서의 QSC레벨 향상은 지점 수칙에 착실하게 접근하여 최종 4/4분기에 달성도를 확인한다.

1개월 단위의 오퍼레이션 매뉴얼 예

일자		행 사	관리일반
1	일	(영업 제1주 첫날)	
2	월		전월분 외상작성 및 청구서 발송일
3	화		
4	수		매입, 제경비 지불 열람표 작성
5	목	어린이날 특별 이벤트	풍선 달아주기, 어린이 동행 시 10% 할인
6	금		
7	토	(제1주 최종일)	청소점검일 수치 주간표 관리 작성
8	일	(영업 제2주 첫날) 어버이날	변경 유무
9	월		
10	화	지불일	구매, 제경비 지불일
11	수		
12	목		전월 손익계산일(전월영업성적 검토일)
13	금		
14	토	(제2주 최종일)	청소점검일 수치 주간표 관리 작성
15	일	(영업 제3주 첫날) 스승의 날	변경 유무
16	월		
17	화		
18	수		
19	목	석가탄신일	
20	금	성년의 날	사원 타임코드 마감일
21	토	(제3주 최종일)	청소점검일 수치 주간표 관리 작성
22	일	(영업 제4주 첫날)	변경 유무
23	월		사원급료 지불명세서 작성
24	화	여름휴가 시작	
25	수	급여날	사원급여 지불일
26	목		
27	금		
28	토	(제4주 최종일)	청소점검일 수치 주간표 관리 작성
29	일	(당월 마지막주 첫날)	변경 유무
30	월		
31	화	(당월 최종일)	매입, 제경비거래처 청구서 제출일, 기말 재고조사일

1개월 계획표(예)

일 자		사 원	판 매 촉 진	공휴 예정일
1	일	조례(제1주 목표확인, 월간목표발표, 확인)	어린이날 데코레이션(1주간)	
2	월	바깥청소 중점 작업일		
3	화	객석, 홀 청소 중점 작업일	POP공고를 붙인다(5월 25일 까지), 축제 전단지 발주	
4	수	주방 청소 중점 작업일		
5	목	후방설비 청소 중점작업일(19일까지)	여름문안 DM직접 쓰기 시작	
6	금	집기, 기기정비일	가정의 달 축제	
7	토		날씨 마케팅 실시 우천시, 무더위	
8	일	조례(제1주 반성과 2주 목표 확인)	어버이날 특별 이벤트	
9	월	바깥 청소 중점 작업일		
10	화	객석, 홀 청소 중점 작업일		
11	수	주방 청소 중점 작업일		
12	목	후방설비 청소 중점작업일	성년의 날 축제개최예고 POP를 점내 게시	
13	금	연수회(전월 실전발표와 반성, 기기정비일)		
14	토			
15	일	조례(제2주 반성과 3주 목표 확인)	다음 달 계획의 확인	
16	월	바깥청소 중점 작업일		
17	화	객석, 홀 청소 중점 작업일		
18	수	주방 청소 중점 작업일		
19	목	후방설비 청소 중점작업일		
20	금	연수회(전월 실전발표와 반성, 기기정비일)	어린이축제 전단지 신문보급소에 반입	
21	토			
22	일	조례(제3주 반성과 4주 목표 확인)	축제 맞이 세일 전단지 배포	
23	월	바깥청소 중점 작업일	여름문안 DM발송 개시 (약 1주일 동안 모두 보낸다)	
24	화	객석, 홀 청소 중점 작업일		
25	수	주방 청소 중점 작업일	여름휴가 어린이 세일 개시(휴가 기간 중)	
26	목	후방설비 청소 중점작업일		
27	금	연수회(당월 반성과 다음 달 목표설정)	기기정비일 등 실행 계획	
28	토		협찬 세일	
29	일	조례(제4주 반성과 월말 목표 확인)		
30	월	바깥청소 중점 작업일		
31	화	객석, 홀 청소 중점 작업일	이번 달 계획의 검증과 반성	

1주 단위 오퍼레이션 매뉴얼

	홀	주 방	종 합	비 고
월	• QSC에 관하여 : 지난주 → 반성 금주 → 목표설정 • 식기 재고조사 : 보충이 필요할 때는 토요일까지 보충한다. • 메뉴의 부수 확인 • 점내 · 외 조명 청소 • 풀뽑기 작업	• QSC에 관하여 : 지난주 → 반성 금주 → 목표설정 • 식기 재고조사 : 보충이 필요할 때는 토요일까지 보충한다. • 배수관 트렌치 청소 • 식기 선반 청소, 정리정돈	• 아르바이트 비디오 교육(제2주 16 : 00~17 : 30) • 데일리체크표를 기본으로 한 수치의 반성과 대책	• 바닥은 항상 쓰는 버릇을 들인다. • 드라이 키친을 유지 • 스텐인리스 · 로렌지 · 철판 · 히터 · 폴리벨 등은 매일 청소한다. • 더러운 것이 달라붙기전에 청소한다. • 청결감 넘치는 드라이키친 점포 만들기를 목표로 한다. • 바닥은 항상 걸레를 닦는 버릇을 들인다. • 휴지 하나도 떨어지지 않도록 신경을 쓴다. • 의자 · 테이블 · 유리창문 · 기둥 등은 매일 청소한다. • 비온 다음날은 특히 유리창문을 청소한다. • 먼지 하나 떨어지지 않은 점포 주변과 유리창이 깨끗한 점포인지 확인한다.
화	• 2주 후의 워크스케줄을 점장에게 제출 • 기기점검, 메인터넌스 • 제빙기 필터 • 환기팬 청소	• 2주 후의 워크스케줄을 점장에게 제출 • 기기의 점검, 메인터넌스 • 닥트(필터)청소 • 바닥(타일)청소 • 음식물쓰레기처리기 청소	• 워크스케줄 작성	
수	• 주간 회의(점장 · 홀장) • 음료카운터 선반 청소, 정리정돈 • 스토커 청소	• 주간 회의(요리장) • 세정실 청소 • 환기팬 청소	• 다음 주 워크스케줄 제출 • 아르바이트 훈련 • 면접(15 : 00~16 : 30)	
목	• 공중전화요금 회수 • 천정 필터 청소 • 의자 청소	• 콜드테이블(냉장 · 냉동고) • 냄비, 프라이팬 닦기	• 탈의실 정리정돈, 청소	
금	• 유리창 청소 • 손이 잘 닿지 않는 곳의 청소 실시	• 토, 일, 월(점심까지) 사전준비 개시, 창고 정리정돈 • 워크인 냉장, 냉동고 청소 • 유리잔 손으로 닦기	• 아르바이트 개별 면접(제3주 16 : 00~17 : 30)	
토	• 바닥 청소	• 토, 일, 월(점심까지)의 사전준비를 디너타임이 되기까지 마친다.(야채관계는 별도) • 냉장 · 냉동고 안 청소	• 일요일 근무 인원 확인	
일	• 판매에 힘쓴다. • 웨이팅룸의 정리정돈(의자, 전단지 등)	• 판매에 힘쓴다.	• 판매에 힘쓴다.	

1일 오퍼레이션 매뉴얼의 예

시간	구분	내용
AM 9 : 00 입점 시업점검	종합	**(입점 전)** ① 오늘 신문을 한 번 훑어본다(신문의 지식이 고객, 종업원과의 인간관계를 풍요롭게 해준다. 신문전단지도 확인). ② 오늘의 날씨 체크. 점포 근처에서 행사 등이 있는지를 조사한다(오늘의 매출예측이 벗어나지 않는가를 확인한다). **(입점 후)** ③ 금고나 점포의 상태에 이상이 없는지 확인. 잔돈을 레지스터에 넣는다.
	종업원서비스	① 종업원의 출근상태를 파악(결근자는 없는가?) ② 종업원의 건강상태를 파악(밝고 건강한가? 환자는 없는가?) ③ 종업원의 복장점검(정해진 대로의 복장인가?) ④ 종업원의 몸가짐을 점검(올바른 몸가짐인가?) ⑤ 개점 전의 작업분담을 지시한다. ⑥ 조례를 실시(예약, 권장요리 등을 철저하게 주지)
	조리	① 냉동 · 냉장고, 가스레인지 등의 기계류 작동 개시 ② 냉동 · 냉장고 내의 보관상황을 점검한다. ③ 원재료 보충상황을 확인(특히, 납품 받은 것은 발주한 대로인가를 점검한다)한다. ④ 오늘의 대량 주문 및 예약을 확인한다. ⑤ 오늘의 권장요리를 결정한다. ⑥ 사전준비 작업의 분담을 지시한다. ⑦ 작업개시 전에 반드시 위생 상태를 체크한다(특히, 도마, 칼, 행주, 조리 대 등을 체크).
AM 10 : 00	점포청소	① 각자 맡은 곳을 청소한다(바깥주변, 점내객석, 주방 내, 후방설비 등의 각 부분을 분담하여 청소 작업을 실시). ② 간판 등을 소정의 위치에 내놓는다. ③ 객석 테이블 위의 양념세트를 점검한다. ④ 음료, 물수건, 냅킨 등의 보충 점검을 한다.

점심전점검 (→ AM 10 : 30)	종업원	① 할당된 작업을 완벽하게 소화했는가? ② 메뉴는 준비되어 있는가? ③ 차, 냉수 등의 서비스는 곧바로 서빙할 수 있는 상태인가? ④ 젓가락, 냅킨, 나이프, 포크는 준비되어 있는가? ⑤ 기타, 서비스카운터 안의 비품은 보충되었는가? ⑥ 직원들의 몸가짐, 복장을 재점검한다. ⑦ 오늘의 추천요리를 다시 한 번 확인한다. ⑧ 소정의 위치에서 대기시킨다.
	조리	① 예정대로, 사전 준비 작업이 완료되었는가? ② 원재료의 보충은 완전하게 되어 있는가? ③ 조리를 위하여 사전 준비된 원료는 소정의 장소에 두었는가? ④ 그릇은 소정의 장소에 두었고, 또한 깨끗하고 적당한 수량인가? ⑤ 가스레인지를 비롯한 조리기기는 정상적으로 작동되는가? ⑥ 잔반이나 음식물 쓰레기를 반출하여 주방을 청결하게 만들어 놓았는가?
	점포청소	① 바깥주변, 점내 객석을 완벽하게 청소는 하였는가? ② 현관, 홀에 먼지가 나지 않도록 물은 뿌려 놓았는가? ③ 샘플케이스는 예쁘고 깨끗하며 적정하게 배치되어 있는가? ④ 냉난방은 적정 온도를 유지하고 있는가? ⑤ BGM은 적당한 음량으로 흐르고 있는가? ⑥ 화장실은 청결한가? 종이타월은 있는가?(특히 화장실 점검에 신경을 쓸 것) ⑦ 점내 조명은 적절한가?

점심피크점검 (PM 1 : 30)	구분	점검 항목
점심피크점검	서비스	① 접객계의 배치는 적절한가? ② 고객 유도, 착석은 적절한가? 한쪽으로 치우치지는 않았는가? ③ 요리는 늦지 않게 제공되고 있는가? ④ 접객태도는 만족을 드리겠다는 마음이 담겨 있는가? ⑤ 고객은 만족하여 즐겁게 식사를 하고 있는가? ⑥ 서비스는 공평하게 이루어지고 있는가? ⑦ 클레임은 없는가? ⑧ 고객이 돌아간 후의 재배치는 완전한가? 식기는 깨끗이 정리했는가? 테이블 위에 음식물이 떨어져 있지는 않았는가? 재떨이는 교환했는가? 양념세트는 보충했는가? 의자나 방석은 깨끗한가?(점장은 바쁠 때에는 가능한 한 현관에서 비어 있는 테이블번호, 좌석번호를 기억해 둔다)
	조리	① 조리작업은 자연스럽게 이루어지고 있는가? ② 담기는 기준대로 맛있게 보기 좋게 담고 있는가? ③ 사전 준비 해놓은 재료는 충분한가? ④ 그릇 보충은 자연스럽게 이루어지고 있는가? ⑤ 주방과 홀의 팀워크는 좋은가? ⑥ 무엇이 잘 나가고 있는가?
PM 1 : 30	점포청소	① 홀에 휴지 등이 떨어져 있지는 않은가? ② 의자는 정연하게 정리되어 있는가? ③ 좌식이라면 방석은 깨끗한가? ④ 좌식의 경우, 고객의 신발이나 소지품, 옷 등을 정리해 놓았는가? ⑤ 점내의 실온은 쾌적하게 유지되고 있는가?

한가한 시간, 저녁 피크 전 점검

시간	구분	내용
PM 1 : 30 입점 ↓ 한가한 시간점검 ↓ PM 4 : 30	종업원	① 피크타임을 반성한다(무엇이 잘못되었는지를 체크한다). ② 오늘의 권장요리를 정하고 요리에 관한 고객의 반응을 주방으로 전달한다. ③ 나이프, 포크, 냅킨, 젓가락 등 서비스 카운터의 비품을 보충한다. ④ 오늘의 종업원 트레이닝, 연수, 교육 등을 실시 ⑤ 내일 휴무 예정자 확인
	조리	① 고객이 음식을 남기지는 않았는가?(만일 남겼다면 원인을 조사할 것) ② 무엇이 많이 나갔는가? 권장요리는 목표만큼 나갔는가? ③ 사전준비, 원료의 재고 체크(만일 부족한 경우는 보충한다.) ④ 조미료, 기타 일반 원재료를 보충한다. ⑤ 주방내의 기기를 손질한다. ⑥ 잔 반이나 음식물 쓰레기 반출 등 주방 위생을 체크한다. ⑦ 점심식사를 준비한다.
	점포청소	① 바깥주변, 홀, 주방, 후방설비에 대한 청소상태를 점검한다. (특히, 화장실에 유념한다.) ② 중요 청소구역을 다시 청소한다. (사전에 요일별 중점 청소구역을 정해 놓는다.) ③ 음식물쓰레기를 비롯한 빈병 등의 처분과 정리정돈을 한다. ④ 차량 점검과 손질을 한다.
PM 5 : 30		(저녁 피크 전 점검) 점심 피크 전 점검과 동일 ① 저녁 연회, 디너의 확인과 준비 ② 네온, 간판 조명 점검 등, 기타
PM 8 : 00		(저녁 피크 점검) 점심피크 점검과 동일

종합점검	구분	내용
	종업원	① 피크 타임을 반성한다(무엇을 잘 했고 못했는지 체크한다). ② 오늘의 추천요리를 비롯한 고객의 요리에 관한 반응을 검토한다. ③ 오늘 하루 서비스는 생각대로 되었는가? ④ 오늘의 고객경향은 어떠했는지 검토한다. ⑤ 홀은 물론이고 주방과의 팀워크는 잘 이루어졌는가?
	조리	① 남은 음식은 없는가? (그 원인을 추구) ② 무엇이 많이 나갔는가, 권장요리는 어떠한가? ③ 만들어 놓은 원재료를 냉동냉장고에 넣는다(다음날은 이것부터 쓴다). ④ 주방 안 청소, 손질을 한다. ⑤ 행주, 쓰레기통 세정을 한다. ⑥ 잔반이나 음식물 쓰레기를 소정의 장소에 반출한다. ⑦ 내일의 원재료 구매 검토 및 발주를 한다. ⑧ 가스, 수도꼭지를 잠근다.
	조리	① 바깥주변(특히, 쓰레기, 잔 밥류의 정돈), 홀, 주방, 후방설비의 청소를 분담하여 한다. ② 검토와 확인(특히 화장실, 쓰레기, 음식물, 빈병 등에 주의) ③ 객석의 재떨이 및 방석 등을 체크하고 화기가 없는지를 조사한다. ④ 간판이나 외등의 스위치를 끈다. ⑤ 냉온방기 스위치를 끈다. ⑥ 화장실은 청결한가? 종이타월은 적절한가? ⑦ 점내 조명은 적절한가?
PM 9 : 30	종합	① 레지에서 현금을 꺼내 센다. ② 오늘의 매출을 계산한다(매출, 그룹 수, 객수). ③ 오늘의 영업일보에 기장한다(데일리 4표 작성). ④ 야간금고 입금과 점포 금고 보관분 구분 ⑤ 전달 및 지시항목 확인

교육의 전체도

		항 목
전체교육	1	외식산업개론(업계 현황)
	2	외식산업인론(종사하는 사람의 마음가짐)
	3	음식점 번성의 이론(번성의 5대 요소)
	4	음식점 실천론(5대 요소의 실천방법)
	5	외식인으로서의 일반 지식
교육이념	1	우리 회사의 경영이념
	2	우리 회사의 사명
	3	우리 회사의 미래
	4	우리 회사의 조직
	5	조직 안에서의 자신의 역할
기준교육	1	이념에서 기준으로
	2	기준은 지켜야 하는 것
	3	우리 회사의 기준
	4	점포의 기준
	5	우리들의 기준
기술교육	1	음식점의 상식(고객)
	2	주방 작업
	3	홀 작업
	4	주방과 홀의 팀워크
	5	우리 회사는 고객만족을 이렇게 생각한다.

〈교육 커리큘럼〉

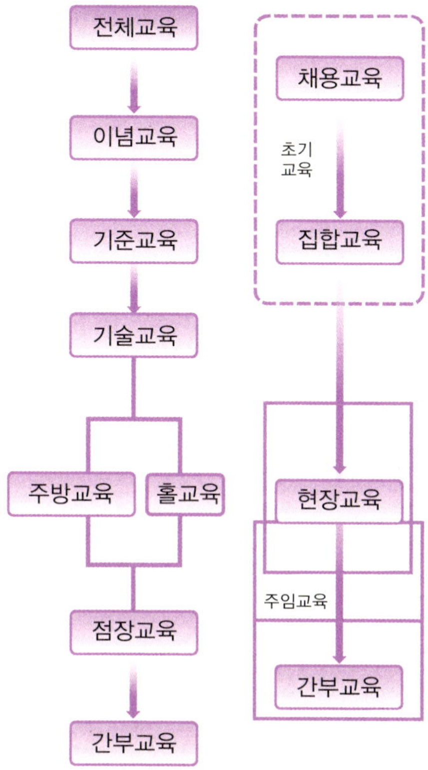

〈점장의 관리 전체도〉

관리 Ⅰ

(1) 계획(PLAN) 〈정확한 계획입안〉

↓

(2) 실행(DO) 〈확실한 지시 · 명령 · 실행〉

↓

(3) 확인(CHECK) 〈현상 파악〉

↓ *계획과 실적의 차이가 발생

(4) 통제(CONTROL)

〈차이를 수정〉

(1) ~ (4)를 반복할 것

관리 Ⅱ 스탠다드를 확인, 확실하게 그 형태를 만들어 간다.

3. 주방장의 역할

주방장의 행동규범 30항목

	있어서는 안 되는 주방장		점포에서 꼭 필요한 주방장
1.	종업원을 진심으로 교육할 마음이 없는 주방장	1.	종업원을 진심으로 교육하는 주방장
2.	종업원의 행동을 파악할 수 없는 주방장	2.	종업원의 행동을 파악할 수 있는 주방장
3.	종업원의 실수를 전혀 알아채지 못하는 주방장	3.	종업원의 실수를 장악할 수 있는 주방장
4.	종업원의 실수를 보고도 못 본 척하는 주방장	4.	실수를 발견하여 주의 및 지도할 수 있는 주방장
5.	칭찬하는 방법이 서투른 주방장	5.	칭찬하는 방법이 능숙한 주방장
6.	종업원과 함께 회사의 험담을 하는 주방장	6.	결코 푸념을 하지 않는 주방장
7.	종업원을 욕하는 주방장	7.	험담을 하지 않는 주방장
8.	편애를 하는 주방장	8.	종업원을 공평하게 다루는 주방장
9.	자신의 실수를 종업원에게 떠넘기는 주방장	9.	실수를 솔직히 인정하는 주방장
10.	단지 사람이 착하기만 한 주방장	10.	실로 리더십이 강한 주방장
11.	PDC의 일을 진행할 수 없는 주방장	11.	계획, 실행, 확인을 할 수 있는 주방장
12.	무엇이 문제점인지 파악하지 못하는 주방장	12.	문제점을 파악하여 해결할 수 있는 주방장
13.	곧 인원을 늘리는 것을 생각하는 주방장	13.	인건비 관리를 할 수 있는 주방장
14.	작업 스케줄 작성이 서투른 주방장	14.	작업행정의 조립을 할 수 있는 주방장
15.	문장 표현력이 없는 주방장	15.	정확한 보고서, 설득력 있는 의견서를 만들 수 있는 주방장
16.	수치에 전혀 약한 주방장	16.	수치에 밝고 책임을 질 수 있는 주방장
17.	솔선수범을 하지 못하는 주방장	17.	솔선하여 행동하는 주방장
18.	어떤 일에 불만만 하고, 실행하지 않는 주방장	18.	말보다 실행력이 있는 주방장
19.	비판은 하나, 의견은 내지 않는 주방장	19.	자신의 의견을 확실히 말하는 주방장
20.	고충처리를 할 수 없는 주방장	20.	침착 냉정한 판단으로 진두지휘를 할 수 있는 주방장
21.	일에 쫓기는 주방장	21.	사전에 문제 예측이 가능한 주방장
22.	거래업자에게 금품을 요구하는 주방장	22.	공명정대한 주방장
23.	주간지, 스포츠지밖에 읽지 않는 주방장	23.	업계지, 경제지에도 흥미가 있는 주방장

있어서는 안 되는 주방장		점포에서 꼭 필요한 주방장	
24.	유머를 전혀 이해하지 못하는 주방장	24.	폭넓은 인간성을 지닌 주방장
25.	시간에서 시간까지밖에 일하지 않는 주방장	25.	바른 상황 판단을 할 수 있는 주방장
26.	경비를 낭비하는 주방장	26.	적정한 수익관리를 할 수 있는 주방장
27.	단정하지 못한 주방장	27.	청결감이 있는 주방장
28.	공사를 구별하지 못하는 주방장	28.	공사를 혼동하지 않는 주방장
29.	병약하여 건강하지 못한 주방장	29.	활달하고 명쾌한 주방장
30.	"안됩니다. 무리입니다. 할수없습니다." 라 고 하거나 변명을 하는 주방장	30.	플러스 발상을 할 수 있는 주방장

주방장의 하루

시간	시점	이행해야 할 일
	출근전	날씨, 신문, 전단지 – 오늘의 매입, 예측, 조례내용에 대해 생각한다.
AM 9:30	출 근	• 사원, 파트 종업원에게 인사한다. • 본부에서의 연락사항 확인 • 오늘의 예약확인(요리내용, 인원, 시간) • 준비지시(포지션마다) • 포지션의 냉장고 온도 확인 • 매입(검품, 체크) • 영업체제(종업원의 근무상황) 체크 • 오늘의 주문 내용에 대한 점장과의 확인
11:00 ~ 11:25	조 례	• 오늘의 시프트 지시 • 한가한 시간에 청소 구역 지시 • 전날의 문제점 지시와 확인 • 본부에서의 연락사항 연결 • 오늘의 예약확인(요리내용, 인원, 시간) • 인사 • 종업원의 건강과 복장상태 체크
11:30	개 점	• 포지션마다 런치타임에 있어서의 최종적 지시(기기, 비품, 상품) • 지시와 지휘(주문이 늦는 포지션에 대한 지시 및 도움) • 주문의 제공시간 체크 • 오늘의 주력 상품에 대한 인지

시간	시점	이행해야 할 일
PM 4:00	런치 종료 (식사) 한가한 시간	• 런치 상품 치우기 지시 • 식사, 교체 휴식(1시간~1시간 30분) • 비품, 부족분 상품 발주 지시 • 청소구역의 체크(주간 청결 표에 기초하여 필요구역 청소) • 사무(보고서 작성, 필요서류, 재고표 등) • 본부에 미팅, 카운슬링, 연구회 • 디너 타임에 대한 예약확인 지시(요리내용, 인원, 시간)
5:00	디너 타임	• 지시와 지휘(주문이 늦는 포지션의 지시 및 도움) • 예약객에 대한 요리제공 시간 및 시프트상의 문제점 발견 • 자유객의 주문 제공시간 체크 • 식사, 교체 휴식(1시간~1시간 30분) • 세터에게의 지시
11:00	주문 스톱	• 각 포지션에게 치우기 지시 • 내일의 매입, 준비 지시 • 홀, 점장과 오늘의 문제점에 대한 미팅 • 일보의 작성 • 청결의 최종 체크 • 내일의 예약확인 • 종료(오늘의 문제점, 내일의 시프트 지시 및 공휴자의 확인)
	퇴 점	• 화재의 요인이 될 만한 것의 체크(재떨이, 가스, 기구류) • 수도 체크 • 냉장고 온도 확인 • 자물쇠 체크(주방 출입구) • 귀가

4. 디지털시대 성공 외식인의 조건

디지털시대 성공 외식인의 조건

- I'm Ok You're Ok 유형(남의 말을 잘 듣는 사람)
- Passion & Positive Mind
- 생각—말—행동—습관—성공 단계가 일치하는 책임감
- 많이 아는 것보다 실천을 중시하는 인재
- 고집과 아집은 버리고 지조와 근성있는 프로 정신(철저한 실력주의 마인드)
- 고객 이름, 고객 신상, 고객 기호 등을 많이 아는 디지털 인재
- 불평을 하는 직원이 아니라 적당한 불만을 가진 사람 (적당한 불만은 성장의 기회가 된다)
- 서비스요원은 요리의 특성을 많이 알아야 하고, 요리사는 서비스와 고객을 알아야 한다
- Reactive — Proactive 인재
- 지식 · 형식지→ 암묵지 (자기만이 가지고 있는 지식과 지혜)
- Multi Skill과 Multi Role 인재
- I 자형 인재 — T 자형 인재(리더십, 회계, 인사, 노무, 구매, 행정, 마케팅, R&D 등 경영 전문성 확보)
- 몸으로 일하는 사람이 돼라.
- 적극적인 인재, 실패를 두려워하지 않는 인재, 도전적인 인재
- Management Mind : 한국의 조리사는 마케팅, 계수, 리더십 부재, 즉 실력이 아니라 경력과 나이에 의존

고객 설득을 위한 세가지 조건(아리스토텔레스의 논리 응용)

① 로고스(Logos) : 논리가 필요하다

② 에토스(Ethos) : 남으로부터 자신의 평판이 중요하다. 즉 신뢰

③ 파토스(Pathos) : 상대방에게 감성으로 호소할 줄 알아야 한다.
지식과 경험을 통한 호소력 '감성'

외식사업 성공 방향

현재		향후
Good	⇨	Great / Excellent
Analog	⇨	Digital
Red Ocean	⇨	Blue Ocean
언론광고 홍보	⇨	구전홍보
몸(육체)의 경형	⇨	머리(생각)으로 경영(고객 니즈를 앞서 파악)
Good Location 성공	⇨	Quality경영
양의 경영	⇨	질의 경영
직원(신뢰)에 의존	⇨	고객(신뢰) 의존(고객이 많아야 한다)
돈을 버는 성과경영	⇨	고객만족 감동지수 경영성과(매출은 부수적 사업의 수단)
Global	⇨	Localization경영(고객, 시장에 맞는 메뉴, 가격-FF, FR)
외부환경 경영	⇨	내부통제 경영

외식사업 성공조건

① 인테리어, 시설 · 집기에 많이 투자하지 말라.

__최고의 재료, 좋은 음식에 투자하라. 또한 저렴한 가격에 제공하기 위해 노력('가치')

② 식재료는 꼭 경영자가 직접 구매해라.

__신선하고 품질 높은 식재가 맛있고 좋은 음식을 만든다(좋은 재료 분별 능력)—일본 예 : 과거 1주에 1회 시장에서 3회로 바뀜. 신선한 식재 선호. 냉동고 면적이 작아짐.

③ 식당 면적은 50석 이하, 또는 100석 이상 면적을 선택하라.

__면적에 따른 인원 및 관리체계 문제로 이익 확보에 유리함.

④ 음식의 질을 지속적으로 업그레이드하라.

__천연소스의 지속적 개발, 특히 패스트푸드, 패밀리 레스토랑의 Mass Product → Masstige화(명품의 대중화)

⑤ 끊임없는 실험정신으로 독특한 차별화 경영 노하우를 쌓아라.

__지속적인 신메뉴 개발 (블루오션 전략)

⑥ Hot is Hot , Cold is Cold

__음식 제공시 온도관리를 철저히 하라.

⑦ 여성에게 음식을 인정 받아라.

__남성은 아는 메뉴를 선호하고 여성은 새로운 메뉴를 선호하므로 여성이 인정한 메뉴는 뒤따라 남성이 좋아하는 것으로 밝혀짐. 성공하는 식당은 여성 고객이 많아야 함.

⑧ 예약을 많이 하는 식당으로 만들어라.

__주변경쟁 및 사회경기 환경이 변해도 영향을 받지 않는 식당으로 만들어라.

⑨ 메뉴북은 고객이 잘 아는 메뉴로 알기쉽게 구성하라.

__글씨크기와 글씨체가 잘 보이도록. 또한 모르는 메뉴는 고객이 회피하는 경향이 있으므로 고객과 메뉴 북이 커뮤니케이션이 잘 되도록 컴팩트한 레시피 표현을 연구

⑩ 아침 메뉴를 운영하는 등 생산성을 높여라.

__주5일 근무로 인하여 식당임대료, 즉 고정비 상승에 따라 생산성 향상 차원으로 고려

⑪ 스타메뉴, 즉 대표메뉴를 보유하라.

__그 식당을 대표할 수 있는 한 두 가지 메뉴를 확보하고 있어야 함.

모방과 창조의 차이점

- 모방은 남의 그림자를 똑같이 따라 하려는 것이지만, 창조는 거울 앞에서 온갖 동작을 표현하는 것이다.
- 모방의 시작은 쉽지만 갈수록 어려워지고, 창조는 그 반대이다.
- 모방은 할수록 멸시를 받고, 창조는 할수록 존경을 받는다.
- 모방은 큰돈으로 시작하고, 창조는 무자본으로 시작한다.
- 모방은 경쟁자가 많지만, 창조는 경쟁자가 없어 일등이다.
- 모방은 할수록 로열티 지불액이 늘고, 창조는 할수록 낮아진다.
- 모방은 사정할 사람이 많고, 창조는 찾아와 사정하는 사람이 많다.
- 모방은 광고를 내야 하지만, 창조는 돈을 들이지 않아도 저절로 광고를 해준다.
- 모방은 게으른 사람의 체면을 유지해 주고, 창조는 부지런한 사람의 보람을 느낄 수 있도록 해주는 제도이다.
- 모방은 큰 노력을 들여도 결론은 망하지만, 창조는 한가지만 잘 되어도 성공한다

음식점에서 고객의 기본적인 욕구

① 기억되기를 바라고, 환영받고 싶어하고 ② 관심을 가져주기를 바라고
③ 중요한 사람으로 인식되기를 바라고 ④ 편안한 마음으로 식사하기를 바라고
⑤ 존경받기를 원하고 ⑥ 칭찬받기를 원하고
⑦ 기대와 욕구가 충족되기를 바란다.

또한 고객들은

① 웃음으로 맞이하기를 ② 음식이 빨리 제공되기를
③ 즉시 좌석에 안내되기를
④ 음식이 괜찮았냐고 물어봐 주기 등과 같이 세심한 배려를 보여주기를 원하고 있다.

또한 고객들은 레스토랑에서

① 배고픔과 목마름을 해결하고 싶어하고 ② 저렴하게 지불하고 싶어하고
③ 맛있는 것을 먹고 싶어하고 ④ 빨리 먹고 싶어하고
⑤ 진기한 것을 먹고 싶어하고 ⑥ 좋은 대접을 받고 싶어하고
⑦ 레스토랑을 대화의 자리로 활용하고 싶어하고
⑧ 분위기를 즐기고 싶어하고 ⑨ 건강식품을 먹고 싶어하고
⑩ 전통(향수)음식을 먹고 싶어하며
⑪ 편의 지향적인 음식을 먹고 싶어하며 ⑫ 청결한 분위기에서 음식을 먹고 싶어한다.

성공한 사람들의 10계명

① 새로운 시각으로 사물을 바라보라 ; 우리에게 익숙한 주제라도 '새로운 시각'을 가지고 사물을 다른 관점에서 바라본다면 심오한 지식 때문에 매료될 것이다.

② 시야를 넓혀라 ; '폭넓은 시야(視野)'는 당신의 사고(思考)의 폭을 넓혀주어, 당신의 대화 내용을 더욱 풍부하게 해 줄 것이다.

③ 열정을 가져라 ; 자신이 열정적인 일을 찾아 그런 열정을 대화 속에 풀어놓는다면, 그 열정은 상대방에게 효과적으로 전달될 것이다.

④ 자신에 대해서만 말하려 하지 말라 ; 언제나 '자기 자신에 대해서만' 말하려 하지 말고, 상대에게도 말할 기회를 주어야 한다.

⑤ 관심을 나타내라 ; '호기심'이 많아서 좀 더 알고 싶은 일에 대해서는 '왜?'라는 질문을 던져서 상대의 이야기를 들어줌으로 관심을 나타낸다.

⑥ 공감을 표시하라 ; 상대에게 '공감을 나타내고' 상대의 입장이 되어 말을 하면 상대는 마음을 열고 솔직하게 하고 싶은 말을 한다.

⑦ 유머감각을 보여주라 ; 대화 속에서 자연스럽게 흘러나오는 유머는 때로는 대화의 성패를 결정할 만큼 아주 중요한 역할을 한다.

⑧ 자신만의 스타일을 가져라 ; 말하는데 '자신만의 스타일'을 찾아내어 그것을 '자신만의 가장 편안한 스타일'로 개발하라.

⑨ 때로는 침묵하라 ; 때로는 대화에 끼고 싶은 충동을 억제하고 침묵하라. 아무리 뛰어나게 말을 잘한다 해도 침묵을 지키는 게 더 좋은 순간들이 있다.

⑩ 경청하라 ; 성공하는 대화의 가장 중요한 첫 규칙은 듣는 것이다. 많은 것을 배우기 위해서는 우선 상대의 말을 경청하라.

5. 고객에 관한 고찰

고객의 기대에 영향을 미치는 요인

① 구전에 의한 의사소통

② 개인적 성격

③ 환경적 요인

④ 과거의 경험

⑤ 내부 고객 간의 커뮤니케이션

고객응대의 의미

① 고객과의 만남은 우리 회사의 이미지를 심어 주는 것이다.
② 고객의 요구를 수용하고 해결하는 시간이다.
③ 짧은 시간 내에 효율적으로 우리 상품을 고객에게 제공하는 세일즈 장소이다.
④ 나의 자아실현과 생활의 현장이다.

고객의 만족과 불만족 효과의 차이

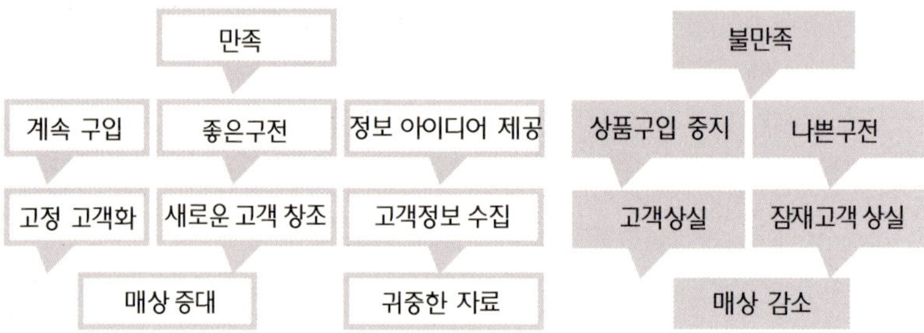

구체적 고객관리 기법

6. 일상서비스

일상서비스에서 사용되는 8대 용어

① 어서 오세요=진심으로 반기는 마음으로 미소를 잃지 않고 정중하게 인사한다. (30°인사)

② 네, 알겠습니다=고객이 원하는 방향으로 일을 처리하겠다는 마음가짐으로 대답한다.
(15°인사)

③ 잠시 기다려 주세요=손님이 기다리는 것을 죄송하게 생각하며 인사한다. (15°인사)

④ (늦어서) 죄송합니다=진심으로 죄송한 마음으로 정중하게 인사한다. (45° 인사)

⑤ 천천히 즐겁게 드세요.

⑥ 실례합니다=친절미가 느껴지는 어조로 한다. (15°인사)

⑦ 감사합니다=진정으로 감사하는 마음이 고객에게 전달되도록 정중하게 인사한다. (45°인사)

⑧ 안녕히 가십시오=찾아준 것에 대해 고마워하며, 다시 들러 주기를 진심으로 바라는 마음으로 밝고 진지하게 인사한다. (30°인사)

우리는 어떤 마음가짐과 자세를 갖추어야 하나

① 정확한 인사가 즐거운 직장을 만든다.

② 손님에게는 사원, 파트, 아르바이트의 구분이 없다.

③ 근무시간은 손님, 그리고 점포가 당신을 필요로 하는 시간이므로 개인적인 일로 사용할 수 없다.

④ 청결한 몸가짐이 제일 기본이다.

⑤ 비품, 소모품도 점포의 재산, 돈의 일부이다. 소중히 하자.

⑥ 상사로부터 지시받은 것을 확실하게 실행하고 결과를 정확하게 보고함으로써 종결된다.

⑦ 당신의 급료는 사장이 주는 것이 아니라 손님이 주는 것이다.

⑧ 당신은 업소 대표선수이다. 손님은 당신을 보고 업소를 평가한다.

⑨ 일은 한 사람이 하는 것이 아니고, 팀워크로 하는 것이다.

⑩ 외식산업에서 일하는 것은 사회에 공헌하는 일이다.(긍지를 갖자.)

7. 고객 응대 수준

고객 만족 응대

척도	그렇지 않다	약간 하는 편이다	보통 하는 편이다	잘 하는 편이다	매우 잘한다
	1	2	3	4	5

	고객만족 응대 내용	척 도
1	나의 옷차림이나 헤어스타일(화장)은 보기 좋은가?	
2	나는 일어서서 고객을 맞이하는가?	
3	나는 웃으면서 밝고 명랑한 목소리로 고객을 맞이하는가?	
4	나는 고객을 맞이하거나 배웅할 때 정중하게 인사를 하는가?	
5	나는 처음 보는 고객도 반가이 맞이하는가?	
6	나는 고객에게 현금이나 카드를 차별하지 않는가?	
7	나는 고객 호칭 시 올바른 용어를 사용하고 있으며, 고객호명은 정확하고 공손하게 하는가?	
8	나는 고객과 대화 시 존대말을 사용하는가?	
9	나는 고객의 명함을 소중히 다루는가?	
10	나는 고객의 사고방지를 위해 항상 세심한 주의를 다하고 있는가?	
11	나는 모든 고객을 동등하고 공정하게 응대하는가?	
12	나는 고객의 프라이버시 및 비밀보장을 위한 주의 의무를 다하고 있는가?	
13	나는 만족스러운 응대를 위해 업무지식을 갖추려 노력하는가?	
14	나는 고객의 용건을 진지하게 경청하여 신속하고 정확하게 처리하는가?	
15	나는 고객의 이름을 기억하려 하고, 마음을 편하게 해주려 노력하는가?	
16	나는 고객과의 약속을 잘 지키려 하는가?	
17	나는 고객에 대하여 잘못하고 있는 것이 없는지 반성하는가?	
18	나는 업무처리 지연시 고객에게 미리 그 뜻을 알려주고 있는가?	
19	나는 고객이 무리한 요구를 할 때 설득하려고 노력하는가?	
20	나는 고객 불만 발생 시 즉시 만족스러운 해결을 하려 노력하는가?	
21	나는 일이 잘못되었을 경우 고객에게 솔직히 인정하고 사과하는가?	
22	나는 전화벨이 울리면 즉시 받는가(2회 이내)?	
23	나는 수화기를 들으면 '감사합니다. 00계 000입니다'라고 밝고 친절하게 응대하는가?	
24	나는 고객의 문의 사항을 정확히 파악하고 답변을 친절하고 성의있게 하는가?	
25	나는 전화가 잘못 걸려 왔을 때 친절히 응대하는가?	
26	나는 상대방이 수화기를 놓는 소리를 듣고 전화기를 놓는가?	
27	나는 고객과 응대하고 있을 때 전화가 오면 고객에게 양해를 구하고 전화를 받는가?	
28	나는 전화 통화 중 다른 사람과 말할 때는 송화기를 막고 말하는가?	
29	나는 고객으로부터 전화로 부탁을 받을 경우 다시 그 내용을 확인하는가?	
30	나는 전화를 할 때(받을 때) 시간과, 장소와 그때 상황을 고려하는가?	

고객 불만족 응대

척도	그렇지 않다	약간 하는 편이다	보통 하는 편이다	잘 하는 편이다	매우 잘한다
	1	2	3	4	5

	고객만족 응대 내용	척 도
1	나는 손님이 오면 귀찮아하며 외면하지 않는가?	
2	나는 나의 자리를 비우지 않는가?	
3	나는 고개, 손가락, 볼펜 등으로 고객을 안내하지 않는가?	
4	나는 손을 호주머니나, 엉덩이 밑에 넣거나, 팔짱을 끼거나, 볼펜을 돌리지 않는가?	
5	나는 고객 앞에서 사적인 전화나, 잡담을 하거나, 잡지, 신문 등을 보지 않는가?	
6	나는 고객 앞에서 껌을 씹거나, 우유 · 요구르트 등 음료를 마시거나, 화장을 고치지 (담배를 피우지)않는가?	
7	나는 아무 말 없이 손님을 3초 이상 기다리게 하지는 않는가?	
8	나는 같은 일로 고객을 두 번 이상 오게 하지 않는가?	
9	나는 업무개시 전과 마감 후 손님에게 불친절하게 응대하지 않는가?	
10	나는 언쟁이나 업무처리 미숙 등으로 고객을 불편하게 하지 않는가?	

8. 고객 니즈를 위한 서비스

Check Point

꿈을 이루기 위한 9가지 권고

1. 계획을 시각화하라.(계획표를 눈에 띄는 곳에 붙여라.)
2. 계획을 세분화하라.(분기별, 월별, 주간별, 일별)
3. 자신이 세운 그 계획을 고정시켜라.
   (결코 남과 당신이 같아질 필요는 없다.)
4. 실패를 너무 의식하지 말라.(세상 모든 것이 실패를 통해 이루어졌다.)
5. 매일 일의 우선순위를 정하라.
6. 자신의 약함과 결코 타협하지 말라.(그것은 실패의 시작이다.)
7. 장애물을 미리 겁내지 말라.(닥치면 해결의 길은 항상 있다.)
8. 끝까지 물고 늘어져라.(인내는 성공의 자산이다.)
9. 나는 해낼 수 있다고 확신하라.(늘 그렇게 스스로 격려하라.)

Check Point

무엇이 나를 행복하게 하는가?

1. **건 강** : 없으면 이 세상 모든 것이 끝나 버린다.
2. **가 정** : 나에게 가장 소중한 것이며, 인생의 전부이기도 하다.
3. **나의 분신들** : 그들이 편안하게 잠자는 모습을 적어도 하루에 한 번 이상은 바라 보라. 나의 가장 소중한 분신이며 인생의 보람이다.
4. **일하는 즐거움** : 세상에 이것보다 더 중요한 것은 없다. 하루 24시간 중 나와 함께 시간을 보내는 나의 동료만큼 가까운 존재는 없다.
5. **돈** : 없으면 불편한 것이다.
6. **내일에 대한 기다림** : 이것이 있기 때문에 나는 오늘의 역경과 어려움을 견딜 수 있다.
7. **할 수 있다는 자신감** : 이것이 있기 때문에 활기찬 오늘이 있다.
8. **나의 성장을 위한 노력** : 교양은 저절로 얻어지는 것이 아니다.
9. **매사에 감사하는 마음** : 감사하는 마음만큼 세상을 밝게 하는 것은 없다.
10. **나는 늘 약한 자의 편** : 정의의 편에 서서 옳고 그름을 판단한다.

Check Point

외식 산업의 5대 정신

① 우리는 언제나 맛있고 위생적인 음식을 고객에게 제공하기 위하여 최선을 다한다.

② 우리는 언제나 최선의 서비스로 고객을 위하여 봉사하고 고객의 기쁨을 우리의 기쁨으로 생각한다.

③ 우리는 언제나 잘 정돈되고 반짝반짝 빛나며 습기가 없이 청결한 점포 환경을 유지하기 위하여 최선을 다한다.

④ 우리는 모든 난관을 도전 정신으로 극복하고, 긍정적인 사고로 외식업계를 선도해 나간다.

⑤ 우리는 심신의 건강 유지에 최선을 다하여 자기 발전과 회사의 발전에 앞장선다.

Check Point

일상서비스에서 사용되는 언어

(1) 어서 오세요.
(2) 네, 알았습니다.
(3) 잠시 기다려 주세요.
(4) (늦어서) 죄송합니다.
(5) 천천히 즐겁게 드세요.
(6) 실례하겠습니다.
(7) 고맙습니다.
(8) 안녕히 가십시오.

- 고객에게 인사할 때는 언제나 일손을 중지(Stop The Motion)한 다음에 인사를 하자.
- 점포 내 · 외에서의 친절한 인사는 음식점 전체를 친절하고 신선한 업소로 만든다.
- 직원 한 사람 한 사람이 음식점의 이미지를 결정짓는다. 음식점의 대표선수요, 사장이라는 마음가짐으로 회사 안팎에서 행동하자.
- 행동이 습관을, 습관이 운명을 결정짓는다.

Check Point

일에 임하기 전의 주의사항

① 유니폼을 갈아입고 나서 머리에서 발끝까지 복장점검을 한다.
거울 앞에서 미소연습을 한다.

② 서비스 교육을 먼저 한다.

③ 비누를 사용하여 손을 씻는다.

고객을 모시기 위한 9단계 서비스 요령

작업명	언어	동작	주의점
(1) 대기	정해진 장소에서 대기한다. 동료와 잡담해서는 안 된다.	입구 쪽을 보며 편안한 자세로 의자에 앉거나 기둥벽에 기대면 안 된다. 등뼈를 펴고 턱을 당기고, 손을 가볍게 앞으로 모은다.	① 손님이 언제 오더라도 즉시 마음으로 환영을 나타낼 수 있는 태도로 있을 것. ② 몇 번 테이블, 몇 번 좌석이 비었는지 염두에 둬야 한다.
(2) 환영과 안내	① "어서오세요"라고 밝은 미소로 생기있게 ② "몇 분이십니까?" 인원수를 확인한다. ③ "자 이쪽으로"라고 진심으로 환영의 뜻을 담는다. ④ "저희 업소는 라운드 테이블이 자랑입니다. 사용하여 보시기 바랍니다."	① 한 걸음 앞으로 나와 가볍게 머리를 숙여(15°)인사한다. 손은 앞이나 뒤에 괴지 말고, 가지런히 옆으로 하며 손가락도 가지런하게 한다. ② 손님의 두세 걸음 앞에 비스듬히 서서 좌석까지 안내한다.	① 바른 자세와 마음으로 환영하는 뜻을 나타낸다. ② 손님에게 맞는 자리를 안내한다.A테이블의 입구에서부터 채우기 시작하며 A테이블이 완전히 찬 다음, B테이블로 안내한다. 개별적 모임이나 예약은 C테이블로 안내한다.
(3) 처음온 손님에 대한 서비스	"저희 업소를 찾아 주셔서 대단히 고맙습니다."	① 테이블 한 발짝 앞에서 발꿈치를 모으고 가볍게 인사한다(15°). ② 물을 반드시 갖다 드린다.	테이블에 메뉴를 반드시 갖춰 놓는다.
(4) 주문 받기	① "주문을 받겠습니다."라고 정중하게 말하며 ② 주문을 반복하겠습니다. "－몇 개와 －몇 개입니다."라고 확실히 복창한다. ③ 감사한 마음으로 "네, 알겠습니다." "잠시 기다려 주세요."	① 전표에 주문 내용을 기입한다. ② 복창하고 나서 손님의 눈을 보면서 대답을 기다린다.	① 주문 품목과 수를 반드시 확인한다. ② 테이블 번호를 바로 전표에 기입한다. (예) 숫자의 표현 1. 하나 2. 둘 3. 셋 4. 넷 5. 다섯 6. 여섯 7. 일곱 8. 이상은 ○개
(5) 조리장 에 전표 를 넘김	① "부탁합니다."	요리 내용을 확실히 말하고 전한다.	또렷하고 시원스럽게 말한다.

작업명	언어	동작	주의점
(6) 제공	① "오랫동안 기다리셨습니다." ② "이것으로 주문하신 요리가 모두 나왔습니다."라고 확인한다. ③ "천천히 맛있게 드세요."	① 조용히 소리내지 않고 제공한다. ② 최후의 상품을 제공한 후 반드시 확인한다. ③ 전표는 뒤집어서 테이블 중앙에 놓는다.	① 따뜻한 요리는 따뜻할 때, 찬 요리는 차게, 신속히 제공한다. ② 요리 제공 전에 반드시 접시를 체크한다. ③ 요리를 잘못 제공하지 않도록 주문 내용을 반드시 기억해 둔다. ④ 요리가 다 나왔으면 손님에게 확인한다.
(7) 중간 서비스 (식사중)	① "실례합니다. 치워도 되겠습니까?" ② "더 필요한 것은 없으십니까?"	① 빈 병, 식기 등을 치운다. ② 추가 주문을 묻는다. (음료, 요리)	① 다 마셨거나 식사가 끝났으면 반드시 손님에게 허락을 받고 치운다. ② 재떨이는 꽁초 3개 정도가 남았을 때 바꾼다. ③ 물은 컵의 1/3이 되기 전에 다시 따른다.
(8) 치우기 (패싱)	손님이 자리를 뜨면 바로 치운다. 모두 나간 후에 남아 있는 사람이 있으면 "실례합니다. 치워도 되겠습니까?" 라고 반드시 묻는다.	① 테이블 아래도 청결하게 한다. ② 식기를 정돈한다. ③ 식기를 주방의 세척기 안으로 나른다. ④ 다시 세팅을 한다.	① 손님의 분실물이 있는지 반드시 체크한다. ② 신속한 행동이야말로 점포 분위기를 좋게 한다. ③ 청결 제일, 눈에 보이는 대로 누구라도 먼저 치운다.
(9) 전송	① "감사합니다."진심으로 감사드리는 마음으로 ② "안녕히 가십시오."라고 말하면 당신은 프로이다. ③ 마음으로 감사하며, 손님이 보이지 않을 때까지 인사의 자세를 계속 유지한다. 마음에서 우러나는 정성스런 인사를, 보이지 않을 때까지 계속한다면 고객은 당신의 태도에 감명받을 것이다. 그리고 그것은 곧 당신의 인격이 될 것이다.	① 카운터 근처까지 가서 ② 감사하는 마음으로 인사한다. (15°)	① '이곳에 다시 오고 싶다.'라는 생각이 들도록 고마운 마음으로 성의있게 전송한다.

회계원(경리)의 고객접대 시 유의사항

작업명	언어	동작	주의점
(1) 환영	"어서오세요."	한 발짝 앞으로 나와 손님 눈을 보고 마음 속으로 감사의 뜻을 담아 가볍게 인사하면서 말한다.	① 인사는 '구호'가 아니고, 자연스런 마음의 표현이어야 한다. ② 대화 시에 자세는, 양손은 양발을 따라 곧장 편다.
(2) 안내	"몇 분이십니까?" "자, 이쪽으로 오십시오" "잠시 기다려 주십시오"	① 손바닥 전체로 방향을 가리키고, 2~3걸음 비스듬히 손님 앞을 천천히 걷는다. 인사 후 가볍게 고개를 숙인다.	
(3) 카운터	"감사합니다." "또 오세요." "-원 입니다." "-원 받았습니다." "-거스름돈은 -입니다." "감사합니다."	주문을 받고 전표를 쓴다. 밝게 명쾌하게 가볍게 웃으면서 말한다.	• 개인 외상은 인정하지 않는다. • 계산이 끝날 때까지 받은 돈은 계산기 위에 놓아 둔다.
만석일 경우	"자리가 나는 대로 안내해 드리겠습니다. 잠깐만 기다려 주십시오."(어느 곳이 가장 빨리 정리될 것인가를 빠르게 판단한다) "-잠시 기다리십시오." "-오래 기다리셨습니다." "-안내해 드리겠습니다."	• 대기석으로 안내하고, 안내표를 준다. • 잡지나 신문 등을 준비하여 고객이 기다리는 시간을 지루하지 않게 한다.	
계산 중에 새로운 손님이 오셨을 때	"어서 오세요. 안내해 드리겠으니 잠시 기다려 주세요." "…씨 부탁합니다."		

9. 영업장 준비

1) Sideboard

Sideboard란 웨이터의 working table 또는 serving table로써 고객에게 서빙하는 데 필요한 모든 준비물을 갖추어 놓은 테이블을 말한다. 크기는 가로가 180 ~200cm 정도로써 위에는 선반을 부착시키며 아래쪽에는 여러 개의 설합이나 칸막이를 만들어 필요한 모든 준비물을 비치할 수 있게 한다.

- Silverware 류
- Chinaware 류
- GlassWare 류
- Condiment 류
- Linen 류 등

2) 식탁

높이는 72~75cm 정도가 표준이며 폭은 4인용 기준으로 식탁 85~90cm(정사각형 모양), 120×85cm(접이식 직사각형 모양). 의자의 높이는 42~45cm, 넓이는 50~50cm 정도가 표준이다.

3) 접객테이블(Reception Desk)

식당의 출입문에 놓여져 있는 접객 테이블로서 접객 담당자(Maitre de Reception)가 위치하며 예약 장부를 비치하여 예약 손님을 접객한다. 전화 예약이 많기 때문에 이 접객 테이블에는 항시 전화기가 있고 또한 보통 서랍을 만들어 식당에 필요한 모든 열쇠를 보관하기도 한다. 식당에 따라서는 greetress나 hostess가 고유한 의상을 입고 이 자리에서 손님을 영접하기도 하는 손님에게 식당의 첫인상을 말해 주는 아주 중요한 곳이다.

4) 식탁 꾸미기(Table Setting)

테이블 세팅이란 식탁위에 요리를 내놓기 위한 준비, 즉 고객에게 요리를 제공하는데 필요한 은기물류(silverware), 식탁보(table cloth)를 비롯하여 냅킨, 식기, 조미료 등을 바르게 갖춰 놓는 것을 말한다.

테이블 세팅을 위한 준비

- 청결과 환경정리
- 식탁의 고정
- 식탁보 및 깔개(table cloth & underfelt)
- 센터피스(center piece)
- 밑받침 접시(service plate)
- 냅킨(napkin)
- 기물류

테이블 세팅의 순서

영업장의 특성과 테이블의 종류에 따라 세팅 순서가 달라질 수 있겠으나 일반적인 테이블 세팅순서는 다음과 같다.

① 식탁과 의자를 점검한다.
② 테이블 보를 편다
③ center piece(꽃병, 소금과 후추, 재떨이)를 놓는다.
④ show plate를 놓는다.
⑤ bread plate를 놓는다.
⑥ main knife & fork를 놓는다.
⑦ fish knife & fork를 놓는다.
⑧ soup spoon & salad fork를 놓는다.
⑨ appetizer knife를 놓는다.
⑩ butter knife를 놓는다.
⑪ dessert spoon과 fork를 show plate 위쪽에 놓는다.
⑫ water goblet과 wine glass을 놓는다.
⑬ napkin을 편다.
⑭ 전체적인 조화와 균형을 점검한다.

정식(Table D'hoet) 의 코스별 식탁 차림과 서비스

(1) 제1코스 전채 (Appetizer : Hore D'oeuvre)

서비스 플레이트를 깔고 그 위에 냅킨을 접어 올려 놓은 상태에서 정상적인 메뉴에 의하여 서비스될 때에는 appetzer knife와 fork를 세팅한다. 즉, smoked salmon, caviar, abalone 등이 제공될 때는 appetizer knife와 fork를 셋팅하고 shrimp 및 fruits cocktail의 경우에는 dessert spoon 또는 tea spoon을 셋업한다.

appetizer와 함께 마시는 식전주에는 쉐리와인, vermouth, campari 등이 있는데 이는 보통 water glass 오른쪽에 위치에서 서비스를 한다.

(2) 제2코스 수프 (soup : potage)

수프 코스에는 서비스 플레이트 위에 soup laste를 놓고 soup tureen과 soup laddle을 사용하여 고객의 왼쪽에서 서비스 한다.(방켓 서비스) cup soup인 경우에는 tray로 날라 서비스한다. soup이 끝나면 service plate와 함께 치운다.

(3) 제3코스 (fish : poisson)

생선코스에서는 white wine을 먼저 서빙한 다음 생선을 서빙한다.

소스별로 제공시, 1인용 또는 2인용 sauce bowl과 laddle을 준비하고 lemon을 제공해야 할 생선이라면 lemon squeezer를 함께 서비스한다.

(4) 제4코스 앙뜨레 (entrée : 주요리)

앙뜨레란 주식 코스에 들어간다는 뜻으로써 전에는 rast와 구분하여 적은 양의 steak류가 제공되었으나, 요즈음은 로스트를 겸한 육류 1인분의 양을 앙뜨레 코스에 서비스 한다. red wine을 서비스 한 다음에 entrée 요리를 제공한다.

(5) 제5코스 샐러드 (–salad : salade)

샐러드는 싱싱한 생야채를 말하며 salad plate나 bowl을 차게 하여 underliner를 받쳐 서비스 한다. salad가 제공되는 순서는 앙뜨레가 서비스되고 즉시 제공하는 것을 원칙으로 한다. salad가 제공되는 순서는 앙뜨레가 미처 분배되지 못하여 손님이 기다리는 시간을 보다 효율적으로 메우기 위하여 salad를 먼저 서빙하는 경우도 많다. salad제공 후 dressing을 곧바로 서빙 해 드린다.

(6) 제6코스 디저트 (Dessert : 후식)

디저트가 제공될 때는 반드시 글라스류와 디저트에 필요한 silver ware류를 제외하고는 모든 접시류를 깨끗이 정리한 다음 champagne 또는 sparkling wine을 서비스하고 디저트를 제공한다.

(7) 제7코스 커피나 티 (coffee or tea)

커피나 티를 서비스 할때는 기물은 셋업하지 않고 saucer와 cup을 낼 때 함께 접시에 놓아서 제공하는 것을 원칙으로 하며 이때 spoon의 위치는 cup의 앞이나 뒤에 놓지만 앞쪽에 놓아주면 편리하게 사용하고 뒤로 놓는다.

Check Point

나의 경쟁력
나를 들여다 봐야

1. 나는 무엇을 잘하는가?
2. 내 구체적인 강점은 무엇인가?
3. 내가 뛰어나게 실적을 올릴 수 있는 분야는 어떤 분야인가?
4. 과연 그 분야에서 내가 리더가 될 수 있는가?
5. 사람도 변하고 기술도 변하고 세상이 이렇게 급속하게 변하는데, 그 모든 변화에 새로운 기술을 활용하려면 무엇이 필요한가?

참고문헌

- 강병남, "대박집 성공법칙", 외식경영, 2011.
- 강병남 외, "외식산업 실무론", 지구문화사, 2014.
- 강병남 외, "레스토랑 창업론", 지구문화사, 2014.
- 강태봉, "식당경영론 상 · 하", 문지사, 1997.
- 고재용, "사례로 배우는 마케팅", 파워북, 2009.
- 김기영, "호텔 주방 관리론", 백산출판사, 2010.
- 김동승, "외식창업 마케팅", 백산출판사, 2003.
- 김동균 외, "에센스 메뉴관리론", 지구문화사, 2017.
- 김성혁 외, "외식마케팅", 백산출판사, 2009.
- 김소미 외, "세계를 향한 한국 조리", 지구문화사, 2012.
- 김영갑 외, "외식마케팅", 교문사, 2009.
- 김헌희, "외식서비스 신경영", 한국마케팅연구원, 1996.
- 김헌희, "글로벌시대의 외식산업 이해", 백산출판사, 2007.
- 나정기, "외식산업의 이해", 백산출판사, 2007.
- 네이버 지식백과
- 미야에이지, "알기 쉬운 마케팅", 한국산업훈련연구소, 1995.
- 박기용, "외식산업경영론", 대왕사, 2009.
- 신봉규 외, "신외식창업매뉴얼", 2009.
- 양향자, "세계의 음식문화", 지구문화사, 2012.
- 임현철, "외식산업경영론", 형설출판사, 1997.
- 임현철, "외식산업창업지침서", 한올출판사, 2007.
- 월간식품저널, "국내 · 외 단체급식시장 현황과 전망", 2012. 2.
- 정익준, "호텔 · 외식산업 마케팅", 형설출판사, 2003.
- 진양호, "원가관리론", 지구문화사, 2014.
- 진양호, "외식업체의 메뉴분석의 적용방안에 관한 연구", 한국조리학회, 2005.
- 추적생 외, "창업을 위한 중국요리", 지구문화사, 2004.
- 편집부, "식품위생관계법규", 지구문화사, 2011.
- 한국외식산업연구소, "외식사업 경영론", 백산출판사, 2006.

- 한국외식연감 2013.
- 한국외식정보(주) 2013.
- 한정순 외 공저, “현대인의 식생활과 건강”, 지구문화사, 2011.
- 홍기운, “외식산업개론”, 대왕사, 2007.
- 홍완수, 한국외식경영학회 추계세미나, 2009.
- OGM-Korea News, “OGM-Consulting”, 1999. 1~7호
- Dearden John, “Cost Accounting Comes to Service Industries”, “Harvard Business Review”, 1978.
- Green Eric F. and Drake Galen G., “Profitable Food and Beverage Management Planning”, VNR, 1991.
- Hayes David K. and Huffman Lynn, “Menu Analysis : A Better Way”, The Cornell H.R.A. Quarterly, Vol.26, No 3, 1985.
- Kasavana Michael L., “Menu Engineering : A Practical Guide to Menu Analysis”, Revised Edition, Hospitality Publication, 1990.
- Khan Mahmood A., “Concepts of Foodservice Operations and Management”, VNR, 1990.
- Khan Mahmood A., “VNR's Encyclopedia of Hospitality and Tourism”, VNR, 1993.
- Lendal H. Kotschevar, “Presenting service : The Ultimate Guide for the Foodservice Professional”, 2nd Edition, 2006.
- Ninemeier Jack D., “Principles of Food and Beverage Operations”, Van Nostrand Rhinhold, 1989.

찾아보기

ㅈ

ㅊ

ㅋ

ㅌ

ㅍ

ㅎ

번호

M

Q

T

대박집 성공법칙

외식 창업백과

2017년 8월 10일 초판 인쇄
2017년 8월 20일 초판 발행

저 자 강병남 · 김광우 · 이형우
정수근 · 황영정 · 홍철희

발행인 주 병 오

발행처 지구문화사
JIGU PUBLISHING Co.

경기도 파주시 회동길 209
파주출판문화정보산업단지
영업부 (031)955-7566 · 7577
편집부 (031)955-7731~3
FAX (031)955-7731~3
이메일 jigupub@hanmail.net

등록번호 1979년 7월 13일 제9-57호

ISBN 978-89-7006-826-8 정가 18,000원